U0601294

〔宋〕薛居正 等撰

點校本二十四史修訂本

舊五代史

第三册

卷四九至卷七四

中華書局

2015 年 8 月第 1 版　　2024 年 5 月第 4 次印刷

ISBN 978-7-101-10530-8

舊五代史卷四十九

唐書二十五

后妃列傳第一

武皇帝貞簡皇后曹氏　太妃劉氏　魏國夫人陳氏
莊宗神閔敬皇后劉氏　淑妃韓氏　德妃伊氏
明宗昭懿皇后夏氏　和武顯皇后曹氏　宣憲皇后魏氏
閔帝哀皇后孔氏　末帝劉皇后

武皇帝貞簡皇后曹氏，莊宗之母也。太原人，以良家子嬪於武皇。姿質閑麗，性謙退而明辨，雅爲秦國夫人所重，常從容謂武皇曰：「妾觀曹姬非常婦人，王其厚待之。」武皇多內寵，乾寧初，平燕薊，得李匡儔妻張氏，案：原本避宋諱作李儔，今據新唐書藩鎮傳增入。（舊五代史考異）姿色絶代，嬖幸無雙。時姬侍盈室，罕得進御，唯太后恩顧不衰。武皇性嚴急，左右有過，必峻於譴罰，無敢言者，唯太后從容救諫，即爲解顏。及莊宗載誕，體貌奇傑，武皇異而憐之，太后益寵貴，諸夫人咸出其下，后亦恭勤内助，左右稱之。

武皇薨，莊宗嗣晉王位，時李克寧、李存顥謀變，人情危懼。太后召監軍張承業，指莊宗謂之曰：「先人把臂授公此兒，如聞外謀，欲孤付託，公等但置予母子有地，毋令乞食于汴，幸矣。」承業因誅存顥、克寧，以清内難。莊宗善音律，喜伶人謔浪，太后嘗提耳誨之。天祐七年，鎮、定求援，莊宗促命治兵，太后曰：「予齒漸衰，兒但不墜先人之業爲幸矣，何事櫛風沐雨，離我晨昏！」莊宗曰：「禀先王遺旨，須滅仇讎。山東之事，機不可失。」及發，太后餞于汾橋，案：原本作「渭橋」，今據通鑑注改正。（舊五代史考異）悲不自勝。莊宗平定趙、魏，駐于鄴城，每一歲之内，馳駕歸寧者數四，士民服其仁孝〔一〕。

太后初封晉國夫人，莊宗即位，命宰臣盧程奉册書上皇太后尊號〔二〕。其年平定河南，西幸洛陽，令皇弟存渥、皇子繼岌就太原迎奉。莊宗親至懷州，迎歸長壽宮。太后素與劉太妃善，分訣之後，悒然不樂。俄聞太妃寢疾，尚醫中使，問訊結轍。既而謂莊宗曰：「吾與太妃恩如伯仲，彼經年抱疾，但見吾面，差足慰心，吾暫至晉陽，旬朔與之俱來。」莊宗曰：「時方暑毒，山路崎嶇，無煩往復，可令存渥輩迎侍太妃。」乃止。及凶問至，太后慟哭累旬，由是不豫，尋崩于長壽宮。同光三年冬十月，上謚曰貞簡皇太后，葬于壽安陵。永樂大典卷一萬九千三百四。

太妃劉氏，武皇之正室也。永樂大典卷一千二百六十六。　案：劉太妃傳，永樂大典闕全篇。考北夢瑣言云：晉王李克用妻劉夫人，常隨軍行，至于軍機，多所弘益。先是，汴州上源驛有變，晉王憤恨，欲回軍攻之。夫人曰：「公爲國討賊，而以杯酒私忿，必若攻城，即曲在於我。不如回師，自有朝廷可以論列。」於是班退。天復中，周德威爲汴軍所敗，三軍潰散，汴軍乘我，晉王危懼，與李存信議，欲出保雲州。夫人曰：「存信本北方牧羊兒也，焉顧成敗。王常笑王行瑜棄城失勢，被人屠割，今復欲效之，何也？王頃歲避難塞外〔三〕，幾遭陷害，賴遇朝廷多事，方得復歸。今一旦出城，便有不測之變，焉能遠及！」晉王止行。居數日，亡散之士復集，軍城安定，夫人之力也。五代會要云：同光元年四月，册爲皇太妃。歐陽史云：莊宗即位，册尊曹氏爲皇太后，而以嫡母劉氏爲皇太妃。太妃往謝太后，太后有慚色。太妃曰：「願吾兒享國無窮，使吾獲没于地以從先君，幸矣，復何言哉！」莊宗滅梁入洛，使人迎太后歸洛，居長壽宮，而太妃獨留晉陽。同光三年五月，太妃薨。

魏國夫人陳氏，襄州人，本昭宗之宫嬪也。乾寧二年，武皇奉詔討王行瑜，駐軍于渭北，昭宗降朱書御札，朱書御札，原本作「宋書御禮」，今據通鑑所引薛史改正。（影庫本粘籤）出陳氏及内妓四人以賜武皇。陳氏素知書，有才貌，武皇深加寵重。及光化之後，時事多艱，武皇常獨居深念，嬪媵鮮得侍謁，唯陳氏得召見。陳氏性既靜退，不以寵侍自侈，武皇常呼爲阿媎。及武皇大漸之際，陳氏侍醫藥，垂泣言：「妾爲王執掃除之役，十有四年矣，王萬一不幸，妾將何託！既不能以身爲殉，願落髮爲尼，爲王讀一藏佛經，以報平昔。」武皇爲之流涕。及武皇薨，陳氏果落髮持經，法名智願。後居於洛陽佛寺，莊宗賜號建法大師。天成中，明宗幸其院，改賜圓惠大師。晉天福中，卒於太原。追謚光國大師，塔以惠寂爲名也。永樂大典卷二千九百六十九。

莊宗神閔敬皇后劉氏。永樂大典卷一萬三千三百五十二。　案：劉后傳，永樂大典原闕。考北夢瑣言云：莊宗劉皇后，魏州成安人，家世寒微。太祖攻魏州，取成安，得后，時年五六歲。歸晉陽宫，爲太后侍者，教吹笙。及笄，姿色絶衆，聲伎亦所長。太后賜莊宗，爲韓國夫人侍者。後誕皇子繼岌，寵待日隆。他日，成安人劉叟詣鄴宫見上，稱夫人之父。有内臣劉建豐認之，即昔日黄鬚丈人，后之父也。劉氏方與嫡夫人爭寵，皆以門族誇尚，劉氏恥爲寒家，白莊宗曰：「妾去鄉之時，妾父死於亂兵，是時環屍而哭。妾固無父，是何田舍翁詐僞及此！」乃於宮門笞之，其實后即叟之長女也。莊宗好俳優，宮中暇日，自負蓍囊藥篋，令繼岌相隨，似后父劉叟以醫卜爲業也〔四〕。后方晝眠，及造其卧内，自稱劉衙推訪女，后大恚，笞繼岌。然爲太后不禮，復以韓夫人居正，無以發明。大臣希旨請册劉氏爲皇后，議者以后出於寒賤，好興利聚財，初在鄴都，令人設法稗販，所鬻樵蘇果茹亦以皇后爲名。正位之後，凡貢奉先入後宮，惟寫佛經施尼師，他無所賜。闕下諸軍困乏，以至妻子饑殍，宰相請出内庫俵給，后將出粧具銀盆兩口、皇子滿喜等三人，令鬻以贍軍。一旦作亂，亡國滅族，與夫褒姒、妲己無異也。先是，莊宗自爲俳優，名曰「李天下」，雜於塗粉優雜之間，優雜，疑當作「優劇」，考北夢瑣言諸刻本俱作「雜」字，今姑仍其舊。（影庫本粘籤）時爲諸優扑抶摑搭，竟爲嚚婦恩伶之傾玷，有國者得不以爲前鑒！劉后以囊盛金合犀帶四，欲於太原造寺爲尼，沿路復通皇弟存渥，同簀而寢，明宗聞其穢，即令自殺。案：歐陽史作裨將袁建豐得后，納之晉宮，而北夢瑣言作内臣劉建豐，亦傳聞之異辭也。

淑妃韓氏，莊宗正室。永樂大典卷一千二百六十六。案：韓淑妃傳，永樂大典原闕。考五代會要云：同光二年十二月册，以宰臣豆盧革、韋説爲册使，出應天門，登路車，鹵簿鼓吹前導，至于永福門降車，入右銀臺門，至淑妃宮，受册于内，文武百官立班稱賀。

德妃伊氏，莊宗次室。永樂大典卷一千二百六十六。案：伊德妃傳，永樂大典原闕。考北夢瑣言云：莊宗皇帝嫡夫人韓氏，後爲淑妃，伊氏爲德妃。契丹入中原，石氏乞降，宰相馮道奉尊册，契丹主大張宴席，其國母后妃列坐同宴，王嬙、蔡姬之比也。夫人夏氏〔五〕，最承恩寵，後嫁李贊華，所謂東丹王，即阿保機長子，先歸朝，後除滑州節度使。性酷毒，侍婢微過，即以刀刲火灼。夏氏少長宫掖，不忍其凶，求離婚，歸河陽節度使夏魯奇家，後爲尼也。案歐陽史家人傳：夏氏在天成初，以先朝宫人出歸夏魯奇家，後賜李贊華。與北夢瑣言微異。遼史又以夏氏爲莊宗皇后，疑誤〔六〕。又案五代會要：莊宗朝内職，又有昭儀侯氏封汧國夫人，昭媛白氏封沂國夫人，出使美宣鄧氏封魏國夫人，御正楚真張氏封涼國夫人，司簿德美周氏封宋國夫人，侍真吴氏封延陵郡夫人，懿才王氏封太原郡夫人，咸一韓氏封昌黎郡夫人，瑶芳張氏封清河郡夫人，懿德王氏封瑯琊郡夫人，宣一馬氏封扶風郡夫人，並同光二年十一月敕。

明宗昭懿皇后夏氏，生秦王從榮及閔帝。同光初，后以疾崩。明宗即位，追封爲晉國夫人。長興中，明宗以秦、宋二王位望既隆，因思從貴之義，乃下制曰：「故晉國夫人夏氏，素推仁德，久睦宗親，嘗施内助之方，不見中興之盛。予當御極，子並爲王，有鵲巢之高，無翬衣之貴，貞魂永逝，懿範常存。考本朝之文，沿追册之制，將慰懷於九族，冀叶慶於四星。宜追册爲皇后，兼定懿號。」既而有司上謚曰昭懿。永樂大典卷一萬三千五百五十二〔七〕。

和武顯皇后曹氏〔八〕。永樂大典卷一萬三千五百五十五〔九〕。

案：曹后傳，永樂大典原闕。考五代會要云：天成三年正月，册爲淑妃，長興元年五月十四日〔一〇〕，册爲皇后，應順元年閏正月〔一一〕，册爲皇太后。至清泰三年閏十一月，隨末帝崩于後樓，晉高祖使人護葬。至天福五年正月二十八日，追册曰和武顯皇后。

宣憲皇后魏氏。永樂大典卷一萬三千五百五十五。

案通鑑考異引唐廢帝實録云：宣憲皇

后魏氏，鎮州平山人。中和末，明宗徇地山東，留戍平山，得魏后。又云：明宗爲裨將，性闊達，不能治生，曹后亦疏于畫略，生計所資，惟宣憲而已。五代會要云：初封魯國太夫人，清泰二年二月，中書門下奏：「臣聞漢昭帝承祚御曆，奉尊謚于雲陽；魏明帝繼體守文，思外家于甄館。而皆追崇徽號〔一二〕，祔饗廟庭，克隆敬本之文，式叶愛親之道。臣等又覽國史，竊見玄宗皇帝母曰昭成皇后竇氏，代宗皇帝母曰章敬太后吴氏，始嬪朱邸，俄閟玄宫，鴻圖既屬于明君，尊號咸追于聖母。伏以魯國夫人發祥沙麓，貽慶河洲。三母最賢，周武允成于天統〔一三〕；四妃有子，唐侯光啓于帝基〔一四〕。仰惟當宁之情，彌軫寒泉之思，久虚殷薦，慮損皇猷。臣等謹上尊謚曰宣憲皇太后，請依昭成皇太后故事〔一五〕，擇日備禮册命。又臣等伏聞先太后舊陵未祔先祠〔一六〕，則都下難崇别廟，既追尊謚，合創閟宫。按漢朝故事，園寢不在王畿，或就陵所便立寢祠。今商量上謚後，權立祠廟〔一七〕，以申告獻，配祔之禮〔一八〕，請俟他年。」從之。據歐陽史云：議建陵寢，而太原石敬瑭反，乃于京師河南府東立寢宫。又案：五代會要所載明宗時内職，德妃王氏，天成三年正月册立，長興二年四月進號淑妃，應順元年閏正月十三日册爲太妃〔一九〕，至周廣順元年四月追謚賢妃。昭儀王氏封齊國夫人，昭容葛氏封周國夫人，昭媛劉氏封趙國夫人，孫氏封楚國夫人，御正張氏封曹國夫人，司寶郭氏封魏國夫人，司贊于氏封鄭國夫人，尚服王氏封衛國夫人，司記崔氏封蔡國夫人，司膳翟氏封滕國夫人，司醖吴氏封莒國夫人，婕妤高氏封渤海郡夫人，美人沈氏封太原郡夫人，順御朱氏封吴郡夫人，司飾聊氏封潁川郡夫人，司衣劉氏封彭城郡夫人，司藥孟氏封咸陽郡夫人，梳篦張氏封清河郡夫人，司服王氏封太原郡夫人，櫛篦傅氏封潁川郡夫人，知客張氏賜號尚書，故江氏追封濟陽郡夫人，以上皆長興三年九月敕。其名號皆中書門下按六典內職仿而行之。內人李氏封隴西縣君，崔氏封清河縣君，李氏封成紀縣君，田氏封咸陽縣君，白氏封南陽縣君，並長興四年二月敕。前代內職，皆無封君之禮，此一時之制。

閔帝哀皇后孔氏。永樂大典卷一萬三千五百五十五。　案：孔后傳，永樂大典原闕。據通鑑云：孔循陰遺人結王德妃，求納其女，德妃請娶循女爲從厚妃，帝許之。庚寅，皇子從厚納孔循女爲妃。五代會要云：初封魯國夫人，應順元年四月，爲末帝所害。晉天福五年正月二十八日，追謚爲閔哀皇后〔二〇〕。

末帝劉皇后，應州人也。天成中，封爲沛國夫人。清泰初，百官三上表請立中宮，遂立爲皇后。后性强戾，末帝甚憚之，故其弟延皓自鳳翔牙校環歲之間歷樞密使，出爲鄴都留守，皆由后內政之力也。及延皓爲張令昭所逐，張令昭，原本脫「張」字，今據通鑑增入。（影庫本粘籤）執政請行朝典，后力制之，止從罷免而已。晉高祖入洛，后與末帝俱就燔焉。永樂大典卷一萬九千三百四。

史臣曰：昔三代之興亡，雖由於帝王，亦繫於妃后。故夏之興也以塗山，及其亡也以妹嬉；商之興也以簡狄，及其亡也以妲己；周之興也以文母，及其亡也以褒姒。觀夫貞簡之爲人也，雖未偕於前代，亦無虧於懿範。而劉后以牝雞之晨，皇業斯墜，則與夫三代之興亡同矣。餘無進賢輔佐之德，又何足以道哉！永樂大典卷一萬九千三百四。案：五代史無外戚傳。據五代會要，武皇長女瓊華長公主，降孟知祥，同光三年十二月封〔三〕。明宗長女永寧公主，降晉高祖，天成三年四月封，至長興四年九月改封魏國公主，清泰二年三月進封晉國長公主〔三三〕。第十三女興平公主，降趙延壽，天成三年四月封，至長興四年九月改封齊國公主，至清泰二年三月進封燕國長公主〔三四〕。第十四女壽安公主，長興四年六月封。第十五女永樂公主，長興四年六月封。今考會要所載，亦多舛互。如瓊華公主，十國春秋諸書作太祖弟克讓之女，會要以爲武皇長女，此傳聞之異辭也。莊宗女義寧公主，降宋廷浩。廷浩仕至房州刺史，晉初爲汜水關使，張從賓之叛，戰死。見東都事略及宋史。又王禹偁小畜集有宋渥神道碑云：母義寧公主，天福中，晉祖以嘗事莊宗，有舊君之禮，每貴主入見，聽其不拜。時兵戎方熾，經費不充，惟公主之家，賜予甚厚，盡而復取，亦無倦色。一日，晉祖從容謂貴主曰：「朕于主家無所愛惜，但朝廷多事，府庫甚虛，主所知矣。今輦轂之下，桂玉爲憂，可命渥分司西京，以豐就養。」因厚遺之，且敕留使具晨昏伏臘之用，至于醯醢，率有備焉。會要不載莊宗女，是其闕略也〔二五〕。歐陽史云：延壽所尚公主已死，耶律德光乃爲延壽娶從益妹，是爲永安公主。薛史趙延壽傳亦言其娶明宗小女爲繼室，而五代會要不載，疑有闕文。

校勘記

〔一〕士民服其仁孝　「士民」，原作「民士」，據彭校、册府卷二七乙正。

〔二〕命宰臣盧程奉册書上皇太后尊號　「盧程」，原作「盧損」，據本書卷六七盧程傳、新五代史卷二八盧程傳、通鑑卷二七二改。按新五代史卷五唐本紀徐無黨注：「莊宗即位，遣盧程奉册爲皇太后。」另據本書卷一二八盧損傳，損未嘗任宰臣。

〔三〕王頊歲避難塞外　「塞外」，北夢瑣言卷一七作「韃靼」。

〔四〕似后父劉叟以醫卜爲業也　「似」，原作「以」，據北夢瑣言卷一八改。

〔五〕夫人夏氏　通鑑卷二七七胡注引薛史：「明宗入洛，莊宗宮人數百悉令歸其骨肉，惟夏氏無所歸，明宗以夏魯奇是其同宗，因命歸之。」按此則係舊五代史佚文，清人失輯，姑附於此。

〔六〕遼史又以夏氏爲莊宗皇后疑誤　以上十三字原闕，據殿本補。

〔七〕永樂大典卷一萬三千五百五十二　檢永樂大典目録，卷一三五五二爲「制」字韻「禮記王制篇十一」，與本則内容不符，恐有誤記。陳垣舊五代史輯本引書卷數多誤例謂應作卷一三三五二「謚」字韻「歷代皇后謚一」。

〔八〕和武顯皇后曹氏　「顯」，本書卷七九晉高祖紀五、新五代史卷一五唐家人傳作「憲」。

〔九〕永樂大典卷一萬三千五百五十五　檢永樂大典目録，卷一三五五五爲「制」字韻「禮記王制篇十四」，與本則内容不符，恐有誤記。陳垣舊五代史輯本引書卷數多誤例謂應作卷一三三五二「謚」字韻「歷代皇后謚一」。本卷下二則同。

〔一〇〕長興元年五月十四日　「五月」，原作「正月」，據五代會要卷一改。

〔一一〕應順元年閏正月　「閏」字原闕，據五代會要卷一補。

〔一二〕而皆追崇徽號　「崇」，原作「從」，據五代會要卷一改。

〔一三〕三母最賢周武允成于天統　「母」，原作「后」；「武」，原作「母」，據五代會要卷一改。

〔一四〕唐侯光啓于帝基　「侯光」，原作「宫先」，據五代會要卷一改。

〔一五〕請依昭成皇太后故事　「昭成皇太后」，五代會要卷一作「昭成章敬二太后」。

〔一六〕又臣等伏聞先太后舊陵未祔先祠　「未祔」，原作「永祔」，據五代會要卷一改。

〔一七〕權立祠廟　「祠」，原作「同」，據五代會要卷一改。

〔一八〕配祔之禮　「祔」，原作「祠」，據五代會要卷一改。

〔一九〕應順元年閏正月十三日册爲太妃　「閏」字原闕，據五代會要卷一補。

〔二〇〕追謚爲閔哀皇后　「閔」字原闕，據五代會要卷一補。

〔二一〕同光三年十二月封　「三年」，原作「二年」，據五代會要卷二改。

〔二二〕同光三年十二月封　「十二月」，原作「二月」，據五代會要卷二改。

〔二三〕天成三年四月封至長興四年九月改封魏國公主清泰二年三月進封晉國長公主　以上三十三字原闕，據五代會要卷二補。

〔二四〕至清泰二年三月進封燕國長公主　「二年三月」，原作「三年二月」，據五代會要卷二改。

〔二五〕今考會要所載……是其闕略也　以上二百四十字原闕，據舊五代史考異卷二補。殿本、劉本略同。

舊五代史卷五十

唐書二十六

宗室列傳第二

克讓　克修子嗣弼　嗣肱　**克恭　克寧**

克讓，武皇之仲弟也。少善騎射，以勇悍聞。咸通中，從討龐勛〔一〕，以功爲振武都校。乾符中，王仙芝陷荆襄，朝廷徵兵，克讓率師奉詔，賊平，以功授金吾將軍，留宿衞。

初，懿祖歸朝，憲宗賜宅於親仁坊，自長慶以來，相次一人典衞兵。武皇之起雲中，殺段文楚，朝議罪之，命加兵于我，懼，將逃歸，天子詔巡使王處存夜圍親仁坊捕克讓。詰旦兵合，克讓與紀綱何相温〔二〕、安文寬、石的歷十餘騎彎弧躍馬，突圍而出，官軍數千人追之，比至渭橋，案：歐陽史作滑橋，疑傳刻之訛。據通鑑考異引薛史亦作渭橋，今仍其舊。（舊五代史考異）死者數百。克讓自夏陽掠船而濟，歸於鴈門。明年，武皇昭雪，克讓復入宿衞。黄巢犯闕，僖宗幸蜀，克讓時守潼關，爲賊所敗，案：僖宗幸蜀以前，武皇未嘗昭雪，克讓無由復入宿衛，出守潼關。通鑑考異嘗辨其誤。今考新唐書黄巢傳，巢攻潼關，齊克讓以其軍戰關外，時士飢甚，潛燒克讓營，克讓走入關。疑當時因齊克讓之名與李克讓同，遂致傳聞輾轉失實耳。歐陽史祇據薛史原文，不爲辨正，今無可復考，姑附識于此。以部下六七騎伏於南山佛寺，夜爲山僧所害。

克讓既死，紀綱渾進通冒刃獲免，歸於黄巢。中和二年冬，武皇入關討賊，屯沙苑。黄巢遣使米重威齎賂修好，因送渾進通至，兼擒送害克讓僧十人。武皇燔僞詔，還其使，盡誅諸僧，爲克讓發哀行服，悲慟久之。永樂大典卷一萬三百八十八。

克修，字崇遠，武皇從父弟也。案歐陽史家人傳云：太祖四弟：曰克讓、克修、克恭、克寧，皆不知其父母名號。據薛史，則克修父名德成，未嘗無名號也。父德成，初爲天寧軍使，從獻祖討龐勛，以功授朔州刺史。克修少便弓馬，從父征討，所至立功。武皇節制鴈門，以克修爲奉誠軍使，從入關爲前鋒，破黄揆於華陰，敗尚讓於梁田坡，蹙黄巢於光順門，每戰皆捷，勇慴諸軍。賊平，以功檢校刑部尚書、左營軍使。其年十月，潞州牙將安居受來乞師，請復昭義軍，武皇遣大將賀公雅、李筠、安金俊等以兵從。安金俊，原本作「全俊」，今據通鑑改正。（影庫本粘籤）與孟方立戰於銅鞮，不利，武皇乃令克修將兵繼進。是月，平潞州，斬其刺史李殷銳，乃表克修爲昭義節度使。案新唐書僖宗紀：中和三年十月，李克用陷潞州，刺史李殷銳死之。與薛史李克修傳同。薛史武皇紀又作十一月平潞州，紀、傳自相矛盾。通鑑從克修傳作十月，歐陽史從武皇紀作十一月。

光啓二年九月，克修出師山東，收復邢洺。十一月，拔故鎮。孟方立遣將呂臻來援，戰於焦崗，大敗之，擒呂臻，俘斬萬計，進拔武安、臨洺諸屬縣，乘勝進圍邢州。方立求援於鎮州，王鎔出師三萬援之，克修軍退。及李罕之來歸，武皇授以澤州刺史，與克修合勢進攻河陽，連歲出師，以苦懷孟。十月〔三〕，孟方立遣將奚忠信將兵三萬襲我遼州，奚忠信，原本作「思信」，今從通鑑改正。（影庫本粘籤）克修設伏於遼之東山，大敗賊軍，擒忠信以獻。龍紀元年，武皇大舉以伐邢洺，及班師，因撫封於上黨。克修性儉嗇，不事華靡，供帳饔膳，品數簡陋。武皇怒其菲薄，笞而詬之。克修慚憤發疾，明年三月，卒於潞之府第，時年三十一。莊宗即位，追贈太師。

克修子二人：長曰嗣弼，次曰嗣肱。嗣弼初授澤州刺史，歷昭義、橫海節度副使，改海州刺史〔四〕。天祐十九年，案：歐陽史作十一年。（舊五代史考異）契丹犯燕、趙，陷涿郡，案遼史太祖紀：十二月癸亥，圍涿州，有白兔緣壘而上，是日破其郛。嗣弼舉家被俘，遷于幕庭。永樂大典卷一萬三百八十八。

嗣肱，少有膽略，屢立戰功。夾城之役，從周德威爲前鋒。時兄嗣弼爲昭義副使，與嗣昭守城，兄弟内外奮戰，忠力威壯，感動三軍。潞圍既解，以功授檢校左僕射，入爲三城巡檢、知衙内事。天祐七年，周德威援靈、夏，党項阻道，音驛不通。嗣肱奉命自麟州渡河，應接德威，與党項轉戰數十里，合德威軍。柏鄉之戰，嗣肱爲馬步都虞候。明年，從莊宗會朱友謙於猗氏，改教練使，與存審援河中，敗汴軍於胡壁堡，獲將龐讓。十年，與存審屯趙州，擊汴人於觀津。時梁祖新屠棗强，其將賀德倫急攻蓨縣，蓨縣，原本作「蓧縣」，今據五代春秋改正。（影庫本粘籤）梁祖率師五萬合勢營於蓨之西〔五〕。嗣肱自下博率騎三百，薄晚與梁之樵芻者相雜，日既晡，入梁軍營門，諸騎相合，大譟，弧矢星發，㺚闞馳突。汴人不知所爲，營中大擾〔六〕，既暝，斂騎而退。是夜，梁祖燒營而遁，解蓨縣之圍。以功特授蔚州刺史、鴈門以北都知兵馬使。從平劉守光。十二年，改應州刺史，累遷澤代二州刺史、石嶺以北都知兵馬使。十九年，新州刺史王郁叛入契丹，嗣肱進兵定嬀、儒、武等三州，授山北都團練使。二十年春，卒於新州，時年四十五。永樂大典卷一萬八千一百二十八。

克恭，武皇之諸弟也。案：薛史不言克恭父爲何人，然明著其爲諸弟，所以別於母弟也。歐陽史與克讓、克寧牽連而書，疑未詳考。龍紀中，爲決勝軍使。大順初，潞帥李克修卒，克恭代爲昭義節度使。性驕横不法，未閑軍政。潞人素便克修之簡正，惡克恭之恣縱，又以克修非罪暴卒，人士離心。時武皇初定邢、洺三州，將有事於河朔，大蒐軍實。潞州有後院軍，兵之雄勁者，克恭選其五百人獻於武皇，軍使安居受惜其兵，安居受，原本作「安建受」，今據通鑑改正。（影庫本粘籤）不悦。克恭令裨校李元審、安建、紀綱馮霸部送太原，行次銅鞮縣，馮霸劫衆謀叛，殺都將劉杲〔七〕、縣令戴勞謙，循山而南，比及沁水〔八〕，有衆三千。武皇令李元審將兵擊之，與霸戰於沁水，不利，元審戰傷，收軍於潞。五月十五日，克恭視元審於孔目吏劉崇之第。是日，州將安居受引兵攻克恭〔九〕，因風縱火，克恭、元審並遇害，州民推居受爲留後。初，孟方立之亂，居受以澤、潞歸於武皇，至是孟遷以邢、洺納降，復任爲牙將，居受懼其圖己，乃叛，殺克恭以結汴人。居受遣人召馮霸於沁水，霸不受命。居受懼，將奔歸朝廷，至長子，爲野人所殺，傳首馮霸軍。霸乃引軍據潞州，自稱留後，求援於汴。武皇令康君立討之，汴將葛從周來援霸。九月，李存孝急攻潞州，汴軍夜遁，獲霸等誅之，武皇乃以康君立爲昭義節度使。永樂大典卷一萬三百八十八。

克寧，武皇之季弟也。初從起雲中，爲奉誠軍使。赫連鐸之攻黄花城也，克寧奉武皇及諸弟登城，血戰三日，力盡備竭〔一〇〕，殺賊萬計。燕軍之攻蔚州，克寧昆仲嬰城拒敵，晝夜輟寢食者旬餘〔一一〕。後從依達靼部，及入關逐黄寇〔一二〕，凡征行無不衞從，於昆弟之間最推仁孝，小心恭謹，武皇尤友愛之。及鎮太原，授遼州刺史，累至雲州防禦使。乾寧初，改忻州刺史，忻州，原本作「惟州」，今據歐陽史改正。（影庫本粘籤）從入關討王行瑜，充馬步軍都將，以功授檢校司徒。天祐初，授内外都制置、管内蕃漢都知兵馬使、檢校太保，充振武節度使，凡軍政皆決於克寧。

五年正月，武皇疾篤，克寧等侍疾，垂泣辭訣，克寧曰：「王萬一不諱，後事何屬？」因召莊宗侍側，謂克寧、張承業曰：「亞子累公等。」言終棄代。將發哀，克寧紀綱軍府，中外無譁。

初，武皇獎勵軍戎，多畜庶孽，衣服禮秩如嫡者六七輩，比之嗣王，年齒又長，各有部曲，朝夕聚謀，皆欲爲亂。莊宗英察，懼及於禍，將嗣位，讓克寧曰：「兒年孤稚，未通庶政，雖承遺命，恐未能彈壓大事。季父勳德俱高，衆情推伏，且請制置軍府，候兒有立，有立，原本作「有位」，今從通鑑改正。（影庫本粘籤）聽季父處分。」克寧曰：「亡兄遺命，屬在我兒，孰敢異議者！兒但嗣世，中外之事，何憂不辦。」視事之日，率先拜賀。

莊宗嗣位，軍民政事，一切委之，權柄既重，趣向者多附之。李存顥者，案：歐陽史作養子存顥、存實。以陰計干克寧曰：「兄亡弟及，古今舊事，季父拜侄，理所未安。富貴功名，當宜自立，天與不取，後悔無及。」克寧曰：「公毋得不祥之言！我家世立功三代，父慈子孝，天下知名，苟吾兄山河有託，我亦何求！公無復言，必斬爾首以徇。」克寧雖慈愛因心，而日爲凶徒惑亂。羣凶之妻復以此言干克寧妻孟夫人，説激百端，夫人懼事泄及禍，屢讓克寧，由是愈惑。

會克寧因事殺都虞候李存質，又請兼領大同節度，以蔚、朔爲屬郡[一三]，又數怒監軍張承業、李存璋，繇是知其有貳。近臣史敬鎔素與存顥善，盡知其事，敬鎔告貞簡太后曰：「存顥與管內太保陰圖叛亂，俟嗣王過其第即擒之，并太后子母，欲送於汴州，竊發有日矣。」莊宗召張承業、李存璋謂曰：「季父所爲如此，無猶子之情，骨肉不可自相魚肉，吾即避路，則禍亂不作矣。」承業曰：「老夫親承遺託，言猶在耳。存顥輩欲以太原降賊，王乃何路求生？不即討除，亡無日矣。」因令吴珙、吴珙，原本作「吴琭」，今從通鑑及歐陽史改正。

（影庫本粘籤）存璋爲之備。二月二十日〔一四〕，會諸將於府第，擒存顥、克寧於坐，莊宗垂泣數之曰：「兒初以軍府讓季父，季父不忍棄先人遺命。今已事定，復欲以兒子母投畀豺虎，季父何忍此心！」克寧泣對曰：「蓋讒夫交構，吾復何言！」是日，與存顥俱伏法。克寧仁而無斷，故及於禍。永樂大典卷一萬三百八十八。案新唐書宰相世系表：國昌有子四人：克恭、克儉、克用、克柔〔一五〕。薛史李嗣昭傳云：武皇母弟代州刺史克柔之假子也。是克柔爲武皇母弟。新唐書沙陀傳：武皇有弟克勤，通鑑注引紀年録又有兄克儉〔一六〕，而薛史俱無傳，疑有闕文。

史臣曰：昔武皇發跡於陰山，莊宗肇基於河朔，雖奄有天下，而享國日淺，眷言枝屬，空秀棣華，固未及推帝堯敦敍之恩，廣成王封建之義。自克讓而下，不獲就魯、衞之封，懋間、平之德也，案：原本作「開平」，繹其文義，當是用漢時河間獻王、東平憲王，今改正。（舊五代史考異）況夭横相繼，亦良可悲哉！永樂大典卷一萬三百八十八。

校勘記

〔二〕從討龐勛　册府卷二九一作「從獻祖討龐勛」。

〔三〕克讓與紀綱何相温　「紀綱」，原作「紀網」，據殿本、劉本、邵本、彭校改。影庫本批校：

「『綱』訛『網』。」

〔三〕十月　本書卷二二五唐武皇紀一、通鑑卷二五七、新五代史卷四二孟方立傳、新唐書卷一八七孟方立傳皆繫其事於文德元年。

〔四〕改海州刺史　「海州」，新五代史卷一四唐太祖家人傳作「涿州」。按通鑑卷二七一：「契丹長驅而南，圍涿州，旬日拔之，擒刺史李嗣弼。」

〔五〕梁祖率師五萬合勢營於蓨之西　「梁祖」二字原闕，據册府卷二九一、卷三九六補。按御覽卷二五五引五代史後唐書：「朱温率師五萬合勢營于蓨之西。」

〔六〕營中大擾　「大」字原闕，據御覽卷二五五引五代史後唐書、册府卷二九一、卷三九六、通鑑卷二六八補。

〔七〕劉杲　册府卷四三七作「劉果」。

〔八〕比及沁水　「比」，原作「北」，據殿本、邵本校改。

〔九〕州將安居受引兵攻克恭　「兵」下原有「仗」字，據通鑑卷二五八考異引薛居正五代史克恭傳删。

〔一〇〕力盡備竭　「力」，册府卷二九一、卷四〇〇作「矢」。

〔一一〕晝夜輟寢食者旬餘　「餘」，册府卷二九一、卷四〇〇作「日」。

〔一二〕後從依達靼部及入關逐黄寇　「依」、「部及」三字原闕，據册府卷二九一補。

〔一三〕以蔚朔爲屬郡　「蔚朔」，本書卷二七唐莊宗紀一、通鑑卷二六六敍其事作「蔚朔應」。

〔一四〕二月二十日　本書卷二七唐莊宗紀一、通鑑卷二六六繫其事於壬戌。按是月壬寅朔，壬戌爲二十一日。

〔一五〕新唐書宰相世系表國昌有子四人克恭克儉克用克柔　以上二十二字原闕，據殿本補。

〔一六〕通鑑注引紀年録又有兄克儉　「注」字原闕，據舊五代史考異卷二補。

舊五代史卷五十一　唐書二十七

宗室列傳第三

永王存霸　邕王存美　薛王存禮　申王存渥　睦王存乂
通王存確　雅王存紀　魏王繼岌弟繼潼等　從璟　秦王從榮
從璨　許王從益　重吉　雍王重美

案：薛史唐宗室傳，武皇諸子、莊宗諸子、末帝諸子，永樂大典中僅存數語，其全篇已佚。明宗子唯許王從益有全傳，秦王從榮傳尚存一百一十二字。蓋永樂大典割截以歸各韻，其全篇當即在失去諸卷之中，今無可復考，謹據册府元龜所載以補其闕。復考五代會要、通鑑諸書分注于下，用備後唐諸王之始末焉。

永王存霸，武皇子，莊宗第二弟，同光三年封。莊宗敗，爲軍卒所殺。永樂大典卷一萬六千六百二十八。案歐陽史云：存霸歷昭義、天平、河中三軍節度使，居京師食俸禄而已。趙在禮反，乃遣存霸于河中，莊宗再幸汜水，徙存霸北京留守。通鑑云：李紹榮欲奔河中就永王存霸，從兵稍散，存霸亦帥衆千人棄鎮奔晉陽。又云：存霸至晉陽，從兵逃散俱盡，存霸削髮僧服謁李彦超：「願爲山僧，幸垂庇護。」軍士爭欲殺之，彦超曰：「六相公來，當奏取進止。」軍士不聽，殺之於府門之碑下。

邕王存美，武皇子，莊宗第三弟，同光三年封。莊宗敗，不知所終。永樂大典卷一萬六千六百二十八。案通鑑云：存美以病風偏枯得免，居於晉陽。

薛王存禮，武皇子，案：薛史不言存禮爲武皇第幾子，據五代會要，太祖第二子存美，第三子存霸，第四子存禮，第五子存渥，第六子存乂，第七子存確，第八子存紀。與薛史所敍微有異同。同光三年封。莊宗敗，不知所終。永樂大典卷一萬六千六百二十八。

申王存渥，莊宗第四弟，案歐陽史，存渥與存霸、存紀皆莊宗同母弟。同光三年封。莊宗敗，與劉皇后同奔太原，爲部下所殺。永樂大典卷一萬六千六百二十八。案通鑑云：存渥至晉陽，李彦超不納，走至風谷，爲其下所殺。

睦王存乂，莊宗第五弟，同光三年封。永樂大典卷一萬六千六百二十八。歷鄜州節度使〔一〕，冊府元龜卷二百八十一〔二〕。後以郭崇韜壻爲莊宗所殺。永樂大典卷一萬六千六百二十八。案北夢瑣言云：莊宗異母弟存乂，以郭崇韜女壻伏誅。先是，郭崇韜既誅之後，朝野駭惋，議論紛然。莊宗令閹人察訪外事，言存乂於諸將坐上訴郭氏之無罪，其言怨望。又於妖術人楊千郎家飲酒聚會，攘臂而泣。楊千郎者，魏州賤民，自言得墨子術于婦翁，能役使陰物，帽下召食物果實之類。又蒱博必勝，人有拳握之物，以法必取。又説煉丹乾汞，易人形，破扃鐍。貴要間神奇之。官至尚書郎，賜紫，其妻出入宮禁，承恩用事。皇弟存乂常朋淫於其家，至是與存乂並罹其禍。

通王存確，莊宗第六弟，雅王存紀，莊宗第七弟，同光三年封。莊宗敗，並爲霍彥威所殺。永樂大典卷一萬六千六百二十八。案：薛史及五代會要皆止言莊宗有六弟。考梁紀，太祖有子廷鸞、落落；盧文進傳，莊宗又有弟存矩。薛史宗室傳皆不載。

魏王繼岌，莊宗子也。案：莊宗紀稱繼岌爲第三子，然莊宗長子、次子之名，薛史與五代會要皆不載。莊宗即位於魏州，以繼岌充北都留守，及以鎮州爲北都，又命爲留守。冊府元龜卷二百八十一。案五代會要：三年九月二十三日，封爲魏王。三年，伐蜀，以繼岌爲都統，郭崇韜爲招討使。十月戊寅，至鳳州，武興軍節度使王承捷以鳳、興、文、扶四州降。甲申，至故鎮，康延孝收興州。時僞蜀主王衍率親軍五萬在利州，令步騎親軍三萬逆戰於三泉，康延孝、李嚴以勁騎三千犯之，蜀軍大敗，斬首五千級，餘各奔潰。王衍聞其敗也，棄利州奔歸西川，斷吉柏津浮梁而去。己丑，繼岌至興州，僞蜀東川節度使宋光葆以梓、綿〔三〕、劍、龍、普等州來降；武定軍節度使王承肇以洋、蓬、壁三州符印降；興元節度使王宗威以梁、開、通、渠、麟等五州符印送降〔四〕；階州王承岳納符印；秦州節度使王承休棄城而遁。辛丑，繼岌過利州。戊申，至劍州。己酉，至綿州，王衍遣使上牋乞降。丁巳，入成都。自興師出洛至定蜀，計七十五日，走丸之勢，前代所無。册府元龜卷二百九十一。師回，至渭南，聞莊宗敗，師徒潰散，自縊死。案太平廣記引王氏見聞録云〔五〕：後唐莊宗世子魏王繼岌伐蜀，迴軍在道〔六〕，而有鄴都之變。莊宗與劉后命内臣張漢賓齎急詔，所在催魏王歸闕。張漢賓乘驛倍道急行，至興元西縣逢魏王〔七〕，宣傳詔旨。王以本軍方討漢州康延孝，相次繼來，欲候之出山，以陳凱歌，漢賓督之。有軍謀陳岷，比事梁，與漢賓熟，密問張曰：「天子改換，且是何人？」張色莊曰：「我嘗面奉宣詔魏王〔八〕，况大軍在行，談何容易。」陳岷曰：「久忝知聞，故敢諮問，兩日來有一信，風聞新人已即位矣，復何形迹。」張乃説：「來時聞李嗣源過河，未知近事。」岷曰：「魏王且請盤桓，以觀其勢，未可前邁。」張以莊宗命嚴，不敢遷延，督令進發，魏王至渭南遇害。（舊五代史考異）

繼潼、繼嵩、繼蟾、繼嶢並莊宗子〔九〕，同光三年拜光禄大夫、檢校司徒，未封。莊宗敗，並不知所終。永樂大典卷一萬六千六百二十八。案清異録：唐福慶公主下降孟知祥。長興四年，明宗晏駕，唐室亂，莊宗諸兒削髮爲苾芻，間道走蜀。時知祥新稱帝，爲公主厚待猶子，賜予千計。考清異録記載多舛，惟莊宗諸子入蜀宜可信云〔一〇〕。（舊五代史考異）

從璟，明宗長子。性忠勇沈厚，摧堅陷陣，人罕偕焉。册府元龜卷二百七十一。從莊宗于河上，累有戰功，莊宗器賞之，用爲金鎗指揮使。册府元龜卷二百九十一。明宗在魏府爲軍士所逼，莊宗詔從璟曰：「爾父于國有大功，忠孝之心，朕自明信，今爲亂兵所劫，爾宜自去宣朕旨，無令有疑。」從璟行至中途〔一〕，爲元行欽所制，復與歸洛下。莊宗改其名爲繼璟，以爲己子，命再往，從璟固執不行，願死于御前，以明丹赤。從莊宗赴汴州，明宗之親舊多策馬而去，左右或勸從璟令自脱，終無行意，尋爲元行欽所殺。天成初，贈太保。册府元龜卷二百八十六。

秦王從榮，明宗第二子也。明宗踐阼，天成初，授鄴都留守、天雄軍節度使。三年，移北京留守，充河東節度使。四年，入爲河南尹。册府元龜卷二百八十一。一日，明宗謂安重誨曰：「近聞從榮左右有詐宣朕旨，令勿接儒生，儒生多懦，恐鈍志相染。朕方知之，頗駭其事。余比以從榮方幼，出臨大藩，故選儒雅，賴其裨佐。今聞此姦憸之言，豈朕之所望也。」鞫其言者將戮之，重誨曰：「若遽行刑，又慮賓從難處，且望嚴誡。」遂止。永樂大典卷六千七百六十。

從榮爲詩，與從事高輦等更相唱和，自謂章句獨步於一時，有詩千餘首，號曰紫府集。冊府元龜卷二百七十。

長興中，以本官充天下兵馬大元帥。冊府元龜卷二百六十九。從榮乃請以嚴衛、捧聖步騎兩指揮爲秦府衙兵，每入朝，以數百騎從行，出則張弓挾矢，馳騁盈巷。既受元帥之命，即令其府屬僚佐及四方遊士，各試檄淮南書一道，陳己將廓清宇内之意。初，言事者請爲親王置師傅，明宗顧問近臣，執政以從榮名勢既隆，不敢忤旨，即奏云：「王官宜委。」從榮乃奏刑部侍郎劉贊爲王傅，又奏翰林學士崔梲爲元帥府判官。明宗曰：「學士代予詔令，不可擬議。」從榮不悦，退謂左右曰：「既付以元帥之任，而阻予請僚佐，又未諭制旨也。」復奏刑部侍郎任贊，從之。冊府元龜卷二百九十九。案宋史趙上交傳：秦王從榮開府兼判軍衛，以上交爲虞部員外郎、充六軍諸衛推官。李瀚、張沆、魚崇遠皆白衣在秦府，悉與上交友善。累遷司封郎中、充判官。從榮素豪邁，不遵禮法，好昵羣小，上交從容言曰：「王位尊嚴，當修令德以慰民望。王忍爲此，獨不見恭世子、戾太子之事乎？」從榮怒，出之。歷涇、秦二鎮節度判官。從榮及禍，僚屬皆坐斥。上交由是知名。（舊五代史考異）後舉兵犯宮室，敗死，廢爲庶人。永樂大典卷一萬六千六百二十八。案通鑑明宗紀云：己丑，大漸，秦王從榮入問疾，帝俛首不能舉。王淑妃曰：「從榮在此。」帝不應。從榮出，聞宮中皆哭，從榮意帝已殂，明旦，稱疾不入。是夕，帝實小愈，而從榮不知。從榮自知不爲時論所與，恐不得爲嗣，與其黨謀，欲以兵入侍，先制權臣。壬辰，從榮自河南府常服將步騎千人陳於天津橋。孟漢瓊被甲乘馬，召馬軍都指揮使朱洪實，使將五百騎討從榮。從榮方據胡床，坐橋上，遣左右召康義誠。端門已閉，叩左掖門，從門隙窺之，見朱洪實引騎兵北來，走白從榮，從榮大驚，命取鐵掩心擐之，坐調弓矢。俄而騎兵大至，從榮走歸府，僚佐皆竄匿，牙兵掠嘉善坊潰去。從榮與妃劉氏匿床下，皇城使安從益就斬之，以其首獻。丙申，追廢從榮爲庶人。五代會要云：清泰元年十二月敕：「故庶人從榮[二]，獲罪先帝，貽禍厥身，已歷歲時，未營宅兆。雖軫在原之念，宜從有國之規，且令中書門下商量葬禮。」尋據太常禮院狀奏：「請准唐貞觀中庶人承乾流死黔州，仍葬以公禮。」從之。五代史補：秦王從榮，明宗之愛子。好爲詩，判河南府，辟高輦爲推官。輦尤能爲詩，賓主相遇甚歡。自是出入門下者，當時名士有若張杭、高文蔚、何仲舉之徒，莫不分廷抗禮，更唱迭和。時干戈之後，武夫用事，睹從榮所爲，皆不悅。于是康知訓等竊議曰：「秦王好文，交遊者多詞客，此子若一旦南面，則我等轉死溝壑，不如早圖之。」高輦知其謀，因勸秦王托疾：「此輩以所就之間，以所就之間，原本似有脱誤，今無別本可校，姑仍其舊。（影庫本粘籤）須來問候，請大王伏壯士，出其不意皆斬之，庶幾免禍矣。」從榮曰：「至尊在上，一旦如此，得無危乎？」輦曰：「子弄父兵，罪當笞爾，不然則悔無及矣。」從榮猶豫不決，未幾及禍，高輦棄市。初，從榮之敗也，高輦竄于民家，且落髮爲僧。既擒獲，知訓以其毀形難認，復使巾幘著緋，驗其真僞，然後用刑。輦神色自若，厲聲曰：「朱衣纔脱，白刃難逃。」觀者壯之〔三〕。

從璨，明宗諸子。案：五代會要以從璨爲明宗第四子。册府元龜作諸子，與明宗紀同。今仍其舊。性剛直，好客疏財，意豁如也。天成中，爲右衞大將軍，時安重誨方秉事權，從璨亦不之屈，重誨常以此忌之。明宗幸汴，留從璨爲大内皇城使。一日，召賓友於會節園，酒酣之後，戲登於御榻。安重誨奏請誅之〔一四〕。詔曰：「皇城使從璨，朕巡幸汴州，使警大内，乃全乖委任，但恣遨遊，於予行從之園，頻恣歌歡之會，仍施峻法，顯辱平人，致彼喧譁，達於聞聽。方當立法，固不黨親，宜貶授房州司户參軍，仍令盡命。」長興中，重誨之得罪也，命復舊官，仍贈太保。册府元龜卷二百九十五。

許王從益，明宗之幼子也。宫嬪所生，明宗命王淑妃母之，嘗謂左右曰：「唯此兒生於皇宫，故尤所鍾愛。」長興末，封許王。晉高祖即位，以皇后即其姊也，乃養從益於宫中。晉天福中，以從益爲二王後，改封郇國公，郇國，原本作「鄩國」，考歐陽史及通鑑並作郇國，薛史晉高祖紀亦作「郇」，今改正。（影庫本粘籤）食邑三千户。其後與母歸洛陽守陵。開運末，契丹主至汴，以從益遥領曹州節度使，復封許王，與王妃尋歸西京。會契丹主死，其汴州節度使蕭翰謀歸北地，慮中原無主，軍民大亂，則己亦不能按轡徐歸矣〔五〕，乃詐稱契丹主命，遣人迎從益於洛陽，令知南朝軍國事。從益與王妃逃於徽陵以避之，使者至，不得已而赴焉。從益於崇元殿見羣官，蕭翰率部衆列拜於殿上，羣官趨拜於殿下，乃僞署王松爲左丞相，趙上交爲右丞相，李式、翟光鄴爲樞密使，王景崇爲宣徽使，餘官各有署置。又以北來燕將劉祚爲權侍衛使，充在京巡檢。翰北歸，從益餞於北郊。及漢高祖將離太原，從益召高行周、武行德欲拒漢高祖，案：薛史但載從益拒漢事，考宋史趙上交傳云：漢祖將至，從益遣上交馳表獻款。蓋獻款乃淑妃、從益本意也。歐陽史兩存之，其事始備。（舊五代史考異）行周等不從，且奏其事。漢高祖怒，車駕將至闕，從益與王妃俱賜死於私第，時年十七，時人哀之。永樂大典卷六千七百六十。五代史闕文：漢高祖自太原起軍建號，至洛陽，命郭從義先入京師，受密旨殺王淑妃與許王從益。淑妃臨刑號泣曰：「吾家子母何罪，吾兒爲契丹所立〔六〕，非敢與人爭國，何不且留吾兒，每年寒食，使持一盂飯灑明宗陵寢。」聞者無不泣下。臣謹按，隱帝朝，詔史臣修漢祖實録，敍淑妃、從益傳，但云「臨刑之日，焚香俟命」，蓋諱之耳。

重吉，末帝長子，爲控鶴都指揮使。閔帝嗣位，出爲亳州團練使。末帝兵起，爲閔帝所害。永樂大典卷一萬六千六百二十八。案通鑑云：詔遣殿直楚匡祚執亳州李重吉，幽于宋州。又云：遣楚匡祚殺李重吉于宋州，匡祚榜捶重吉，責其家財。清泰元年，詔贈太尉，仍令宋州選隙地置廟。册府元龜卷二百七十七〔一七〕。案：閔帝有子重哲，授銀青光禄大夫、檢校工部尚書，見明宗紀。歐陽史家人傳闕而不載，今附識于此。

雍王重美，末帝第二子，清泰三年封。晉兵入，與末帝俱自焚死。永樂大典卷一萬六千六百二十八。案通鑑云：洛陽自聞兵敗，衆心大震，居人四出，逃竄山谷。門者請禁之，雍王重美曰：「國家多難，未能爲百姓主，又禁其求生〔一八〕，徒增惡名耳。不若聽其自便，事寧自還。」乃出令任從所適，衆心差安。又云：皇后積薪欲燒宮室，重美諫曰：「新天子至，必不露居，他日重勞民力，死而遺怨，將安用之？」乃止。案：重美傳，永樂大典原本有闕佚，今附録通鑑于此，疑通鑑所用即本薛史原文也。

史臣曰：繼岌以童騃之歲，當統帥之任，雖成功於劍外，尋求死於渭濱，蓋運盡天亡，非孺子之咎也。從璟感厚遇之恩，無苟免之意，死於君側，得不謂之忠乎！從榮以狂躁之謀，賈覆亡之禍，謂爲大逆，則近厚誣。從璨爲權臣所忌，從益爲强敵所脅，俱不得其死，亦良可傷哉！重美聽洛民之奔亡，止母后之燔爇，身雖燼於紅燄，言則耀乎青編。童年若斯，可謂賢矣！永樂大典卷六千七百六十。

校勘記

〔一〕歷鄜州節度使　「節度使」，原作「刺史」，據册府卷二八一改。

〔二〕册府元龜卷二百八十一　「二百八十一」，原作「二百五」，按此則實出册府卷二八一，據改。

〔三〕綿　原作「潼」，據劉本、本書卷三三唐莊宗紀七、册府卷二九一、卷四二七、通鑑卷二七三改。

〔四〕麟　通鑑卷二七三胡注：「渠州潾山縣，唐武德元年置潾州，八年州廢，以潾山縣屬渠州，當是蜀復置潾州也。『麟』當作『潾』。」

〔五〕王氏見聞録　「録」字原闕，據殿本、太平廣記卷八〇補。

〔六〕迴軍在道　「迴軍」，原作「迴車」，據殿本、劉本、太平廣記卷八〇引王氏見聞録改。

〔七〕至興元西縣逢魏王　「西」字原闕，據殿本、劉本、太平廣記卷八〇引王氏見聞録補。

〔八〕我嘗面奉宣詔魏王　「嘗」，殿本、劉本、孔本、太平廣記卷八〇引王氏見聞録作「當」。

〔九〕繼潼　原作「繼湩」，據殿本、五代會要卷二、通鑑卷二七五、新五代史卷一四唐太祖家人傳改。

〔一〇〕考清異録記載多舛惟莊宗諸子入蜀宜可信云　以上十九字原闕，據孔本補。

〔一一〕從璟行至中途　「從璟」，原作「行璟」，據劉本、册府卷二八六改。

〔一二〕故庶人從榮　「從榮」，原作「重榮」，據五代會要卷二及本卷正文改。

〔一三〕觀者壯之　「壯」，原作「笑」，據孔本、五代史補卷二改。

〔一四〕安重誨　原作「安從誨」，據殿本、册府卷二九五、通鑑卷二七六改。

〔一五〕則己亦不能按轡徐歸矣　「按轡」，原作「按轡」，據殿本、劉本、孔本、邵本、彭本改。影庫本批校：「『轡』訛『轡』。」

〔一六〕吾兒爲契丹所立　「兒」，原作「既」，據彭校、五代史闕文改。

〔一七〕册府元龜卷二百七十七　「二百七十七」，原作「二百七十五」，按此則實出册府卷二七七，據改。

〔一八〕又禁其求生　以上五字原闕，據通鑑卷二八〇補。

舊五代史卷五十二

唐書二十八

列傳第四

李嗣昭 子繼韜 裴約 李嗣本 李嗣恩

李嗣昭，字益光，武皇母弟代州刺史克柔之假子也。小字進通〔一〕，案：原本作「通進」，今從歐陽史改正。不知族姓所出。案：歐陽史作本姓韓氏，汾州太谷縣民家子。少事克柔，頗謹愿，雖形貌眇小，而精悍有膽略，沈毅不羣。初嗜酒好樂，案：歐陽史作初喜嗜酒，吳縝纂誤云：喜即嗜也，疑賸「喜」字。（舊五代史考異）武皇微伸儆戒，乃終身不飲。少從征伐，精練軍機。乾寧初，王珂、王珙爭帥河中，珙引陝州之軍攻珂，珂求救於武皇，乃令嗣昭將兵援之，敗珙軍於猗氏，獲賊將李璠等。四年，改衙內都將，復援河中，敗汴軍於胡壁堡，擒汴將滑禮，以功加檢校僕射。及王珂請婚武皇，武皇以女妻之，珂赴禮於太原，以嗣昭權典河中留後事。

李罕之襲我潞州也，嗣昭率師攻潞州，與汴將丁會戰於含口〔二〕，含口，原本作「合口」。考通鑑注云：含口在潞州城東。今改正。（影庫本粘籤）俘獲三千，執其將蔡延恭，代李君慶爲蕃漢馬步行營都將。進攻潞州，遣李存質、李嗣本以兵扼天井關。汴將澤州刺史劉玘棄城而遁〔三〕，乃以李存璋爲刺史。梁祖聞嗣昭之師大至，召葛從周謂曰：「并人若在高平，當圍而取之，先須野戰，勿以潞州爲敵。」及聞嗣昭軍韓店，梁祖曰：「進通扼八議路，八議路，原本作「入義」，今據通鑑改正。（影庫本粘籤）此賊決與我鬬〔四〕，公等臨事制機，勿落姦便。」賀德倫閉壁不出，嗣昭日以鐵騎環城，汴人不敢芻牧，援路斷絶。八月，德倫、張歸厚棄城遁去，我復取潞州。

三年〔五〕，汴人攻滄州，劉仁恭求救，遣嗣昭出師邢洺以應之。嗣昭遇汴軍於沙河，擊敗之，獲其將胡禮。進攻洺州，下之，獲其郡將朱紹宗。九月，梁祖自率軍三萬至臨洺，葛從周設伏於青山口。嗣昭聞梁祖至，斂軍而退，從周伏兵發，爲其所敗，偏將王郃郎、楊師悦等被擒。十月，汴人大寇鎮、定，王郜告急於武皇，乃遣嗣昭出師，下太行，擊懷孟。汴將侯言守河陽〔六〕，不意嗣昭之師至，既無守備，驅市人登城，嗣昭攻其北門，破其外垣，俄而汴將閻寶救軍至，乃退。

天復元年，河中王珂爲汴人所擄，河中、晉、絳諸郡皆陷。四月，汾州刺史李瑭謀叛，納款於汴，嗣昭討之，三日而拔，斬瑭。是月，汴人初得蒲絳，乃大舉諸道之師來逼太原。汴將葛從周陷承天軍，氏叔琮營洞渦驛。太原四面，汴軍雲合，武皇憂迫，計無從出。嗣昭朝夕選精騎分出諸門，掩擊汴營，左俘右斬，或燔或擊，汴軍疲於奔命，又屬霖雨，軍多足腫腹疾〔七〕，糧運不繼。五月，氏叔琮引退，嗣昭以精騎追之，汴軍委棄輜重兵仗萬計。六月，嗣昭出師陰地，陰地，原本作「陰陀」，考薛史前後皆作陰地，胡三省云：陰地關在晉州東北。今改正。（影庫本粘籤）攻慈、隰，降其刺史唐禮、張瓌。是時，天子在鳳翔，汴人攻圍，有密詔徵兵。十一月，嗣昭出師晉絳，屯吉上堡，遇汴將王友通於平陽〔八〕，一戰擒之。

明年正月，嗣昭進兵蒲縣〔九〕。十八日〔一〇〕，汴將朱友寧、氏叔琮將兵十萬來拒。二十八日，梁祖自率大軍至平陽，嗣昭之師大恐。三月十一日，有白虹貫周德威之營，候者云不利，宜班師。翌日，氏叔琮犯德威之營，汴軍十餘萬，列陣四合，德威、嗣昭血戰解之，乃保軍而退，汴軍因乘之。時諸將潰散，無復部伍，德威引騎軍循西山而遁，朱友寧乘勝陷慈、隰、汾等州。武皇聞其敗也，遣李存信率牙兵至清源應接，復爲汴軍所擊。汴軍營於晉祠，嗣昭、德威收合餘衆，登城拒守，汴人治攻具於西北隅，四面營栅相望。時鎮、定、河中皆爲梁有〔一一〕，孤城無援，師旅敗亡。武皇晝夜登城，憂不遑食，召諸將，欲出保雲州，嗣昭曰：「王勿爲此謀，兒等苟存，必能城守。」李存信曰：「事勢危急，不如且入北蕃，别圖進取。朱温兵師百萬，天下無敵，關東、河北受他指揮，今獨守危城，兵亡地蹙，儻彼築室反耕，環塹深固，則亡無日矣！」武皇將從之，嗣昭亟爭不可，猶豫未決，賴劉太妃極言於内，武皇且止。數日，亡散之衆復集。嗣昭晝夜分兵四出，斬將搴旗，汴軍保守不暇。二十一日，朱友寧燒營退去，嗣昭追擊，復收汾、慈、隰等州。五月，雲州都將王敬暉據城叛〔二〕，振武石善友亦爲部將契苾讓所逐，嗣昭皆討平之。

天祐三年，汴人攻滄景，劉仁恭遣使求援。十一月，嗣昭合燕軍三萬進攻潞州，降丁會，武皇乃以嗣昭爲昭義節度使。案舊唐書：天祐三年閏十二月戊辰〔三〕，李克用與幽州之衆同攻潞州，全忠守將丁會以澤潞降太原，克用以其子嗣昭爲留後。甲戌，全忠燒長蘆營旋軍，聞潞州陷故也。考嗣昭本克柔養子，舊唐書以爲武皇子，殊誤。始嗣昭未到之前，上黨有占者，見一人家舍上常有氣如車蓋，視之，但一貧媪而已。占者謂媪：「有子乎？」曰：「有，見爲軍士，出戍於外。」占者心異之，以爲其子將來有土地之兆也。未幾，丁會既降，嗣昭領兵入潞，以媪家四面空缺，乃駐於是舍。丁會既歸太原，武皇遣使命嗣昭爲帥，乃自媪舍而入理所，其氣尋息，聞者異之。

四年六月，汴將李思安將兵十萬攻潞州，乃築夾城，深溝高壘，内外重複，飛走路絶。

嗣昭撫循士衆，登城拒守。梁祖馳書説誘百端，嗣昭焚其僞詔，斬其使者，城中固守經年，軍民乏絶。感鹽炭自生，感鹽炭自生，原本疑有脱誤。考通鑑與薛史同。王幼學云：「謂精誠所感，鹽炭不求而自致也。」今仍其舊。（影庫本粘籤）以濟貧民。嗣昭嘗享諸將，登城張樂，賊矢中足，嗣昭密拔之，密拔，原本作「蜜跋」，今從册府元龜改正。（影庫本粘籤）坐客不之覺，酣飲如故，以安衆心。五年五月，莊宗敗汴軍，破夾城。嗣昭知武皇棄世，哀慟幾絶。時大兵攻圍歷年，城中士民飢死大半，鄽里蕭條。嗣昭緩法寬租，勸農務穡，一二年間，軍城完集，三面鄰於敵境，寇鈔縱橫，設法枝梧，邊鄙不聳。

胡柳之戰，周德威戰没，師無行列，至晚方集。汴人四五萬登無石山，我軍懼形於色。或請收軍保營，詰旦復戰。嗣昭曰：「賊無營壘，去臨濮地遠，日已晡晚，皆有歸心，但以精騎逗撓〔一四〕，無令返旆〔一五〕，晡後追擊，破之必矣。我若收軍拔寨，賊人入臨濮，俟彼整齊復來，即勝負未決。」莊宗曰：「非兄言，幾敗吾事！」軍校王建及又陳方略，嗣昭與建及分兵於土山南北爲犄角，汴軍懼，下山，因縱軍擊之，俘斬三萬級，由是莊宗之軍復振。

十六年，嗣昭代周德威權幽州軍府事，九月，以李紹宏代歸〔一六〕。嗣昭出薊門，百姓號泣請留，截鞍惜別，嗣昭夜遁而歸。

十七年六月，嗣昭自德勝歸藩，莊宗帳餞於戚城。莊宗酒酣，泣而言曰：「河朔生靈，十年饋輓，引領鶴望，俟破汴軍。今兵賦不充，寇孽猶在，坐食軍賦，有愧蒸民。」嗣昭曰：「臣忝急難之地，每一念此，寢不安席。大王且持重謹守，惠養士民。臣歸本藩，簡料兵賦，歲末春首，即舉衆復來。」莊宗離席拜送，如家人禮。是月，汴將劉鄩攻同州，朱友謙告急，嗣昭與李存審援之。九月，破汴軍於馮翊，乃班師。

十九年，莊宗親征張文禮於鎮州。冬，契丹三十萬奄至，嗣昭從莊宗擊之〔一七〕，敵騎圍之數十重，良久不解。嗣昭號泣赴之，引三百騎橫擊重圍，馳突出没者數十合，契丹退，翼莊宗而還。是時，閻寶爲鎮人所敗，退保趙州，莊宗命嗣昭代寶攻真定。七月二十四日〔一八〕，王處球之兵出至九門，九門，原本作「丸門」，今據通鑑及遼史改正。（影庫本粘籤）嗣昭設伏於故營，賊至，發伏擊之殆盡，餘三人匿於牆墟間，嗣昭環馬而射之，爲賊矢中腦，嗣昭箙中矢盡，拔賊矢於腦射賊，一發而殪之。嗣昭日暮還營，所傷血流不止，是夜卒。

嗣昭節制澤潞，官自司徒、太保至侍中、中書令。莊宗即位，贈太師、隴西郡王。長興中，詔配饗莊宗廟庭。

嗣昭有子七人，長曰繼儔，澤州刺史；次繼韜、繼忠、繼能、繼襲、繼遠，皆夫人楊氏所生。案：嗣昭有子七人，薛史僅言其六。歐陽史仍薛史之舊。據繼韜附傳，有弟繼達，合數之恰得七人也。楊氏治家善積聚，設法販鬻，致家財百萬。永樂大典卷一萬三百八十九。

繼韜，小字留得，少驕獪無賴。嗣昭既卒，莊宗詔諸子扶喪歸太原襄事〔一九〕，諸子違詔，以父牙兵數千擁喪歸潞。莊宗令李存渥馳騎追諭，兄弟俱忿，欲害存渥，存渥遁而獲免。繼韜兄繼儔，嗣昭長嫡也，當襲父爵，然柔而不武。方在苫廬，繼韜詐令三軍劫己爲留後，囚繼儔於別室，以事奏聞。莊宗不得已，命爲安義軍兵馬留後。案通鑑注云：後唐改昭義爲安義，蓋爲嗣昭避諱也。歐陽史仍作昭義。（舊五代史考異）

時軍前糧餉不充，租庸計度請潞州轉米五萬貯於相州，繼韜辭以經費不足，請轉三萬。有幕客魏琢、牙將申蒙者，申蒙，原本作「車蒙」，今據通鑑改正。（影庫本粘籤）因入奏公事，每摭陰事報繼韜云：「朝廷無人，終爲河南吞噬，止遲速間耳。」由是陰謀叛計。內官張居翰時爲昭義監軍，莊宗將即位，詔赴鄴都。潞州節度判官任圜時在鎮州，亦奉詔赴鄴。魏琢、申蒙謂繼韜曰：「國家急召此二人，情可知矣。」弟繼遠，年十五六，謂繼韜曰：「兄有家財百萬，倉儲十年，宜自爲謀，莫受人所制。」繼韜曰：「定哥以爲何如？」曰：「申蒙之言是也。河北不勝河南，不如與大梁通盟，國家方事之殷，焉能討我？無如此算。」乃令繼遠將百餘騎詐云於晉絳擒生，遂至汴。梁主見之喜，因令董璋將兵應接，營於潞州之南，加繼韜同平章事，改昭義軍爲匡義軍。繼韜令其愛子二人入質於汴。

及莊宗平河南，繼韜惶恐，計無所出，將脱身於契丹，會有詔赦之，乃齎銀數十萬兩，隨其母楊氏詣闕，冀以賂免。將行，其弟繼遠曰：「兄往與不往，利害一也。以反爲名，何面更見天下！不如深溝峻壁，坐食積粟，尚可苟延歲月，往則亡無日矣。」或曰：「君先世有大功於國，主上，季父也，弘農夫人無恙，保獲萬全。」及繼韜至，厚賂宦官、伶人，言事者翕然稱：「留後本無惡意，姦人惑之故也。嗣昭親賢，不可無嗣。」楊夫人亦於宫中哀祈劉皇后，后每於莊宗前泣言先人之功，以動聖情，由是原之。在京月餘，屢從畋遊，寵待如故。李存渥深訶詆之，繼韜心不自安，復賂伶閹，求歸本鎮，莊宗不聽。繼韜潛令紀綱書諭繼遠，欲軍城更變，望天子遣己安撫。事泄，斬於天津橋南。天津橋，原本脱「津」字，今從歐陽史增入。（影庫本粘籤）二子齠年質於汴，莊宗收城得之，撫其背曰：「爾幼如是，猶知能佐父造反，長復何爲！」至是亦誅。仍遣使往潞州斬繼遠，函首赴闕，命繼儔權知軍州事，繼達充軍城巡檢。

未幾，詔繼儔赴闕，時繼儔以繼韜所畜婢僕玩好之類悉爲己有，每日料選算校，不時上路。繼達怒謂人曰：「吾仲兄被罪，父子誅死，大兄不仁，略無動懷，而便蒸淫妻妾，詰責貨財，慚恥見人，生不如死！」繼達服縗麻，引數百騎坐於戟門，呼曰：「爲我反乎？」即令人斬繼儔首，投於戟門之内。副使李繼珂聞其亂也，繼珂，原本作「繼瑽」，今從通鑑改正。

（影庫本粘籤）募市人千餘攻於城門。繼達登城樓，知事不濟，啓子城東門，至其第，盡殺其孥，得百餘騎，出潞城門，將奔契丹。行不十里，麾下奔潰，自剄於路隅。

天成初，繼能爲相州刺史，母楊氏卒於太原，繼能、繼襲奔喪行服。繼能笞掠母主藏婢，責金銀數，因笞至死。家人告變，言聚甲爲亂，繼能、繼襲皆伏誅。嗣昭諸子自相屠害，幾於滅盡，唯繼忠一人僅保其首領焉。永樂大典卷一萬三百八十九。

裴約，潞州之舊將也。初事李嗣昭爲親信，及繼韜之叛，約方戍澤州〔二〇〕，因召民泣而諭之曰：「余事故使，已餘二紀，每見分財享士，志在平讎，不幸薨殁。今郎君父喪未葬，郎君，原本作「郎書」，今據歐陽史改正。（影庫本粘籤）即背君親，余可傳刃自殺，不能送死與人。」衆皆感泣。既而梁以董璋爲澤州刺史，率衆攻城，約拒久之，告急於莊宗。莊宗知其忠懇，謂諸將曰：「朕於繼韜何薄，於裴約何厚？裴約能分逆順，不附賊黨，先兄一何不幸，生此鴟梟！」乃顧李紹斌曰：「爾識機便，爲我取裴約來，朕不藉澤州彈丸之地。」即遣紹斌率五千騎以赴之。案：歐陽史作李存審。據薛史莊宗紀亦作李紹斌，疑歐陽史誤。紹斌自遼州進軍，未至，城已陷，約被害，時同光元年六月也。帝聞之，嗟痛不已。永樂大典卷一萬八千一百二十八。

李嗣本，鴈門人，本姓張。父準，銅冶鎮將。嗣本少事武皇，爲帳中紀綱，漸立戰功，得補軍校。乾寧初〔一一〕，從征李匡儔爲前鋒，與燕人戰，得居庸關，以功爲義兒軍使，因賜姓名。從討王行瑜，授檢校刑部尚書，改威遠、寧塞等軍使。五年〔一二〕，討羅弘信於魏州，嗣本爲前鋒，師還，改馬軍都將。從李嗣昭討王暉於雲州，論功加檢校司空。汴將李思安之圍潞州也，從周德威軍於余吾，嗣本率騎軍日與汴人轉鬬，前後獻俘千計，遷代州刺史。六年〔一三〕，從攻晉絳，爲蕃漢副都校〔一四〕。及武皇喪事有日，嗣本監護其事，改雲中防禦使、雲蔚應朔等州都知兵馬使，加特進、檢校太保。九年，周德威討劉守光，嗣本率代北諸軍、生熟吐渾，收山後八軍，得納降軍使盧文進、武州刺史高行珪以獻。幽州平，論功授振武節度使，振武，原本作「正武」，今從歐陽史改正。（影庫本粘籤）號「威信可汗」。十二年，莊宗定魏博，劉鄩據莘縣，命嗣本入太原巡守都城。十三年，從破劉鄩於故元城，收洺、磁、衛三郡〔一五〕。六月，還鎮振武。八月，契丹阿保機傾塞犯邊，其衆三十萬攻振武，嗣本嬰城拒戰者累日。契丹爲火車地道，晝夜急攻，城中兵少，禦備罄竭，城陷，嗣本舉族入契丹。有子八人，四人陷於幕庭。嗣本性剛烈，有節義，善戰多謀，然治郡民，頗傷苛急，人以此少之也。永樂大典卷一萬三百八十九。

李嗣恩，本姓駱。案歐陽史：嗣恩本吐谷渾部人，而薛史不載，疑有闕文。年十五，能騎射，侍武皇於振武，及鎮太原，補鐵林軍小校。從征王行瑜，奉表獻捷，加檢校散騎常侍，漸轉突陣指揮使，賜姓名。天祐四年，逐康懷英於西河〔二六〕，解汾州之圍，加檢校司空，充左廂馬軍都將。戰王景仁有功，加檢校司徒。救河中府，與梁人接戰，應弦斃者甚衆，而稍中其口。及退，莊宗親視其傷，深加慰勉，轉内衙馬步都將、遼州刺史。十二年，從莊宗入魏，擊劉鄩有功，轉天雄軍都指揮使。劉鄩之北趨樂平也，嗣恩襲之，倍程先入晉陽。時城中無備，得嗣恩兵至，人百其勇。鄩聞其先過，乃遁。莘之戰，以功轉代州刺史，充石嶺關以北都知兵馬使，稍遷振武節度使。十五年，追赴行在，卒於太原。天成初，明宗敦念舊勳，詔贈太尉。

有子二人，長曰武八，騎射推於軍中。嘗有時輩臂飢鷹〔二七〕，矜其搏擊，武八持鳴鏑一隻，睹其狩獲，暮乃多之。戰契丹於新州，歿焉。案遼史太祖紀：二年三月，合戰於新州東，殺李嗣本之子武八。考武八本嗣恩子，而遼史以爲嗣本子，蓋傳聞之誤。幼曰從郎，累爲行軍司馬。

永樂大典卷一萬三百八十九。

史臣曰：嗣昭以精悍勤勞，佐經綸之業，終没王事，得以爲忠，然其後嗣皆不免於刑戮者，何也？蓋殖貨無窮，多財累愚故也。抑苟能以清白遺子孫，安有斯禍哉！裴約以偏裨而效忠烈，尤可貴也。嗣本、嗣恩皆以中涓之効，參再造之功，故可附於兹也。永樂大典卷一萬三百八十九。

校勘記

〔一〕小字進通　「進通」，册府卷三四七同，小字録引舊五代史唐傳作「通達」。本書各處同。

〔二〕與汴將丁會戰於含口　「與」字原闕，據殿本、彭校、册府卷三四七補。

〔三〕劉玘　原作「劉屺」，據劉本、册府卷三四七改。按本書卷六四、新五代史卷四五有劉玘傳。

〔四〕此賊決與我鬬　「與」，原作「於」，據彭校、册府卷三四七、卷三六九改。

〔五〕三年　殿本作「光化三年」。按本書卷二梁太祖紀二、卷二六唐武皇紀下、舊唐書卷二〇上昭宗紀皆繫其事於光化三年。

〔六〕侯言　原作「侯信」，據彭校、本書卷二梁太祖紀二、册府卷三四七、卷四〇〇改。通鑑卷二六二記侯言爲河陽留後。

〔七〕軍多足腫腹疾　「疾」，册府卷三四七、卷四〇〇作「痢」。

〔八〕王友通　本書卷一五李罕之傳、通鑑卷二五七敍其事作「王友遇」。唐大詔令集卷一二〇削奪李罕之官爵制云：「始則結王友遇而寇攘。」

〔九〕嗣昭進兵蒲縣　「兵」，册府卷三四七作「營」。按通鑑卷二六三敍其事作「嗣昭等屯蒲縣」。

〔一〇〕十八日　本書卷二六唐武皇紀二、通鑑卷二六三繫其事於二月乙未。按二月戊寅朔，乙未爲十八日。

〔一一〕時鎮定河中皆爲梁有　「鎮定」，原作「鎮州」，據册府卷三四七、卷四〇〇改。按本書卷一梁太祖紀一、通鑑卷二六二，鎮州王鎔、定州王處直分別於光化二年、三年附梁。

〔一二〕五月雲州都將王敬暉據城叛　本書卷二六唐武皇紀下、通鑑卷二六四繫其事於天復三年五月。

〔一三〕天祐三年閏十二月戊辰　「閏」字原闕，據舊唐書卷二〇下哀帝紀補。

〔一四〕但以精騎逗撓　「逗撓」，通鑑卷二七一考異引薛史李嗣昭傳、册府卷三四七作「撓之」。

〔一五〕無令返旆　「返旆」，册府卷三四七同，通鑑卷二七一考異引薛史李嗣昭傳作「夕食」。

〔一六〕以李紹宏代歸　「歸」字原闕，據册府卷六八三補。

〔一七〕嗣昭從莊宗擊之　册府卷三四七敍其事作「嗣昭從莊宗擊虜於新城，阿保機在望都，莊宗深入，親與虜鬬」。

〔一八〕七月二十四日　通鑑卷二七一繫其事於四月甲戌，按四月辛亥朔，甲戌爲二十四日。本書卷二九唐莊宗紀三、新五代史卷五唐本紀皆繫其事於四月。

〔一九〕莊宗詔諸子扶喪歸太原襄事　「襄」，原作「纕」，據殿本、劉本改。

〔二〇〕澤州　原作「潞州」，據劉本、册府卷三七四、新五代史卷三二裴約傳、通鑑卷二七二及本卷下文改。

〔二一〕乾寧初　「初」，原作「中」，據册府卷三四七改。按本書卷二六唐武皇紀下繫其事於乾寧元年十月。

〔二二〕五年　册府卷三四七同，本書卷二梁太祖紀二、卷一六葛從周傳、卷二六唐武皇紀下、卷五三李存信傳、通鑑卷二六〇繫其事於乾寧三年。

〔二三〕六年　本書卷二七唐莊宗紀一繫其事於天祐六年。通鑑卷二六七繫其事於開平三年，按開平三年即天祐六年。

〔二四〕爲蕃漢副都校　「副都校」，原作「副使都校」，據殿本、册府卷三四七改。

〔二五〕收洺磁衞三郡　「磁」，原作「慈」，據殿本、劉本、册府卷三四七改。

〔二六〕逐康懷英於西河　「西河」，原作「河西」，據册府卷三四七乙正。按新唐書卷三九地理志三，西河屬汾州。

〔二七〕嘗有時輩臂飢鷹　「輩」，原作「輦」，據殿本、劉本、册府卷八四六改。影庫本粘籤：「時輦，疑是人名，今無别本可考，姑仍其舊。」

舊五代史卷五十三

唐書二十九

列傳第五

李存信　李存孝　李存進子漢韶　李存璋　李存賢

李存信，本姓張，案：梁紀作張污落，蓋本名污落，賜名存信。（舊五代史考異）父君政，迴鶻部人也。大中初，隨懷化郡王李思忠內附，因家雲中之合羅川。存信通黠多數，會四夷語，別六蕃書，善戰，識兵勢。初爲獻祖親信，從武皇入關平賊，始補軍職，賜姓名。大順中，累遷至馬步都校，與李存孝擊張濬軍於平陽。時存孝驍勇冠絶，軍中皆下之，唯存信與爭功，由是相惡，有同水火。及平定潞州，存孝以功望領節度〔一〕，既而康君立授旄鉞，康君立，原本作「軍位」，今從歐陽史改正。（影庫本粘籤）存孝怒，大剽潞民，燒邑屋，言發涕流，疑存信擯己故也。明年，存孝得邢洺，武皇與之節鉞。存孝慮存信離間，欲立大功以勝之，屢請兵於武皇，請兼并鎮冀，存信間之，不時許。大順二年，武皇大舉略地山東，以存信爲蕃漢馬步都校，存孝聞之怒，武皇令存質代之，存孝乃謀叛。既誅，以存信爲蕃漢都校。從討李匡儔，降赫連鐸、白義誠，以功檢校右僕射〔二〕。從入關討王行瑜，加檢校司空，領郴州刺史。

乾寧三年，兗、鄆乞師於武皇，武皇遣存信營於莘縣，莘縣，原本作「華縣」，今從新唐書藩鎮傳改正。（影庫本粘籤）與朱瑄合勢以抗梁人。梁祖患之，遣使謂羅弘信曰〔三〕：「河東志在吞食河朔，迴軍之日，貴道堪憂。」而存信戢兵無法，稍侵魏之芻牧，弘信怒，翻然結於梁祖，乃出兵三萬以攻存信。存信斂衆而退，爲魏人所薄，委棄輜重，退保洺州，軍士喪失者十二三。武皇怒，大出師攻魏博，屠陷諸邑。五月，存信軍於洹水。汴將葛從周、氏叔琮來援魏人，存信與鐵林都將落落遇汴人於洹水南，汴人爲陷馬坎以待之，存信戰敗，落落被擒。九月，存信敗葛從周於宗城，乘勝至魏州之北門。明年，聞兗、鄆皆陷，乃班師。八月，從討劉仁恭，師次安塞，爲燕軍所敗。武皇怒謂存信曰：「昨日吾醉，不悟賊至，公不辨耶？古人三敗，公殆二矣〔四〕。」存信懼，泥首謝罪，幾至不測。自光化已後，存信多稱病，武皇以兵柄授李嗣昭，以存信爲右校而已。天復二年十月，以疾卒於晉陽，時年四十一。永樂大典卷一萬三百八十九。

李存孝，本姓安，名敬思。案新唐書：存孝，飛狐人。與歐陽史同，薛史闕載。少於俘囚中得隸紀綱，給事帳中。及壯，便騎射，驍勇冠絕，常將騎爲先鋒，未嘗挫敗。從武皇救陳許，逐黄寇，及遇難上源，每戰無不尅捷。

張濬之加兵於太原也，潞州小校馮霸殺其帥李克恭以城叛，時汴將朱崇節入潞州，梁祖令張全義攻澤州。李罕之告急於武皇，武皇遣存孝率騎五千援之。初，汴人攻澤州，呼罕之曰：「相公常恃太原，輕絶大國，今張相公圍太原，葛司空已入潞府，旬日之内，沙陀無穴自處，無穴，原本作「無空」，今據新唐書改正。（影庫本粘籤）相公何路求生耶！」存孝聞其言不遜，選精騎五百，繞汴營呼曰：「我，沙陀求穴者，俟爾肉饌軍，可令肥者出鬭！」汴將有鄧季筠者，亦以驍勇聞，乃引軍出戰，存孝激勵部衆，舞矟先登，一戰敗之，獲馬千匹，生擒季筠於軍中。是夜，汴將李讜收軍而遁，存孝追擊至馬牢山，俘斬萬計，遂退攻潞州。

時朝廷命京兆尹孫揆爲昭義節度使，令供奉官韓歸範送旌節至平陽，揆乃仗節之潞，梁祖與揆牙兵三千爲紀綱。時揆爲張濬副招討，所部萬人，八月〔五〕，自晉絳踰刀黄嶺趨上黨。存孝引三百騎伏於長子西崖谷間〔六〕。揆褒衣大蓋，擁衆而行，俟其軍前後不屬，存孝出騎橫擊之，擒揆與歸範及俘囚五百，獻於太原。存孝乃急攻潞州。九月，葛從周棄城夜遁，存孝收城，武皇乃表康君立爲潞帥，存孝怒，不食者累日。十月，存孝引收潞州之師，圍張濬於平陽，平陽，原本作「申陽」，今據歐陽史改正。（影庫本粘籤）營於趙城。華州韓建遣壯士三百夜犯其營，存孝諜知，設伏以擊之，盡殪，進壓晉州西門，獲賊三千，自是閉壁不出。存孝引軍攻絳州。十一月，刺史張行恭棄城而去，張濬、韓建亦由含口而遁，存孝收晉絳，以功授汾州刺史。

大順二年三月，邢州節度使安知建叛入汴軍，武皇令存孝定邢洺，因授之節鉞。時幽州李匡威與鎮州王鎔屢弱中山，將中分其疆土。定州王處存求援於武皇。武皇命存孝侵鎮趙之南鄙，又令李存信、李存審率師出井陘以會之，併軍攻臨城、柏鄉。李匡威救至，且議旋師。李存信與存孝不協，因搆於武皇，言存孝望風退衄，無心擊賊，恐有私盟也。存孝知之，自恃戰功，鬱鬱不平，因致書通王鎔，又歸款於汴。案：舊唐書以存孝據邢州爲大順元年事。考存孝至大順二年始領邢州節鉞，在元年無由得據邢州也。舊唐書蓋因平潞州事而牽連書之耳。新唐書與歐陽史並從薛史。

明年，武皇自出井陘，將逼真定，存孝面見王鎔陳軍機。武皇暴怒，誅先獲汴將安康八方旋師。七月，復出師討存孝，自縛馬關東下，攻平山，渡滹水，擊鎮州四關城。王鎔懼，遣使乞平，請以兵三萬助擊存孝，許之。案新唐書：王鎔失幽州助，因乞盟，進幣五十萬，歸糧二十萬，請出兵助討存孝。（舊五代史考異）武皇蒐於欒城，李存信屯琉璃陂。九月，存孝夜犯存信營，奉誠軍使孫考老被獲，存信軍亂。武皇進攻邢州，深溝高壘以環之，旋爲存孝衝突，溝塹不成。有軍校袁奉韜者，袁奉韜，原本作「奏韜」，今從歐陽史改正。（影庫本粘籤）密令人謂存孝曰：「大王俟塹成即歸太原，如塹壘未成，恐無歸志。尚書所畏唯大王耳，料諸將孰出尚書右。王若西歸，雖限以黃河，亦可浮渡，況咫尺之洫，安能阻尚書鋒鋭哉？」存孝然之，縱兵成塹。居旬日，深溝高壘，飛走不能及，由是存孝至敗，城中食盡。

乾寧元年三月，存孝登城首罪，泣訴於武皇曰：「兒蒙王深恩，位至將帥，案：歐陽史作位至將相。吴縝纂誤云：存孝本傳止爲邢州留後，未嘗爲平章事，何故云「位至將相」耶？（舊五代史考異）苟非讒慝離間，曷欲捨父子之恩，轉附仇讎之黨！兒雖褊狹設計，實存信搆陷至此，若得生見王面，一言而死，誠所甘心。」武皇愍之，遣劉太妃入城慰勞。太妃引來謁見，存孝泥首請罪曰：「兒立微勞，本無顯過，但被人中傷，申明無路，迷昧至此！」武皇叱之曰：「爾與王鎔書狀，罪我萬端，亦存信教耶！」縶歸太原，車裂於市。然武皇深惜其才。存孝每臨大敵，被重鎧，櫜弓坐稍〔七〕，僕人以二騎從，陣中易騎，輕捷如飛，獨舞鐵檛，挺身陷陣，萬人辟易，蓋古張遼、甘寧之比也。存孝死，武皇不視事旬日，私憾諸將久之。永樂大典卷一萬三百八十九。

李存進，振武人，本姓孫，名重進。案歐陽史：太祖破朔州得之，賜以姓名，養爲子。父佺〔八〕，世吏單于府。案九國志孫漢韶傳云：祖昉，嵐州刺史。父存進，振武軍節度使。據薛史則存進父自名佺，未嘗爲刺史，與九國志異。重進初仕嵐州刺史湯羣爲部校，獻祖誅羣，乃事武皇，從入關，還鎮太原，署牙職。景福中，爲義兒軍使，賜姓名。從討王行瑜，以功授檢校常侍，與李嗣昭同破王珙於河中。光化三年，契丹犯塞，寇雲中，改永安軍使〔九〕、鴈門以北都知兵馬使。天復初，破氏叔琮前軍於洞渦。三年〔一〇〕，授石州刺史。莊宗初嗣位，入爲步軍右都校〔一一〕、檢校司空。師出井陘，授行營馬步軍都虞候〔一二〕。破汴軍於柏鄉，論功授汾州刺史〔一三〕，轉檢校司徒。俄兼西南面行營招討使，出師收慈州，授慈、沁二州刺史。十二年，定魏博，授天雄軍都巡按使〔一四〕。時魏人初附，有銀槍効節都，强傑難制，效節，原本作「數節」，今從通鑑改正。（影庫本粘籤）專謀騷動。存進沈厚果斷，犯令者梟首屍於市，諸軍無不惕息，靡然向風。十四年，權蕃漢馬步副總管〔一五〕，從攻楊劉，戰胡柳。

十六年，以本職兼領振武節度使。時王師據德勝渡，汴軍據楊村渡在上流。汴人運洛陽竹木，造浮橋以濟軍。王師以船渡，緩急難濟，存進率意欲造浮橋。軍吏曰：「河橋須竹笮大艑，兩岸石倉鐵牛以爲固，今無竹石，竊慮難成。」存進曰：「吾成算在心，必有所立。」乃課軍造葦笮，維大艦數十艘，作土山，植巨木於岸以纜之。初，軍中以爲戲，月餘橋成，制度條上，人皆服其勤智。莊宗舉酒曰：「存進，吾之杜預也。」賜寶馬御衣，進檢校太保、兼魏博馬步都將。與李存審固德勝〔一六〕。

十九年，汴將王瓚率衆逼北城，爲地穴火車，百道進攻。存進隨機拒應，或經日不得食。汴軍退，加檢校太傅。王師討張文禮於鎮州，閻寶、李嗣昭相次不利而殁。七月〔一七〕，存進代嗣昭爲招討，進營東垣渡，夾滹沲爲壘，沙土散惡，垣壁難成。存進斬伐林樹，版築旬日而就，賊不能寇。九月，王處球盡率其衆，乘其無備，奄至壘門。存進聞之，得部下數人出鬪，驅賊於橋下。俄而賊大至，後軍不繼，血戰而殁，時年六十六〔一八〕。同光時，贈太尉。存進行軍出師，雖無奇迹，然能以法繩其驕放，營壘守戰之備，特推精力，議者稱之。

有子四人，長曰漢韶。永樂大典卷一萬三百八十九。

漢韶，字享天，享天，原本作「亨天」。考册府元龜作享天，九國志與册府元龜同，今改正。（影庫本粘籤）幼有器局，風儀峻整。初事莊宗，爲定安軍使，遷河東牢城指揮使。時孟知祥權知太原軍府事，會契丹侵北鄙，表令漢韶率師進討，既而大破契丹〔九〕，以功加檢校右僕射。同光中，爲蔡州刺史。天成初，復姓孫氏，尋授彰國軍留後，累加檢校太保。長興中，爲洋州節度使。末帝之起於鳳翔也，漢韶與興元張虔釗各帥部兵會王師於岐山下，及西師俱叛，漢韶逃歸本鎮。案九國志：閔帝嗣位，加特進，漢韶以其父名，上表讓之，改檢校左僕射。制曰：「改會稽之字，抑有前聞；換環寶之文，非無故事。」聞末帝即位，心不自安，乃與張虔釗各舉其城送款於蜀。洎至成都，孟知祥以漢韶舊人，尤善待之，案九國志：漢韶與知祥敍汾上舊事，及洛中更變，相對感泣。知祥曰：「豐沛故人，相遇於此，何樂如之！」於是賜第宅金帛，供帳什物，悉官給之。僞命永平軍節度使。孟昶嗣僞位，歷興元、遂州兩鎮連帥，累僞官至中書令，封樂安郡王。年七十餘，卒於蜀。永樂大典卷一萬八千一百二十八。

李存璋，字德璜，雲中人。武皇初起雲中，存璋與康君立、薛志勤等爲奔走交，從入關，以功授國子祭酒，累管萬勝、雄威等軍。從討李匡儔，改義兒軍使。光化二年，授澤州刺史，入爲牢城使。從李嗣昭討雲州叛將王暉，平之，改教練使、檢校司空。五年〔一〇〕，武皇疾篤，召張承業與存璋授遺顧，存璋爰立莊宗，夷內難，頗有力焉，改河東馬步都虞候，兼領鹽鐵。初，武皇稍寵軍士，蕃部人多干擾鄽市，肆其豪奪，法司不能禁。莊宗初嗣位，銳於求理，存璋得行其志，抑强扶弱，誅其豪首，期月之間，紀綱大振。弭羣盜，務耕稼，去姦宄，息倖門，當時稱其材幹。從破汴軍於夾城，轉檢校司徒。柏鄉之役，爲三鎮排陣使。十一年〔一一〕，從盟朱友謙於猗氏，授汾州刺史。汴將尹皓攻慈州，逆戰敗之。十三年，王檀逼太原，存璋率汾州之軍入城固守，授大同防禦使、應蔚朔等州都知兵馬使。秋，契丹陷蔚州〔一二〕，阿保機遣使馳木書求賂，存璋斬其使。契丹逼雲州，存璋拒守，城中有古鐵車，乃鎔爲兵仗，以給軍士。敵退，以功加檢校太傅、大同軍節度使、應蔚等州觀察使〔一三〕。十九年四月，以疾卒於雲州府第。同光初，追贈太尉〔一四〕、平章事。晉天福初，追贈太師。有子三人，彥球爲裨校，戰殁於鎮州。永樂大典卷一萬三百八十九。

李存賢，字子良，本姓王，名賢，許州人。祖啓忠，父惲。案九國志李奉虔傳：奉虔，太原人，本姓王氏。祖欽，唐隰州刺史。父存賢，佐唐武皇，累著功，賜姓李氏。考薛史作許州人，又作父惲，不載其官爵，與九國志異。（舊五代史考異）賢少遇亂，入黄巢軍，武皇破賊陳許，存賢來歸。景福中，典義兒軍，爲副兵馬使，因賜姓名。天祐三年，從周德威赴援上黨，營於交口。五年，權知蔚州刺史，以禦吐渾。六年，權沁州刺史。先是州當賊境，不能保守，乃於州南五十里據險立柵爲治所，已歷十餘年矣。存賢至郡，乃移復舊郡，剗闢荆棘，特立廨舍，州民完集。莊宗嘉之，轉檢校司空，真拜刺史。九年，汴人乘其無備，來攻其城，存賢擊退之。十一年，授武州刺史、山北團練使。十二年，移刺慈州。七月，汴將尹皓攻州城，存賢督軍拒戰，汴軍攻擊百端，月餘遁去。十八年，河中朱友謙來求援，案：吴縝纂誤據梁末帝紀及莊宗本紀當作十七年。（舊五代史考異）命存賢率師赴之[二五]。十九年，汴將段凝軍五萬營臨晉，蒲人大恐，咸欲歸汴。或問於存賢曰[二六]：「河中將士欲拘公降於汴。」存賢曰：「吾奉命援河中[二七]，死王事固其所也。」汴軍退，案：歐陽史作擊退梁兵。吴縝纂誤云：朱友謙、符存審、劉鄩傳載鄩討友謙，存審救之，而鄩敗，其事始末甚明，無存賢擊走梁兵之事。況大將自是存審，安得隱其姓，而存賢獨有功乎！今考薛史止作汴軍退，不言存賢擊退，較歐陽史爲得其實。（舊五代史考異）以功加檢校司徒。

同光初，授右武衛上將軍。十一月，入覲洛陽。二年三月，幽州李存審疾篤，求入覲，議擇帥代之，方内宴，莊宗曰：「吾披榛故人，零落殆盡，所殘者存審耳。今復衰疾，北門之事，北門，原本作「北北」，今從歐陽史改正。（影庫本粘籤）知付何人！」因目存賢曰：「無易於卿。」即日授特進、檢校太保，充幽州盧龍節度使。案九國志：梁人攻上黨，莊宗親總大軍以援之，存賢先登陷敵，以功授盧龍軍節度使。與薛史異。（舊五代史考異）五月，到鎮。時契丹强盛，城門之外，烽塵交警，一日數戰〔二八〕。存賢性忠謹周慎，晝夜戒嚴，不遑寢食〔二九〕，以至憂勞成疾，卒於幽州，時年六十五。詔贈太傅。

存賢少有材力，善角觝。初，莊宗在藩邸，每宴，私與王郁角觝鬬勝，郁頻不勝。莊宗自矜其能，謂存賢曰：「與爾一博，如勝，賞爾一郡。」即時角觝，存賢勝，得蔚州刺史。永樂大典卷一萬三百八十九。按：存賢爲蔚州刺史在天祐五年，蓋因角觝而得郡也。歐陽史改薛史「賞爾一郡」爲「與爾一鎮」，以爲盧龍節度使，殊非事實。

史臣曰：昔武皇之起并汾也，會鹿走於中原，期龍戰於大澤，蓄驍果之士，以備鷹犬之用。故自存信而下，皆錫姓以結其心，授任以責其效。與夫董卓之畜呂布，亦何殊哉！唯存孝之勇，足以冠三軍而長萬夫，苟不爲叛臣，則可謂良將矣。永樂大典卷一萬三百八十九。

校勘記

〔一〕存孝以功望領節度　「以功望領節度」，原作「以功領節度使」，據殿本、劉本改。影庫本批校：「以功領節度使，原本係『以功望領節度』，殆云以功而希冀領節度也，未經得授，觀下句授康君立可見，當從原本。」

〔二〕以功檢校右僕射　「右」，册府卷三四七、卷三八七作「左」。

〔三〕遣使謂羅弘信曰　「謂」，原作「諜」，據劉本、本書卷一四羅紹威傳、册府卷二一四、通鑑卷二六〇、舊唐書卷一八一羅弘信傳、新唐書卷二一〇羅弘信傳改。

〔四〕公殆二矣　「殆」，原作「姑」，據册府卷四四三改。

〔五〕八月　本書卷二五唐武皇紀上、通鑑卷二五八繫其事於大順元年八月。

〔六〕存孝引三百騎伏於長子西崖谷間　「谷」字原闕，據本書卷二五唐武皇紀上、新五代史卷三六李存孝傳補。

〔七〕櫜弓坐稍　「櫜」，原作「槖」，據殿本、册府（宋本）卷三九六、新五代史卷三六李存孝傳改。

〔八〕父佺　「佺」，全唐文卷八四〇後唐招討使李存進墓碑同，九國志卷七、其子孫漢韶墓誌（拓片刊成都出土歷代墓銘券文圖録綜釋）作「昉」。

〔九〕改永安軍使　「永安」，原作「永州」，據册府卷三四七、卷三八七、全唐文卷八四〇後唐招討使李存進墓碑改。

〔一〇〕三年　全唐文卷八四〇後唐招討使李存進墓碑繫其事於天祐三年。

〔一一〕入爲步軍右都校　「校」字原闕，據册府卷三四七補。全唐文卷八四〇後唐招討使李存進墓碑記其職爲「右廂步軍都指揮使」。

〔一二〕授行營馬步軍都虞候　「步」字原闕，據册府卷三四七、卷三八七、新五代史卷三六李存進傳、全唐文卷八四〇後唐招討使李存進墓碑補。

〔一三〕論功授汾州刺史　「汾州」，原作「邠州」，據册府卷三四七、卷三八七、全唐文卷八四〇後唐招討使李存進墓碑改。

〔一四〕授天雄軍都巡按使　「巡按使」，册府卷三八七同，全唐文卷八四〇後唐招討使李存進墓碑作「巡檢使」。

〔一五〕權蕃漢馬步副總管　「權」，原作「擢」，據册府卷三八七、全唐文卷八四〇後唐招討使李存進墓碑改。

〔一六〕與李存審固德勝　「固」，原作「圍」，據册府卷三八七、卷四〇〇（宋本）改。影庫本粘籤：「圍德勝，原本脱『德』字，今據文增入。」

〔一七〕七月　本書卷二九唐莊宗紀三、新五代史卷五唐本紀、通鑑卷二七一、全唐文卷八四〇後唐招討使李存進墓碑繫其事於四月。

〔一八〕時年六十六　全唐文卷八四〇後唐招討使李存進墓碑云其「享年六十八」。

〔一九〕既而大破契丹　「契丹」，册府卷三六〇、卷三八七作「胡寇」。

〔二〇〕五年　通鑑卷二六六繫其事於開平二年，按開平二年即天祐五年。

〔二〕十一年　本書卷二八唐莊宗紀二繫其事於天祐九年。通鑑卷二六八繫其事於乾化二年，按乾化二年即天祐九年。

〔三〕契丹陷蔚州　「陷」，原作「攻」，據殿本、孔本、册府卷四〇〇改。按册府卷三四七：「契丹寇蔚州，陷之。」

〔三〕應蔚等州觀察使　「應蔚」，册府卷三四七、卷三八七作「雲應」。按大同軍治雲州。

〔四〕追贈太尉　「太尉」，原作「太保」，據本書卷三二唐莊宗紀六、册府卷三八七、新五代史卷三六李存璋傳改。

〔五〕命存賢率師赴之　「率」字原闕，據册府卷三八七、卷四一四補。

〔六〕或問於存賢曰　「間」，原作「問」，據册府卷三七四、卷四一四改。

〔七〕吾奉命援河中　「援」字原闕，據册府卷四一四補。册府卷三七四敍其事作「予奉君命來援」。

〔八〕烽塵交警一日數戰　册府卷四三一敍其事作「鞠爲胡貊，援軍自瓦橋關萬衆防衛，與胡騎一日數戰」。

〔九〕不遑寢食　「寢」，原作「寑」，據殿本、劉本、孔本、邵本、彭本改。

舊五代史卷五十四

唐書三十

列傳第六

王鎔 子昭祚 昭誨 王處直 子都 郁 李繼陶

王鎔，其先迴鶻部人也。遠祖没諾干，唐至德中，事鎮州節度使王武俊爲騎將。武俊嘉其勇幹，畜爲假子，號「王五哥」，其後子孫以王爲氏。四代祖廷湊，事鎮帥王承宗爲牙將。長慶初，承宗卒，穆宗命田弘正爲成德軍節度使。既而鎮人殺弘正，推廷湊爲留後，朝廷不能制，因以旄鉞授之。廷湊卒，子元逵尚文宗女壽安公主。元逵卒，子紹鼎立。紹鼎卒，子景崇立。案新唐書藩鎮傳：紹鼎卒，子幼，未能事，以元逵次子紹懿爲留後。紹懿卒，乃復授紹鼎子景崇。與薛史異。皆世襲鎮州節度使，並前史有傳。景崇位至太尉、中書令，封常山王，中和二年卒。

鎔即景崇之子也，年十歲，三軍推襲父位。大順中，武皇將李存孝既平邢洺，因獻謀於武皇，欲兼并鎮、定，乃連年出師以擾鎮之屬邑。鎔苦之，遣使求救於幽州。案舊唐書云：時天子蒙塵，九州鼎沸，河東節度使李克用虎視山東，方謀吞據。鎔以重賂結納，請以修和好。晉軍討孟方立于邢州，鎔常奉以芻糧。及方立平，晉將李存孝侵鎔于南部，鎔求援于幽州。（舊五代史考異）自是燕帥李匡威頻歲出軍，以爲鎔援。案太平廣記引劉氏耳目記：趙王鎔方在幼沖，而燕軍寇北鄙，王選將拒之。有勇士陳力、劉幹投刺軍門，願以五百人嘗寇。翼日，力卒于鋒刃之下，幹唱凱而還。據薛史，鎔方以燕帥爲援，未嘗與燕軍戰，疑耳目記傳聞之誤。（舊五代史考異）案太平廣記引耳目記云：趙王鎔方在幼沖，而燕軍寇北鄙，王方選將拒之。有勇士陳立、劉幹投刺于軍門，願以五百人嘗寇，必面縛戎首，王壯而許之。翌日，二夫率師而出，夜襲燕壘，大振捷音，燕人駭而奔退。立卒于鋒刃之下，幹即凱唱而還。王悦，賜上厩馬數匹，金帛稱是。俄爲閹人所譖曰：「此皆陳立之功，非幹之功。」王母何夫人聞之曰：「不必身死爲君，未若全身爲國。」即賜錦衣銀帶，加錢二十萬，擢爲中堅尉。考王鎔初襲位，未嘗與燕軍戰，疑耳目記係傳聞之誤。（孔本）時匡威兵勢方盛，以鎔沖弱，將有窺圖之志。

景福二年春，匡威帥精騎數萬，再來赴援，會匡威弟匡儔奪據兄位[二]，匡威退無歸路，鎔乃延入府第，館於寶壽佛寺。案：歐陽史作館于梅子園。（舊五代史考異）鎔以匡威因己而失國，又感其援助之力，事之如父。五月，鎔謁匡威於其館，匡威陰遣部下伏甲劫鎔，抱持之。鎔曰：「公戒部人勿造次。吾國爲晉人所侵，垂將覆滅，賴公濟援之力，幸而獲存。今日之事，本所甘心。」即並轡歸府舍，鎔軍拒之，竟殺匡威。鎔本疏瘦，時年始十七，當與匡威並轡之時，雷雨驟作〔二〕，屋瓦皆飛。有一人於缺垣中望見鎔，鎔就之〔三〕，遽挾於馬上，肩之而去。翌日，鎔但覺項痛頭偏，蓋因爲有力者所挾，不勝其苦故也。既而訪之，則曰墨君和，墨君和，原本作「君私」。考通鑑及北夢瑣言諸書俱作君和，今改正。（影庫本粘籤）乃鼓刀之士也，遂厚賞之。案太平廣記引劉氏耳目記云：真定墨君和，幼名三旺。眉目稜岸，肌膚若鐵，年十五六，趙王鎔初即位，曾見之，悅而問曰：「此中何得崑崙兒也？」問其姓，與形質相應，即呼爲墨崑崙，因以皂衣賜之。是時，常山縣邑屢爲并州中軍所侵掠，趙之將卒疲于戰敵，告急于燕王，李匡威率師五萬來救之。并人攻陷數城，燕王聞之，躬領五萬騎徑與晉師戰于元氏，晉師敗績。趙王感燕王之德，椎牛灑酒，大犒于槀城，輦金二十萬以謝之。燕王歸國，比及境上，爲其弟匡儔所拒，趙人以其有德于我，遂營東圃以居之。燕王自以失國，又見趙王之幼，乃圖之，遂伏甲俟趙王，旦至，即使擒之。趙王請曰：「某承先代基構，主此山河，每被鄰寇侵漁，困于守備，賴大王武略，累挫戎鋒，獲保宗祧，實資恩力。顧惟幼懦，夙有卑誠，望不匆匆，可伸交讓。願與大王同歸衙署，即軍府必不拒違。」燕王以爲然，遂與趙王並轡而進。俄有大風并黑雲起于城上，大雨雷電，至東角門內，有勇夫袒臂旁來，拳毆燕之介士，即挾負趙王踰垣而走，遂得歸公府。問其姓名，君和恐其難記，但言曰：「硯中之物。」王心志之。左右軍士既見主免難，遂逐燕王。燕王退走于東圃，趙人圍而殺之〔四〕。趙王既免燕王之難，召墨生以千金賞之，兼賜上第一區，良田萬畝，仍恕其十死〔五〕，奏授光禄大夫。（舊五代史考異）

鎔既失燕軍之援，會武皇出師以逼真定，鎔遣使謝罪，出絹二十萬匹，及具牛酒犒軍，自是與鎔修好如初。洎梁祖兼有山東，虎視天下，鎔卑辭厚禮，以通和好。案新唐書：羅紹威諷鎔絶太原，共尊全忠，鎔依違，全忠不悦。（舊五代史考異）光化三年秋，梁祖將吞河朔，乃親征鎮、定，縱其軍燔鎮之關城。鎔謂賓佐曰：「事急矣，謀其所向。」判官周式者，周式，原本作「周成」，今據新唐書改正。（影庫本粘籤）有口辯，出見梁祖。案新唐書：李嗣昭攻洺州，全忠自將擊走之，得鎔與嗣昭書，全忠怒，引軍攻鎔。周式請見全忠，全忠即出書示式曰：「嗣昭在者，宜速遣。」式曰：「王公所與和者，息人鋒鏑間耳，况繼奉天子詔和解，能無一番紙墜北路乎〔六〕？太原與趙本無恩，嗣昭庸肯入耶？」（舊五代史考異）梁祖盛怒，逆謂式曰：「王令公朋附并汾，違盟爽信，敝賦業已及此，期於無捨！」式曰：「公爲唐室之桓文，當以禮義而成霸業，反欲窮兵黷武，天下其謂公何！」梁祖喜，引式袂而慰之曰：「前言戲之耳。」即送牛酒貨幣以犒軍。式請鎔子昭祚昭祚，原本作「昭胙」，今據五代會要改正。（影庫本粘籤）及大將梁公儒、李弘規子各一人往質於汴。梁祖以女妻昭祚。及梁祖稱帝，鎔不得已行其正朔。

其後梁祖常慮河朔悠久難制，會羅紹威卒，因欲除移鎮、定。先遣親軍三千〔七〕，分據鎔深、冀二郡，以鎮守爲名。又遣大將王景仁、李思安率師七萬，營於柏鄉。鎔遣使告急莊宗，莊宗命周德威率兵應之，鎔復奉唐朝正朔，稱天祐七年。及破梁軍於高邑，我軍大振，自是遣大將王德明率三十七都從莊宗征伐，收燕降魏，皆預其功，然鎔未嘗親軍遠出。八年七月，鎔至承天軍，與莊宗合宴同盟，奉觴獻壽，以申感概。莊宗以鎔父友，曲加敬異，爲之聲歌，鎔亦報之，謂莊宗爲四十六舅。中飲，莊宗抽佩刀斷衿爲盟，許以女妻鎔子昭誨〔八〕，因茲堅附於莊宗矣。

鎔自幼聰悟，然仁而不武，征伐出於下，特以作藩數世，專制四州，高屏塵務，不親軍政，多以閹人秉權，出納決斷，悉聽所爲。皆雕靡第舍，崇飾園池，植奇花異木，遞相誇尚。人士皆褒衣博帶，高車大蓋，以事嬉遊，藩府之中，當時爲盛。案新唐書云：鎔母何，有婦德，訓鎔嚴，至母亡，鎔始黷貨財。此事薛史不載。鎔宴安既久，惑於左道，專求長生之要，常聚緇黃，合鍊仙丹，或講說佛經，親授符籙〔九〕。西山多佛寺，又有王母觀，鎔增置館宇，雕飾土木。道士王若訥者，誘鎔登山臨水，訪求仙迹，每一出，數月方歸，百姓勞弊。王母觀石路既峻，不通輿馬，每登行，命僕妾數十人維錦繡牽持而上。有閹人石希蒙者，姦寵用事，爲鎔所嬖，恒與之卧起。

天祐十八年冬十二月〔一〇〕，鎔自西山迴，宿於鶻營莊，鶻營莊，原本作「體榮莊」，今從通鑑改正。（影庫本粘籤）將歸府第，希蒙勸之佗所。宦者李弘規謂鎔曰：「方今晉王親當矢石，櫛沐風雨，王殫供軍之租賦，爲不急之遊盤，世道未夷，人心多梗，久虛府第，遠出遊從，如樂禍之徒，翻然起變，拒門不納，則王欲何歸！」鎔懼，促歸。希蒙譖弘規專作威福，多蓄猜防，鎔由是復無歸志。弘規聞之怒，使親事偏將蘇漢衡率兵擐甲遽至鎔前，抽戈露刃謂鎔曰：「軍人在外已久，願從王歸。」弘規進曰：「石希蒙説王遊從，勞弊士庶，又結構陰邪，將爲大逆。臣已偵視情狀不虛，請王殺之，以除禍本。」鎔不聽。弘規因命軍士聚譟，斬希蒙首抵於前。鎔大恐，遂歸。是日，令其子昭祚與張文禮以兵圍李弘規及行軍司馬李藹宅，並族誅之，詿誤者凡數十家。又殺蘇漢衡，收部下偏將下獄，窮其反狀，親軍皆恐，復不時給賜，衆益懼。文禮因其反側，密諭之曰：「王此夕將坑爾曹，宜自圖之。」衆皆掩泣相謂曰：「王待我如是，我等焉能効忠？」是夜，親事軍十餘人自子城西門踰垣而入，鎔方焚香授籙，軍士二人突入，斷其首，袖之而出，遂焚其府第，煙燄亘天，兵士大亂。鎔姬妾數百，皆赴水投火而死。軍校有張友順者，張友順，原本作「文順」，今從通鑑改正。（影庫本粘籤）率軍人至張文禮之第，請爲留後，遂盡殺王氏之族。鎔於昭宗朝賜號敦睦保定久大功臣，位至成德軍節度使、守太師、中書令、趙王，梁祖加尚書令。初，鎔之遇害，不獲其屍，及莊宗攻下鎮州，鎔之舊人於所焚府第灰間方得鎔之殘骸。莊宗命幕客致祭，葬於王氏故塋。

鎔長子昭祚，亂之翌日，張文禮索之，斬於軍門。

次子昭誨，當鎔被禍之夕，昭誨爲軍人擕出府第，置之地穴十餘日，乃髡其髮，被以僧衣。屬湖南綱官李震南還，軍士以昭誨託於震，震置之茶褚中。既至湖湘，乃令依南嶽寺僧習業，歲給其費。昭誨年長思歸，震即齎送而還。時鎔故將符習爲汴州節度使，會昭誨來投，即表其事曰：「故趙王王鎔小男昭誨，年十餘歲遇禍，爲人所匿免，今尚爲僧，名崇隱，謹令赴闕。」明宗賜衣一襲，令脱僧服。頃之，昭誨稱前成德軍中軍使、檢校太傅，詣中書陳狀，特授朝議大夫、檢校考功郎中、司農少卿，賜金紫。符習因以女妻之。其後，累歷少列，周顯德中，遷少府監。永樂大典卷一萬八千一百二十八。

王處直。案：薛史王處直傳，永樂大典止存王都廢立之事，而處直事闕佚。今考舊唐書列傳云：處直，字允明，處存母弟也。初爲定州後院軍都知兵馬使，汴人入寇，處直拒戰〔一一〕，不利而退，三軍大譟，推處直爲帥，乃權知留後事。汴將張存敬攻城，梯衝雲合，處直登城呼曰：「敝邑於朝廷未嘗不忠，於藩鄰未嘗失禮，不虞君之涉吾地，何也？」朱温使人報之曰：「何以附太原而弱鄰道？」處直報曰：「吾兄與太原同時立勳王室，地又親鄰，修好往來，常道也。請從此改圖。」温許之。仍歸罪於孔目吏梁問，出絹十萬匹，牛酒以犒汴軍，存敬修盟而退。温因表授旄鉞、檢校左僕射。天祐元年，加太保，封太原王。後仕僞梁，授北平王、檢校太尉，不數歲復歸於莊宗。後十餘年，爲其子都廢歸私第，尋卒，年六十一。

都，本姓劉，小字雲郎，中山陘邑人也〔一二〕。初，有妖人李應之得於村落間，李應之，原本作「鷹之」，今從通鑑改正。（影庫本粘籤）養爲己子。及處直有疾，應之以左道醫之，不久病間，處直神之，待爲羽人。始假幕職，出入無間，漸署爲行軍司馬，軍府之事，咸取決焉。處直時未有子，應之以都遺於處直曰：「此子生而有異。」因是都得爲處直之子。其後應之閱白丁於管内，别置新軍，起第於博陵坊，面開一門，動皆鬼道。處直信重日隆，將校相慮，變在朝夕，欲先事爲難〔一三〕。會燕師假道，伏甲於外城，以備不虞，昧旦入郭，諸校因引軍以圍其第，應之死於亂兵，咸云不見其屍。衆不解甲，乃逼牙帳請殺都，處直堅靳之，久乃得免。翌日賞勞，籍其兵於卧内，自隊長已上，記於別簿，漸以佗事孥戮，迨二十年，別簿之記，略無孑遺。都既成長，總其兵柄，姦詐巧佞，生而知之。處直愛養，漸有付託之意，時處直諸子尚幼，乃以都爲節度副大使。

王郁者，亦處直之孽子也。案：以下有闕文。

天祐十八年十二月〔四〕，莊宗親征鎮州，敗契丹於沙河。明年正月，乘勝追敵，過定州，都馬前奉迎，莊宗幸其府第曲宴。都有愛女，十餘歲，莊宗與之論婚，許爲皇子繼岌妻之，自是恩寵特異，奏請無不從。同光三年，莊宗幸鄴都，都來朝覲，留宴旬日，錫賚鉅萬，遷太尉、侍中。時周玄豹見之曰：「形若鯉魚，難免刀机〔五〕。」及明宗嗣位，加中書令，然以其奪據父位，深心惡之。

初，同光中，祁、易二州刺史，都奏部下將校爲之，不進户口，租賦自贍本軍，天成初仍舊。既而安重誨用事，稍以朝政釐之。時契丹犯塞，諸軍多屯幽易間，大將往來，都陰爲之備，屢廢迎送，漸成猜間。和昭訓爲都籌畫曰：案：宋史趙上交傳作和少微。（舊五代史考異）「主上新有四海，其勢易離，可圖自安之計。」會朱守殷據汴州反，鎮州節度使王建立與安重誨不協，心懷怨嫉。都陰知之，乃遣人説建立謀叛，建立僞許之，密以狀聞。都又與青、徐、岐、潞、梓潞梓，原本作「潞粹」。考通鑑作潞梓，胡三省注云：梓帥，謂董璋也。今改正。（影庫本粘籤）五帥蠟書以離間之。案：通鑑作青、徐、潞、益、梓五帥。胡三省注云：是時，青帥霍彥威，徐帥房知温，潞帥毛璋，益帥孟知祥，梓帥董璋。薛史有岐帥而無益帥，與通鑑異。歐陽史從薛史。（舊五代史考異）三年四月，制削都在身官爵，遣宋州節度使王晏球率師討之〔一六〕。都急與王郁謀，引契丹爲援。洎王師攻城，契丹將秃餒率騎萬人來援〔一七〕，都與契丹合兵大戰於嘉山，爲王師所敗，唯秃餒以二千騎奔入定州。都仗之守城，呼爲餒王〔一八〕，屈身瀝懇，冀其盡力，孤壘周年，亦甚有備。諸校或思歸嚮，以其訪察嚴密，殺人相繼，人無宿謀，故數構不就。

都好聚圖書，自常山始破，梁國初平，令人廣將金帛收市，以得爲務，不責貴賤，書至三萬卷，名畫樂器各數百，皆四方之精妙者，萃於其府。四年三月〔一九〕，晏球拔定州，時都校馬讓能降於曲陽門，都巷戰而敗，奔馬歸於府第，縱火焚之，府庫妻孥，一夕俱燼，唯擒秃餒并其男四人、弟一人獻於行在。

李繼陶者，繼陶，原本作「繼陳」，今從北夢瑣言改正。（影庫本粘籤）莊宗初略地河朔，俘而得之，收養於宮中，故名曰得得。天成初，安重誨知其本末，付段徊養之爲兒，徊知其不稱，許其就便。王都素蓄異志，潛取以歸，呼爲莊宗太子。及都叛，遂僭其服裝，時俾乘墉，欲惑軍士，人咸知其僞，競詬辱之。城陷，晏球獲之，拘送於闕下，行至邢州，遣使戮焉。永樂大典卷六千八百五十。

史臣曰：王鎔據鎮冀以稱王，治將數世，處直分易定以爲帥，亦既重侯。一則惑佞臣而覆其宗，一則嬖孽子而失其國，其故何哉？蓋富貴斯久，仁義不修，目眩於妖妍，耳惑於絲竹，故不能防姦於未兆，察禍於未萌，相繼敗亡，又誰咎也。永樂大典卷六千八百五十。

校勘記

〔一〕會匡威弟匡儔奪據兄位　「匡儔」，原作「彥儔」，據殿本、劉本、本書卷二六唐武皇紀下改。

〔二〕雷雨驟作　「雷」，原作「電」，據殿本、冊府卷三九八、卷八七一改。

〔三〕鎔就之　冊府卷三九八、卷八七一、新五代史卷三九王鎔傳作「識之」。

〔四〕是時……趙人圍而殺之　以上三百二十五字原闕，據殿本、劉本、太平廣記卷一九二引劉氏耳目記補。孔本略同。

〔五〕仍恕其十死　「十」，原作「一」，據殿本、劉本、孔本、太平廣記卷一九二引劉氏耳目記改。

〔六〕能無一番紙墜北路乎　「無」字原闕，據新唐書卷二一一王鎔傳補。

〔七〕先遣親軍三千　「親軍」，本書卷二七唐莊宗紀一作「魏軍」。册府卷五七敍其事云：「天祐七年十一月，梁祖遣供奉官杜廷隱、丁延徽監魏將夏諲兵三千分入深、冀。」新五代史卷三九王鎔傳、通鑑卷二六七略同。

〔八〕許以女妻鎔子昭誨　「以」字原闕，據册府卷七六六、新五代史卷三九王鎔傳補。

〔九〕親授符籙　「符籙」，原作「符録」，據殿本、通鑑卷二七一改。

〔一〇〕天祐十八年冬十二月　「十八年」，原作「八年」，據劉本改。按本書卷二九唐莊宗紀三、舊唐書卷一四二王鎔傳、通鑑二七一皆繫其事於龍德元年，龍德元年即天祐十八年。「十二月」，本書卷二九唐莊宗紀三、通鑑卷二七一作「二月」。

〔一一〕處直拒戰　「處直」，原作「處存」，據舊唐書卷一八二王處直傳改。

〔一二〕中山陘邑人也　「陘邑」，原作「徑邑」，據殿本、劉本、永樂大典卷六八五〇引五代薛史、册府卷八六三改。

〔一三〕欲先事爲難　孔本、永樂大典卷六八五〇引五代薛史作「言既先其禍」，殿本作「謀先事爲禍」。

〔一四〕天祐十八年十二月　原作「天祐十三年」，據殿本、孔本、永樂大典卷六八五〇引五代薛史改。

〔一五〕難免刀机　「机」，原作「機」，據孔本、彭校、永樂大典卷六八五〇引五代薛史、册府（宋本）卷八六〇改。

〔一六〕遣宋州節度使王晏球率師討之　「率」字原闕，據殿本、劉本補。

〔一七〕契丹將秃餒率騎萬人來援　「秃餒」上永樂大典卷六八五〇引五代薛史有「奚首」二字。「騎」，永樂大典卷六八五〇引五代薛史作「虜騎」。

〔一八〕呼爲餒王　「餒」字原闕，據永樂大典卷六八五〇引五代薛史、新五代史卷三九王處直傳補。孔本作「呼爲納王」，殿本、劉本作「呼爲諾王」。影庫本批校：「呼爲納王，脱『納』字。」

〔一九〕四年三月　本書卷四〇唐明宗紀六、新五代史卷六唐本紀、卷三九王處直傳、通鑑卷二七六皆繫其事於天成四年二月。

舊五代史卷五十五

唐書三十一

列傳第七

康君立　薛志勤　史建瑭　李承嗣　史儼　蓋寓

伊廣 李承勳　史敬鎔

康君立，蔚州興唐人，世爲邊豪。乾符中，爲雲州牙校，事防禦使段文楚。時羣盜起河南，天下將亂，代北仍歲阻饑，諸部豪傑，咸有嘯聚邀功之志。會文楚稍削軍人儲給，戍兵咨怨。君立與薛鐵山、程懷信、王行審、李存璋等謀曰：「段公儒人〔一〕，難與共事。方今四方雲擾，皇威不振〔二〕，丈夫不能於此時立功立事，非人豪也。吾等雖權部衆〔三〕，然以雄勁聞於時者，莫若沙陀部，復又李振武父子勇冠諸軍，吾等合勢推之，則代北之地，旬月可定，功名富貴，事無不濟也。」君立等乃夜謁武皇言曰：「方今天下大亂，天子付將臣以邊事，歲偶饑荒，便削儲給，我等邊人，焉能守死！公家父子，素以威惠及五部，當共除虐帥，以謝邊人，孰敢異議者！」武皇曰：「明天子在上，舉事當有朝典，公等勿輕議。予家尊遠在振武，萬一相迫，俟予稟命。」君立等曰：「事機已泄，遲則變生，曷俟千里咨稟！」案通鑑考異引趙鳳紀年録云：邊校程懷信、康君立等十餘帳，日譁於太祖之門。疑非事實。新唐書作夜謁克用，通鑑作潛詣蔚州説克用，皆以薛史爲據。衆因聚譟，擁武皇，比及雲州，衆且萬人，師營鬬雞臺，城中械文楚以應武皇之軍。既收城，推武皇爲大同軍防禦留後。衆狀以聞，朝廷不悦，詔徵兵來討。俄而獻祖失振武，武皇失雲州，朝廷命招討使李鈞、幽州李可舉加兵於武皇，攻武皇於蔚州，君立從擊可舉之師屢捷〔四〕。及獻祖入達靼，君立保感義軍。武皇授鴈門節度，以君立爲左都押牙，從入關，逐黃孽，黃孽，原本作「黃辟」，考薛史前後多稱黃巢餘黨爲黃孽，今改正。（影庫本粘籤）收長安。武皇還鎮太原，授檢校工部尚書、先鋒軍使。

文德初，李罕之既失河陽，來歸於武皇，且求援焉。乃以君立充南面招討使，李存孝副之，帥師二萬，助罕之攻取河陽。三月，與汴將丁會、牛存節戰於沇河，臨陣之次，騎將安休休叛入汴軍，君立引退。八月，授汾州刺史。大順元年，潞州小校安居受反，武皇遣君立討平之，授檢校左僕射、昭義節度使。自是武皇之師連歲略地於邢洺〔五〕，攻孟方立，君立常率澤潞之師以爲掎角。

景福初，檢校司徒，食邑千户。二年，李存孝據邢州叛，武皇命君立討之，以功加檢校太保。乾寧初，存孝平，班師。存孝既死，武皇深惜之，怒諸將無解愠者。初，李存信與存孝不叶，屢相傾奪，而君立素與存信善。九月，君立至太原，武皇會諸將酒博，因語及存孝事，流涕不已。時君立以一言忤旨，武皇賜酖而殂，案：通鑑考異引唐遺録作君立被杖死，與薛史異。時年四十八。明宗即位，以念舊之故，詔贈太傅。永樂大典卷一萬八千一百一十八〔六〕。

薛志勤，蔚州奉誠人，小字鐵山。初爲獻祖帳中親信，乾符中，與康君立共推武皇定雲中，以功授右牙都校，從入達靼。武皇授節鴈門，志勤領代北軍使，從入關，收京城，以功授檢校工部尚書、河東右都押牙、先鋒右軍使。從武皇救陳許，平黄巢。

武皇遇難於上源驛，汴將楊彦洪連車樹栅，遮絶巷陌，時騎從皆醉，宴席既闌，汴軍四面攻傳舍。志勤虓勇冠絶，復酒膽激壯，因獨登驛樓大呼曰：「朱僕射負恩無行，邀我司空圖之，吾三百人足以濟事！」因彎弧發射，矢無虚發，汴人斃者數十。志勤私謂武皇曰：「事急矣，如至五鼓，吾屬無遺類矣，無遺類矣，原本脱「遺」字，今從册府元龜增入。（影庫本粘籤）可速行！」因扶武皇而去。雷雨暴猛，汴人扼橋，志勤以其屬血戰擊敗之，得侍武皇還營，由是恩顧益厚。

大順初，張濬以天子之師來侵太原。十月，大軍入陰地，志勤與李承嗣率騎三千抗之，敗韓建之軍於蒙坑，進收晉、絳，以功授忻州刺史。二年，從討鎮州，收天長、臨城，志勤皆先登陷陣，勇敢無前。王暉據雲州叛，討平之，以志勤爲大同軍防禦使、檢校司空。乾寧初，代康君立爲昭義節度使。光化元年十二月，以疾卒於潞，時年六十二。永樂大典卷二萬一千三百六十六。

史建瑭，字國寶。父敬思，鴈門人，仕郡至牙校。武皇節制鴈門，敬思爲九府都督，九府，原本作「凡府」，考新唐書，唐官制有九府都督，歐陽史亦作九府，今改正。（影庫本粘籤）從入關，定京師。及鎮太原，爲裨將。中和四年，從援陳許，爲前鋒，敗黄巢於汴上，追賊至徐、兖，常將騎挺身酣戰，勇冠諸軍。是時，天下之師雲集，軍中無不推伏。六月，衞從武皇入汴州，舍於上源驛。是夕爲汴人所攻，敬思方大醉，因蹶然而興，操弓與汴人鬬，矢不虚發，汴人死者數百。夜分冒雨方達汴橋，左右扶武皇決圍而去，敬思後拒，血戰而歿。武皇還營，知失敬思，流涕久之。

建瑭以父廕少仕軍門。光化中，典昭德軍。與李嗣昭攻汾州，率先登城，擒叛將李瑭以獻，授檢校工部尚書。李思安之圍上黨也，建瑭爲前鋒，與總管周德威赴援。時汴人夾城深固，援路斷絶，建瑭日引精騎，設伏擒生，夜犯汴營，驅斬千計，敵人不敢芻牧。汴將王景仁營於柏鄉，建瑭與周德威先出井陘。井陘，原本作「井除」，今從通鑑改正。（影庫本粘籤）高邑之戰，日已晡晚，汴軍有歸志，建瑭督部落精騎先陷其陣，夾攻魏、滑之間，遂長驅追擊，夜入柏鄉，俘斬數千計，論功加檢校左僕射，師旋，留戍趙州。汴將氏延賞數犯趙之南鄙，建瑭設伏柏鄉，獲延賞，獻之。

九年，梁祖親攻蓨縣，時王師併攻幽州，聲言汴軍五十萬，將寇鎮、定。都將符存審謂建瑭曰：「梁軍倘以五十萬來，我等何以待之？」裨將趙行實曰：「走入土門爲上策。」存審曰：「事未可知，但老賊在東，別將西來，尚可徐圖。」不旬日，楊師厚圍棗彊，賀德倫圍蓨縣〔七〕，梁祖自至，攻城甚急。存審曰：「吾王方事北面，南鄙之事，付我等數人。今西道無兵，坐滋賊勢，何以爲謀？老賊若不下蓨、阜，必西攻深、冀，與公等料閱騎軍，偵視賊勢。」乃選精騎八百趨信都，存審扼下博橋，建瑭與李嗣肱分道擒生。建瑭乃分麾下三百騎爲五軍〔八〕，案歐史：建瑭分其麾下五百騎爲五隊，一之衡水，一之南宮，一之信都，一之阜城，而自將其一。薛史作三百騎，史異文也。自將一軍深入，各命俘掠梁軍之芻牧者還，會下博橋。翌日，諸軍皆至，獲芻牧者數百人，聚而殺之，緩數十人，令其逸去，各曰：「沙陀軍大至矣！」梁軍震恐。明日，建瑭、嗣肱爲梁軍服色，與芻牧者相雜，晡晚，及賀德倫寨門〔九〕，殺守門者，縱火大譟，俘斬而去。是夜，梁祖燒營而遁，比至貝州〔一〇〕，迷失道路，委棄兵仗，不可勝計。

十二年，魏博歸款，歸款，原本作「歸隸」，今據文改正。（影庫本粘籤）建瑭與符存審前軍屯魏縣。十三年，敗劉鄩於元城〔一一〕，收澶州，以建瑭爲刺史、檢校司空、外衙騎軍都將，尋歷貝、相二州刺史〔一二〕，屯於德勝。十八年，與閻寶討張文禮，爲馬軍都將。八月，收趙州，獲刺史王鋋。進逼鎮州，爲流矢所中〔一三〕，卒於軍，時年四十六。案：歐陽史作四十二。永樂大典卷一萬一百八十三。

李承嗣，代州鴈門人。父佐方。承嗣少仕郡，補右職。中和二年，從武皇討賊關輔，爲前鋒。王師之攻華陰，黃巢令僞客省使王汀會軍機於黃揆，承嗣擒之以獻。賊平，以功授汾州司馬，改榆次鎮將。光啓初，從討蔡賊於陳許。上源之難，遣承嗣奉表行在，陳訴其事，觀軍容田令孜館而慰諭，令達情於武皇，姑務叶和，仍授以左散騎常侍。朱玫之亂，遣承嗣率軍萬人援鄜州，至渭橋迎扈車駕。王行瑜既殺朱玫，承嗣會鄜、夏之師入定京城，獲僞相裴徹、鄭昌圖，鄭昌圖，原本作「易圖」，今從新唐書改正。（影庫本粘籤）函送朱玫、襄王首獻於行在。駕還宮，賜號迎鑾功臣、檢校工部尚書、守嵐州刺史，賜犒軍錢二萬貫。

時車駕初還，三輔多盜，承嗣按兵警禦，輦轂乂安。及還屯於鄜，留別將馬嘉福五百騎宿衞。孟方立之襲遼州也，武皇遣承嗣設伏於榆社以待之，邢人既至，承嗣發伏，擊其歸兵，大敗之，獲其將奚忠信，以功授洺州刺史。及張濬之加兵於太原也，時鳳翔軍營霍邑，承嗣帥一軍攻之，岐人夜遁，追擊至趙城，合大軍攻平陽，旬有三日而拔。師旋，改教練使、檢校司徒。

乾寧二年，兗、鄆爲汴人所攻，勢漸危蹙，遣使乞師於武皇〔一四〕，武皇遣承嗣帥三千騎假道於魏〔一五〕，渡河援之。時李存信屯於莘縣，既而羅弘信背盟，掩擊王師，因茲隔絕。及瑄、瑾失守，承嗣與朱瑾、史儼同入淮南。案十國春秋吳列傳：太祖署爲淮南行軍副使。（舊五代史考異）承嗣、史儼皆驍將也，淮人得之，軍聲大振。武皇深惜之，如失左右手，乃遣趙岳間道使於淮南，請歸承嗣等，楊行密許之，遣使陳令存請修好於武皇。其年九月，汴將龐師古、葛從周出師，將收淮南，朱瑾率淮南軍三萬，與承嗣設伏於清口，清口，原本作「請口」，今從十國春秋改正。（影庫本粘籤）大敗汴人，生獲龐師古。行密嘉其雄才，留而不遣，仍奏授檢校太尉，領鎮海軍節度使。天祐九年，淮人聞莊宗有柏鄉之捷，乃以承嗣爲楚州節度使，以張掎角。十七年七月，卒於楚州，時年五十五。永樂大典卷二萬三百五十。

史儼，代州鴈門人。以便騎射給事於武皇，爲帳中親將，驍果絶衆，善擒生設伏，望塵揣敵，所向皆捷。自武皇入定三輔，誅黃巢，每出師皆從。乾寧中，從討王行瑜，師次渭北，遣儼率五百騎護駕石門。時京城大擾，士庶奔迸〔六〕，散布南山，儼分騎警衛，比駕還京，盜賊不作，以功授檢校右散騎常侍〔七〕，屯於三橋者累月，昭宗寵錫優異。明年，與李承嗣率騎渡河援兖、鄆。時汴軍雄盛，自青、徐、兖、鄆，柵壘相望，儼與騎將安福順等，案：史儼援兖、鄆在乾寧二年冬。薛史梁太祖紀：正月，擒蕃將安福順。然則安福順不當與史儼同行，疑傳文有訛字。每以數十騎直犯營壘〔八〕，左俘右斬，汴軍爲之披靡。及朱瑾失守，與李承嗣等奔淮南。淮人比善水軍，不閑騎射，既得儼等，軍聲大振。尋挫汴軍於清口。其後併鍾傳，擒杜洪，杜洪，原本作「社拱」，今從新唐書改正。（影庫本粘籤）削錢鏐，成行密之霸迹者，皆儼與承嗣之力也。淮人館遇甚厚，妻孥第舍必推其甲，故儼等盡其死力。案十國春秋云：儼累官滁州刺史。（舊五代史考異）天祐十三年，卒於廣陵。永樂大典卷一萬一百八十三。

蓋寓，蔚州人。祖祚，父慶，世爲州之牙將。武皇起雲中，寓與康君立等推轂佐佑之，因爲腹心。武皇節制鴈門，署職爲都押牙，領嵐州刺史。洎移鎮太原，改左都押牙、檢校左僕射。武皇與之決事，言無不從，凡出征伐，靡不衛從。案通鑑：光啓二年，駕幸興元，大將蓋寓説克用曰：「鑾輿播遷，天下皆歸咎於我，今不誅朱玫，黜李煴，無以自湔洗。」克用從之。又通鑑考異引紀年録云：僞使至太原，太祖詰其事狀，曰：「皆朱玫所爲。」將斬之以徇，大將蓋寓等言云云。太祖燔僞詔，械其使，馳檄喻諸鎮曰：「今月二十日，得襄王僞詔及朱玫文字，云：『田令孜脅遷鑾駕，播越梁洋，行至半塗，六軍變擾，遂至蒼黃而晏駕，不知弒逆者何人。永念丕基，不可無主，昨四鎮藩后推朕纂承，已於正殿受册畢，改元大赦者。』李煴出自贅疣，名汙藩邸，智昏菽麥，識昧機權，李符擄之以塞辭，朱玫賣之以爲利。呂不韋之奇貨，可見姦邪；蕭世誠之土囊，期於匪夕。近者，當道徑差健步，奉表起居，行朝現住巴梁，宿衛比無騷動。而朱玫脅其孤騃，自號台衡，敢首亂階，明言晏駕，熒惑藩鎮，凌弱廟朝」云云。案：此事甚有關係，不知薛史何以不載，今附録於此。乾寧二年，從入關討王行瑜，特授檢校太保、開國侯，食邑一千户，領容管觀察經略使。光化初，車駕還京，授檢校太傅，封成陽郡公。

寓性通黠，多智數，善揣人主情。武皇性嚴急，左右難事，無委遇者，小有違忤，即置於法，唯寓承顔希旨，規其趨向，婉辭順意，以盡參裨。武皇或暴怒將吏，事將不測，寓欲救止，必佯佐其怒以責之，武皇怡然釋之。有所諫諍，必徵近事以爲喻。自武皇鎮撫太原，最推親信，中外將吏，無不景附，朝廷藩鄰，信使結託，先及武皇，次入寓門。既總軍中大柄，其名振主，梁祖亦使姦人離間，暴揚於天下，言蓋寓已代李，聞者寒心，武皇略無疑間。

初，武皇既平王行瑜，旋師渭北，暴雨六十日，諸將或請入覲，且云：「天顔咫尺，安得不行覲禮。」武皇意未決，寓白曰：「車駕自石門還京，石門，原本作「右門」，今從通鑑改正。（影庫本粘籤）寢未安席，比爲行瑜兄弟驚駭乘輿〔一九〕，今京師未寧，姦宄流議，大王移兵渡渭，必恐復動宸情。君臣始終，不必朝覲〔二〇〕，但歸藩守，姑務勤王，是忠臣之道也。」武皇笑曰：「蓋寓尚阻吾入覲，况天下人哉！」即日班師。

天祐二年三月，寓病篤，武皇日幸其第，手賜藥餌。初，寓家每事珍膳，窮極海陸，精於廚饌〔二一〕，武皇非寓家所獻不食，每幸寓第，其往如歸，恩寵之洽，時無與比。及其卒也，哭之彌慟。莊宗即位，追贈太師。永樂大典卷一萬八千一百二十八。

伊廣，字言，案：原本闕一字。元和中右僕射慎之後。廣，中和末除授忻州刺史，遇天下大亂，乃委質於武皇。廣襟情灑落，善占對，累歷右職，授汾州刺史。時武皇主盟，諸侯景附，軍機締結，聘遺旁午，廣奉使稱旨，累遷至檢校司徒。乾寧四年，從征劉仁恭，武皇之師不利於成安寨，廣歿於賊。

有女爲莊宗淑妃〔二二〕。子承俊，歷貝、遼二州刺史。永樂大典卷一萬八千一百二十八。

李承勳者，與廣同爲牙將，善於奉使，名聞軍中。承勳累遷至太原少尹。劉守光之僭號也，莊宗遣承勳往使，伺其釁端〔二三〕。承勳至幽州，見守光，如藩方聘問之禮。謁者曰：「燕王爲帝矣，可行朝禮。」朝禮，原本作「廟禮」，考通鑑作朝禮，契丹國志亦云：李承勳使于燕，燕人請以朝禮見。今改正。（影庫本粘籤）承勳曰：「吾大國使人、太原亞尹，是唐帝除授，燕主自可臣其部人，安可臣我哉？」守光聞之不悦，拘留於獄。數日而出，訊之曰〔二四〕：「臣我乎？」承勳曰：「燕君能臣我王，則我臣之，吾有死而已，安敢辱命！」會王師討守光，承勳竟歿於燕。永樂大典卷一萬八千一百二十八。

史敬鎔，太原人。事武皇爲帳中綱紀，甚親任之。莊宗初嗣晉王位，李克寧陰搆異圖，將害莊宗，事發有日矣。克寧密引敬鎔，以邪謀告〔二五〕，既而敬鎔上白貞簡太后，太后惶駭〔二六〕，召張承業、李存璋等圖之。克寧等伏誅，以功累歷州郡。同光初，爲華州節度使，移鎮安州。天成中，入爲金吾上將軍。期年，復授鄧州，至鎮數月卒。贈太尉。永樂大典卷一萬一百八十三。

校勘記

〔一〕段公儒人　「儒」，原作「懦」，據册府卷三四七、卷七六六改。通鑑卷二五三考異引張昭遠莊宗功臣列傳作「段公儒者」，新唐書卷二一八沙陀傳敍其事作「段公乃儒者」。

〔二〕皇威不振　「皇」，原作「武」，據册府卷三四七、卷七六六、通鑑卷二五三考異引張昭遠莊宗功臣列傳改。

〔三〕吾等雖權部衆　「權」下原有「係」字，據册府卷三四七、卷七六六删。影庫本粘籤：「權係部衆，原本脱『係』字，今從通鑑考異所引薛史增入。」今檢通鑑卷二五三考異引薛史無此句，通鑑卷二五三考異引張昭遠莊宗功臣列傳作「吾等雖擁部衆」。

〔四〕君立從擊可舉之師屢捷　「可舉」，册府卷三四七作「鈞舉」。

〔五〕自是武皇之師連歲略地於邢洺　「是」字原闕，據册府卷三八七補。

〔六〕永樂大典卷一萬八千一百一十八　檢永樂大典目録，卷一八一一八爲「將」字韻「唐將」，與本則內容不符，恐有誤記。陳垣舊五代史輯本引書卷數多誤例謂應作卷一八一二八「將」字韻「後唐將」。

〔七〕賀德倫　原作「貨德倫」，據殿本、劉本、孔本、邵本校、彭校改。

〔八〕建瑭乃分麾下三百騎爲五軍　「三」，册府卷三六七、新五代史卷二五史建瑭傳、通鑑卷二六八作「五」。

〔九〕及賀德倫寨門　「寨」，原作「塞」，據殿本、劉本、孔本、邵本校、彭校改。影庫本批校：「寨門，『寨』訛『塞』。」

〔一〇〕比至貝州　「比」，原作「北」，據殿本改。按貝州位於信都、下博之南。

〔一一〕敗劉鄩於元城　「元城」，新五代史卷二五史建瑭傳作「故元城」。按本書卷八梁末帝紀上、卷二八唐莊宗紀二、通鑑卷二六九敍其事皆作「故元城」。

〔一二〕尋歷貝相二州刺史　「貝」，册府（宋本）卷三九六作「洺」。

〔一三〕爲流矢所中　「所」字原闕，據殿本、孔本補。影庫本批校：「爲流矢所中，脱『所』字。」

〔一四〕遣使乞師於武皇　「遣」字原闕，據冊府卷三四七、卷四四四補。

〔一五〕武皇遣承嗣帥三千騎假道於魏　「武皇」二字原闕，據冊府卷三四七、卷四四四補。

〔一六〕士庶奔迸　「奔迸」，原作「多」，據冊府卷三四七、卷三八七、卷三九〇改。殿本、孔本作「奔逃」。

〔一七〕以功授檢校右散騎常侍　「授」字原闕，據殿本、彭校、冊府卷三四七補。

〔一八〕每以數十騎直犯營壘　「十」，原作「千」，據冊府卷四一四改。

〔一九〕比爲行瑜兄弟驚駭乘輿　「驚」，原作「警」，據殿本、冊府卷三四七、卷四〇七改。

〔二〇〕不必朝覲　「必」，冊府卷三四七、卷四〇七作「在」。

〔二一〕精於廚饌　「廚」，原作「府」，據彭校、冊府卷九九九改。

〔二二〕有女爲莊宗淑妃　「淑妃」，本書卷三三唐莊宗紀六、卷四九伊德妃傳、新五代史卷一四唐太祖家人傳、五代會要卷一作「德妃」。

〔二三〕伺其釁端　「伺」，原作「問」，據御覽卷二五二引五代史後唐書、冊府卷六六一改。

〔二四〕訊之曰　「訊」，原作「詰」，據御覽卷二五二引五代史後唐書、冊府卷六六一改。

〔二五〕以邪謀告　「告」，殿本、孔本、冊府卷七五九作「諭之」。

〔二六〕太后惶駭　「太后」二字原闕，據冊府卷七五九補。

舊五代史卷五十六

唐書三十二

列傳第八

周德威　符存審 子彥超等

周德威，字鎮遠，小字陽五〔一〕，朔州馬邑人也。初事武皇爲帳中騎督，驍勇便騎射，膽氣智數皆過人，久在雲中，諳熟邊事，望烟塵之警，懸知兵勢。乾寧中，爲鐵林軍使，從武皇討王行瑜，以功加檢校左僕射，移內衙軍副。光化二年三月，光化，原本作「先作」，今從新唐書改正。（影庫本粘籤）汴將氏叔琮率衆逼太原，有陳章者，以虓勇知名，衆謂之「夜叉」，言於叔琮曰：「晉人所恃者周陽五，願擒之，請賞以郡。」案：歐陽史作梁軍圍太原，令軍中曰：「能生得周陽五者爲刺史。」與薛史微異。（舊五代史考異）陳章嘗乘驄馬朱甲以自異。武皇戒德威曰：「我聞陳夜叉欲取爾求郡，宜善備之。」德威曰：「陳章大言，未知鹿死誰手。」他日致師，戒部下曰：「如陣上見陳夜叉，爾等但走。」德威微服挑戰，部下僞退，陳章縱馬追之〔二〕，德威背揮鐵檛擊墮馬，生獲以獻，案：通鑑作以戟擒之，與薛史異。由是知名。

天復中，我師不利於蒲縣〔三〕，汴將朱友寧、氏叔琮來逼晉陽。時諸軍未集，城中大恐，德威與李嗣昭選募鋭兵分出諸門〔四〕，攻其壘，擒生斬馘，汴人枝梧不暇，乃退。天祐三年，與李嗣昭合燕軍攻潞州，降丁會，以功加檢校太保、代州刺史，代嗣昭爲蕃漢都將。李思安之寇潞州也，德威軍於余吾。時汴軍十萬築夾城，圍潞州，内外斷絶，德威以精騎薄之，屢敗汴人，進營高河，令遊騎邀其芻牧。汴軍閉壁不出，乃自東南山口築甬道樹栅以通夾城〔五〕，德威之騎軍，倒牆堙塹，日數十戰，前後俘馘，不可勝紀。梁有驍將黄角鷹、方骨崙〔六〕，皆生致之。

五年正月，武皇疾篤，德威退營亂柳。武皇厭代，四月，命德威班師。時莊宗初立，德威外握兵柄，頗有浮議，内外憂之。德威既至，單騎入謁，伏靈柩哭，哀不自勝，由是羣情釋然。是月二十四日，從莊宗再援潞州。二十九日，德威前軍營横碾，案：莊宗紀作黄碾〔七〕。（舊五代史考異）横碾，通鑑作黄碾〔八〕，今考册府元龜引薛史亦作横碾，姑仍其舊。（影庫本粘籤）距潞四十五里。五月朔，晨霧晦暝，王師伏於三垂崗下，翌日，直趨夾城，斬關破壘，梁人大敗，解潞州之圍。初，德威與李嗣昭有私憾，武皇臨終顧謂莊宗曰：「進通忠孝不負我，重圍累年，似與德威有隙，以吾命諭之，若不解重圍，歿有遺恨。」莊宗達遺旨，德威感泣，由是勵力堅戰，竟破强敵，與嗣昭歡愛如初。以功加檢校太保、同平章事、振武節度使。

六年〔九〕，岐人攻靈、夏，遣使來求助，德威渡河以應之，師還，授蕃漢馬步總管。七年十一月，汴人據深、冀，汴將王景仁軍八萬次柏鄉，鎮州節度使王鎔來告難，帝遣德威率前軍出井陘，屯於趙州。十二月，帝親征，二十五日，進薄汴營，距柏鄉五里，五里，原本作「互里」，考通鑑及歐陽史俱作五里，今改正。（影庫本粘籤）營於野河上〔一〇〕。汴將韓勍率精兵三萬，鎧甲皆被繒綺，金銀炫曜，望之森然，我軍懼形於色。德威謂李存璋曰：「賊結陣而來，觀其形勢，志不在戰，欲以兵甲燿威耳。我軍人乍見其來，謂其鋒不可當，此時不挫其銳，吾軍不振矣！」乃遣存璋諭諸軍曰：「爾見此賊軍否？是汴州天武健兒，天武，原本作「太武」，考薛史前後俱作天武，今改正。（影庫本粘籤）皆屠沽傭販，虛有表耳，縱被精甲，十不當一，擒獲足以爲資。」德威自率精騎擊其兩偏，左馳右決，出沒數四。是日，獲賊百餘人，賊渡河而退。德威謂莊宗曰：「賊驕氣充盛，宜按兵以待其衰。」案：歐陽史祇載德威勉諭其衆，即告莊宗曰：「賊兵甚銳，未可與爭。」不載精騎擊退賊兵之事。考下文有「去賊咫尺，限此一渠水」云云，則賊渡河而退一節，紀載殊不可闕。（舊五代史考異）莊宗曰：「我提孤軍，救難解紛，三鎮烏合之衆，利在速戰，卿欲持重，吾懼其不可使也。」德威曰：「鎮、定之士，長於守城，列陣野戰，素非便習。我師破賊，唯恃騎軍，平田廣野，易爲施功。今壓賊營，令彼見我虛實，則勝負未可必也。」莊宗不悦，退卧帳中。德威患之，謂監軍張承業曰：「王欲速戰，將烏合之徒，欲當劇賊，所謂不量力也。去賊咫尺，限此一渠水，彼若早夜以略彴渡之，吾族其爲俘矣。若退軍鄗邑，引賊離營，彼出則歸，復以輕騎掠其芻餉，不踰月，敗賊必矣。」承業入言，莊宗乃釋然。德威得降人問之，曰「景仁下令造浮橋數百」〔一一〕，果如德威所料。二十七日，乃退軍保鄗邑。

八年正月二日，德威率騎軍致師於柏鄉，設伏於村塢間，令三百騎以壓汴營。三百騎，原本作「七百」，考通鑑及歐陽史俱作三百，今改正。（影庫本粘籤）王景仁悉其衆結陣而來，德威轉戰而退，汴軍因而乘之，至於鄗邑南。時步軍未成列，德威陣騎河上以抗之。亭午，兩軍皆陣，莊宗問戰時，德威曰：「汴軍氣盛，可以勞逸制之，造次較力〔一二〕，殆難與敵。古者師行不踰一舍，蓋慮糧餉不給，士有饑色。今賊遠來決戰，縱挾糗糒，亦不遑食。晡晚之後，饑渴內侵，戰陣外迫，士心既倦，將必求退。乘其勞弊，以生兵制之，縱不大敗，偏師必喪。以臣所籌，利在晡晚。」諸將皆然之。時汴軍以魏博之人爲右廣，宋汴之人爲左廣，自未至申，陣勢稍却，德威麾軍呼曰：「汴軍走矣！」塵埃漲天，魏人收軍漸退，莊宗與史建瑭、安金全等因衝其陣，夾攻之，大敗汴軍，殺戮殆盡，王景仁、李思安僅以身免，獲將校二百八十人。

八月，劉守光僭稱大燕皇帝。十二月，遣德威率步騎三萬出飛狐，與鎮州將王德明、定州將程嚴等軍進討。九年正月，收涿州，降刺史劉知温。五月七日，劉守光令驍將單廷珪督精甲萬人出戰，單廷珪，薛史唐本紀作單無敵，前後異名，辨證在唐紀。（影庫本粘籤）德威遇於龍頭崗。初，廷珪謂左右曰：「今日擒周陽五。」既臨陣，見德威，廷珪單騎持槍，窮追德威〔三〕，垂及，德威側身避之，廷珪少退，德威奮檛擊墜其馬，生獲廷珪，賊黨大敗，斬首三千級，獲大將李山海等五十二人。十二日，德威自涿州進軍良鄉，良鄉，原本作「宜卿」，今從通鑑改正。（影庫本粘籤）大城。守光既失廷珪，自是奪氣。德威之師，屢收諸郡，降者相繼。十年十一月，擒守光父子，幽州平。十二月，授德威檢校侍中、幽州盧龍等軍節度使。

德威性忠孝，感武皇獎遇，嘗思臨難忘身。案遼史：周德威初至鎮，盧文進引遼師攻之，城幾陷，以救得免。此事薛史列傳不載。十二月〔四〕，汴將劉鄩自洹水乘虛將寇太原，德威在幽州聞之，徑以五百騎馳入土門，聞鄩軍至樂平不進，德威徑至南宮以候汴軍。初，劉鄩欲據臨清以扼鎮、定轉餉之路〔五〕，行次陳宋口，德威遣將擒數十人，皆傳刃於背，縶而遣之。案：通鑑從莊宗實録作擒其斥候者數十人，斷腕而縱之。（舊五代史考異）既至，謂劉鄩曰：「周侍中已據宗城矣〔一六〕！」案：通鑑作臨清，考異曰：「劉鄩見在宗城，薛史云周侍中據宗城，蓋臨清字誤耳。」（舊五代史考異）德威其夜急騎扼臨清，劉鄩乃入貝州。是時德威若不至，則勝負未可知也。

十四年三月，契丹寇新州，德威不利，退保范陽。案遼史太祖紀：神册二年三月辛亥，攻幽州，節度使周德威以幽、并、鎮、定、魏五州兵拒戰于居庸關之西，戰于新州東〔一七〕，大破之，斬首三萬級。又通鑑：契丹主帥衆三十萬，德威衆寡不敵，大爲契丹所敗。（舊五代史考異）敵衆攻城僅二百日〔一八〕，外援未至，德威撫循士衆，晝夜乘城，竟獲保守。十五年，我師營麻口渡，將大舉以定汴州。德威自幽州率本軍至，十二月二十三日，軍次胡柳陂。詰旦，騎報曰：「汴軍至矣！」莊宗使問戰備，德威奏曰：「賊倍道而來，未成營壘，我營栅已固，守備有餘，既深入賊疆，須決萬全之策。此去大梁信宿，賊之家屬，盡在其間，人之常情，孰不以家國爲念？以我深入之衆，抗彼激憤之軍，不以方略制之，恐難必勝。王但按軍保栅，臣以騎軍疲之，使彼不得下營，際晚，糧餉不給〔一九〕，進退無據，因以乘之，破賊之道也。」莊宗曰：「河上終日挑戰，恨不遇賊，今款門不戰，非壯夫也。」乃率親軍成列而出，德威不獲已，從之。謂其子曰：「吾不知其死所矣！」莊宗與汴將王彦章接戰，大敗之。德威之軍在東偏，汴之游軍入我輜重，輜重，原本作「輕重」，今從通鑑改正。（影庫本粘籤）衆駭，奔入德威軍，因紛擾無行列。德威兵少，不能解，父子俱戰殁。先是，鎮星犯上將，星占者云，不利大將。是夜收軍，德威不至，莊宗慟哭，謂諸將曰：「喪我良將，吾之咎也。」

德威身長面黑，笑不改容，凡對敵列陣，凜凜然有肅殺之風，中興之朝，號爲名將。及其殁也，人皆惜之。同光初，追贈太師。天成中，詔與李嗣昭、符存審配饗莊宗廟廷。晉高祖即位，追封燕王。

子光輔，歷汾、汝州刺史。永樂大典卷九千九百九十七〔二〇〕。

符存審，字德詳，陳州宛丘人，案：歐陽史義兒傳，唯符存審不在其列，別自爲傳。蓋存審子彦卿有女爲宋太宗后，故存其本姓也。舊名存。父楚，本州牙將。存審少豪俠，多智算，言兵家事。乾符末，河南盜起，存審鳩率豪右，庇捍州里。會郡人李罕之起自羣盜，授光州刺史，因往依之。中和末，罕之爲蔡寇所逼，棄郡投諸葛爽，存審從至河陽，爲小校，屢戰蔡賊有功。諸葛爽卒，罕之爲其部將所逼，出保懷州，懷州，原本作「淮州」，今從新唐書改正。（影庫本粘籤）部下分散，存審乃歸於武皇。武皇署右職，令典義兒軍，賜姓名。

存審性謹厚，寵遇日隆，自是武皇四征〔二一〕，存審常從，所至立功。從討赫連鐸，冒刃死戰，血流盈袖，武皇手自封瘡，日夕臨問。乾寧初，討李匡儔，存審前軍拔居庸關。明年，從討邠州，時邠之勁兵屯龍泉寨，四面懸崖，石壁險固，存審奮力拔之。師旋，授檢校左僕射。副李嗣昭討李瑭於汾州〔二二〕，擒之，以功改左右廂步軍都指揮使。天祐三年，授蕃漢馬步副指揮使，與李嗣昭降丁會於上黨，從周德威破賊於夾城，以功加檢校司徒〔二三〕，授忻州刺史，領蕃漢馬步都指揮使。七年，加檢校太保〔二四〕，充蕃漢副總管〔二五〕。莊宗擊汴人於柏鄉，留存審守太原。三月，代李存璋戍趙州。九年，梁祖攻蓨縣，存審與史建瑭、李嗣肱赴援，嗣肱，原本作「嗣膍」，考通鑑及歐陽史俱作「肱」，今改正。（影庫本粘籤）屯下博橋，汴人驚亂，燒營而遁，以功遥領邢洺磁團練使。案：歐陽史作遷領邢州團練使。（舊五代史考異）

十二年，魏博歸款於莊宗，莊宗遣存審率前鋒據臨清〔二六〕，以俟進取。莊宗入魏，存審屯魏縣以抗劉鄩。六月，鄩營莘縣，存審與鎮、定之師營莘西三十里〔二七〕，一日數戰。八月，率師攻張源德於貝州。十三年二月，劉鄩自莘悉衆來襲我魏州，存審以大軍踵其後，戰於故元城，大敗汴人，從收澶、衛、磁、洺等州。秋，邢州閻寶降，授存審安國軍節度、案五代會要，同光元年始改邢州爲安國軍，據薛史此傳，則晉人得邢州即改軍額，疑會要誤也。詳見通鑑考異。（舊五代史考異）邢洺磁等州觀察使。十月，戴思遠棄滄州，毛璋以城降，授存審檢校太傅、橫海軍節度使，兼領魏博馬步軍都指揮使。明年，就加平章事。

十四年八月，將兵援周德威於幽州，敗契丹之衆。冬，破汴將安彦之於楊劉，諸軍進營麻口。時梁將謝彦章營行臺村，莊宗勇於接戰，每以輕騎當之，遇窘者數四。存審每俟其出，必叩馬諫曰：「王將復唐宗社，宜爲天下自愛，搴旗挑戰，一劍之任，無益聖德，請責効於臣。古人不以賊遺君父，臣雖不武，敢不代君之憂。」莊宗即時迴駕。

十二月〔二八〕，戰於胡柳，晡晚之後，存審引所部銀槍効節軍，銀鎗，原本作「行鎗」，考通鑑：唐莊宗初得魏博，以其降卒置銀鎗效節都。歐陽史亦作銀鎗，今改正。（影庫本粘籤）敗梁軍於土山下。是日辰巳間，周德威戰歿，一軍逗撓，梁軍四集，存審與其子彦圖冒刃血戰，出没賊陣，與莊宗軍合。午後，師復集，擊敗汴人。

十六年春，代周德威爲内外蕃漢馬步總管，於德勝口築南北城以據之。七月，汴將王瓚自黎陽渡河寇澶州，存審拒戰，瓚退，營於楊村渡，控我上游。自是日與交鋒，對壘經年，大小凡百餘戰。

十七年，汴將劉鄩攻同州，朱友謙求援於我，遣存審與李嗣昭將兵赴之。九月，次河中，進營朝邑。時河中久臣於梁，衷持兩端〔二九〕，及諸軍大集，芻粟暴貴，嗣昭懼其翻覆，將急戰以定勝負。居旬日，梁軍逼我營。會望氣者言，西南黑氣如鬭雞之狀，當有戰陣。存審曰：「我方欲決戰，而形於氣象，得非天贊歟！」是夜，閲其衆，詰旦進軍。梁軍來逆戰，大敗之，追斬二千餘級。自是梁軍保壘不出。存審謂嗣昭曰：「吾初懼劉鄩據渭河，偏師既敗，彼若退歸，懼我踵之，獸窮搏人，勿謂無事。可開其歸路，然後追奔。」乃令王建及牧馬於沙苑，劉鄩、尹皓知之，保衆退去，遂解同州之圍。案歐陽史：鄩以爲晉軍且懈，乃夜遁去。存審追擊于渭河，又大敗之。（舊五代史考異）存審略地至奉先，謁諸帝陵，乃班師。

十八年，王師討張文禮於鎮州，李嗣昭、李存進相次戰殁。十九年，遣存審率師進攻叛帥於城下，文禮之將李再豐陰送款於存審，李再豐，原本作「稱豐」，今據歐陽史改正。（影庫本粘籤）我師中夜登城，擒文禮之子處球等，露布以獻，鎮州平，以功加檢校太傅、兼侍中。

二十年正月，師旋於魏州，莊宗出城迎勞，就第宴樂。無何，契丹犯燕薊，郭崇韜奏曰：「汴寇未平，繼韜背叛，北邊捍禦[三〇]，非存審不可。」上遣中使諭之，存審臥病羸瘠，附奏曰：「臣効忠稟命，靡敢爲辭，但痾恙纏綿，未堪祇役。」既而詔存審以本官充幽州盧龍節度使，自鎮州之任。同光初，加開府儀同三司、檢校太師、中書令、食邑千户，賜號忠烈扶天啓運功臣。

十月，平梁，遷都洛陽。存審以身爲大將，不得預收復中原之功，舊疾愈作，堅求入覲尋醫，以情告郭崇韜。時崇韜自負一時，佐命之功，無出己右，功名事望，素在存審之下，權勢既隆，人士輻湊，不欲存審加於己上，每有章奏求覲，即陰沮之。存審妻郭氏泣訴於崇韜曰：「吾夫於國，粗効驅馳，與公鄉里親舊，公忍令死棄北荒，何無情之如是！」崇韜益慚懟。明年春，疾甚，上章懇切，乞生覲天顏，不許。存審伏枕而歎曰：「老夫歷事二主，垂四十年，幸而遇今日天下一家，遠夷極塞，皆得面覲彤墀，射鉤斬袪之人，孰不奉觴丹陛，獨予壅隔，豈非命哉！」漸增危篤，崇韜奏請許存審入覲。四月，制授存審宣武軍節度使、宣武，原本脱「武」字，今據歐陽史增入。（影庫本粘籤）諸道蕃漢馬步總管，詔未至，五月十五日卒於幽州官舍，時年六十三，遺命葬太原。存審遺奏陳敍不得面覲，詞旨悽惋。莊宗震悼久之，廢朝三日，贈尚書令。

存審少在軍中，識機知變，行軍出師，法令嚴明，決策制勝，從無遺悔，功名與周德威相匹，皆近代之良將也〔三二〕。常戒諸子曰：「予本寒家，少小攜一劍而違鄉里，四十年間，位極將相。其間屯危患難，履鋒冒刃，入萬死而無一生，身方及此，前後中矢僅百餘〔三三〕。」乃出鏃以示諸子，因以奢侈爲戒。

存審微時，嘗爲俘囚，將就戮於郊外，臨刑指危垣謂主者曰：「請就戮於此下，冀得壞垣覆尸，旅魂之幸也。」主者哀之，爲移次焉。遷延之際，主將擁妓而飲，思得歌者以助歡。妓曰：「俘囚有符存審者，妾之舊識，每令擊節，以贊歌令。」主將欣然，馳騎而捨之，豈非命也！永樂大典卷一萬八千一百二十八。

彥超，存審之長子也。少事武皇，累歷牙職。存審卒，莊宗以彥超爲汾州刺史。同光末，魏州軍亂，詔彥超赴北京巡檢。先是，朝廷令內官呂、鄭二人在太原，一監兵，一監倉庫。及明宗入洛，皇弟存霸單騎奔河東，與呂、鄭謀殺彥超與留守張憲〔三〕。案：歐陽史作張憲欲納存霸，薛史作存霸謀殺張憲、彥超，兩史紀載微異。（舊五代史考異）通鑑考異云：薛史張憲傳作張憲謀奉存霸爲主，符彥超傳又作存霸謀殺彥超，前後互異，今附識于此。（影庫本粘籤）彥超覺之，密與憲謀，未決，部下大譟，州兵畢集，張憲出奔。是夕，軍士殺呂、鄭、存霸於衙城。詰旦，聞洛城禍變，彥超告諭三軍。案宋史張昭傳云：昭爲張憲推官，莊宗及難，聞鄴中兵士推戴明宗，憲部將符彥超合戍將應之。憲死，有害昭者，執之以送彥超，彥超曰：「推官正人，無得害之。」又逼昭爲榜，安撫軍民。（舊五代史考異）明宗又令其弟龍武都虞候彥卿馳騎安撫。六月，彥超入覲，明宗召見撫諭，尋授晉州留後。未行，會其弟前曹州刺史彥饒平宣武亂軍，明宗喜，召彥超謂之曰：「吾得爾兄弟力，餘更何憂，爾爲我往河東撫育耆舊。」即授北京留守、太原尹。明年冬，移授昭義節度使。四年，授驍衛上將軍，改金吾上將軍。長興元年，授泰寧軍節度使，尋移鎮安州。

彥超厮養中有王希全者，小字佛留，粗知書計，委主貨財，歲久耗失甚多，彥超止於詗譴而已。應順元年正月，佛留聞朝廷多事，因與任貨兒等謀亂〔三四〕。一夕，扣門言朝廷有急遞至，彥超出至廳事，佛留挾刃害之。詰旦，本州節度副使李端召州兵攻佛留等殺之〔三五〕，餘衆奔淮南，擒彥超部將趙温等二十六人誅之。彥超贈太尉。

存審次子彥饒，晉史有傳。次彥卿，皇朝前鳳翔節度使〔三六〕、守太師、中書令，封魏王，今居於洛陽。次彥能，終於楚州防禦使。次彥琳，仕皇朝爲金吾上將軍，卒於任。永樂大典卷一萬八千一百二十八。

校勘記

〔一〕小字陽五　「陽五」，册府卷三九三同，邵本、册府卷三四七、卷三九六、通鑑卷二六一作「楊五」。本書各處同。舊五代史考異卷二：「案葛從周碑作『楊五』。」今檢葛從周墓碑（拓片刊北京圖書館藏中國歷代石刻拓本匯編第三十六册）作「揚五」。

〔二〕陳章縱馬追之　「馬」字原闕，據册府卷三九三、卷三九六補。

〔三〕蒲縣　原作「潘縣」，據劉本、本書卷二六唐武皇紀下、卷三五唐明宗紀一、册府卷三四七、通鑑卷二六三改。

〔四〕德威與李嗣昭選募鋭兵分出諸門　「分」字原闕，據本書卷五二李嗣昭傳、册府卷三四七、卷四〇〇補。

〔五〕乃自東南山口築甬道樹柵以通夾城　「南」，原作「門」，據本書卷二六唐武皇紀下、册府卷三四七、通鑑卷二六六改。

〔六〕方骨崙　册府卷三四七作「房骨崙」。

〔七〕黄碾　原作「黄展」，據本書卷二七唐莊宗紀一改。

〔八〕黄碾　原作「黄展」，據通鑑卷二六六改。

〔九〕六年　殿本、孔本、本書卷二七唐莊宗紀一、册府卷三四七作「七年」。通鑑卷二六七繫其事於開平四年，按開平四年即天祐七年。

〔一〇〕營於野河上　「上」，册府卷三四七、新五代史卷二五周德威傳、通鑑卷二六七作「北」。

〔一一〕曰景仁下令造浮橋數百　「曰」字原闕，據册府卷三四七、卷四二八補。「數百」，原作「數日」，據册府卷三四七、卷四二八改。按新五代史卷二五周德威傳敍其事作「曰：『治舟數百，將以爲浮梁。』」

〔一二〕造次較力　「較」，原作「輕」，據册府卷三四七、卷三六七改。

〔一三〕窮追德威　「窮」，原作「躬」，據彭校、册府卷三四七、卷三九六改。

〔一四〕十二月　本書卷二八唐莊宗紀二繫其事於天祐十二年。通鑑卷二六九繫其事於貞明元年，按貞明元年即天祐十二年。

〔一五〕劉鄩欲據臨清以扼鎮定轉餉之路　「鎮」，原作「真」，據殿本、册府卷三四七、卷三六七改。

〔一六〕周侍中已據宗城矣　句下通鑑卷二六九考異引薛史有「鄩軍大駭」四字。

〔一七〕戰于新州東　「新州」，原作「西州」，據殿本、劉本、遼史卷一太祖紀上改。

〔一八〕敵衆攻城僅二百日　「城」字原闕，據册府卷四〇〇補。

〔一九〕糧餉不給　「餉」，册府卷五六同，册府卷一二五、卷三四七、卷三六七、卷四四四、武經總要後集卷二作「饜」。

〔二〇〕永樂大典卷九千九百九十七　檢永樂大典目録，卷九九九七爲「占」字韻，與本則内容不符，恐有誤記。陳垣舊五代史輯本引書卷數多誤例謂應作卷八九九七「周」字韻。

〔二一〕自是武皇四征　「四」，原作「西」，據殿本、册府卷三四七、續世説卷五改。

〔二二〕李瑭　原作「李康」，據殿本、劉本、本書五二李嗣昭傳、册府卷三四七、新五代史卷二五周德威傳改。

〔二三〕以功加檢校司徒　「以功」二字原闕，據殿本、孔本、册府卷三八七補。

〔二四〕加檢校太保　「加」字原闕，據册府卷三八七補。

〔二五〕充蕃漢副總管　「副」字原闕，據册府卷三四七、卷三八七補。據本卷下文，天祐十六年，符存審方代周德威爲内外蕃漢馬步總管。

〔二六〕莊宗遺存審率前鋒據臨清　「莊宗」二字原闕，據册府卷三四七補。

〔一七〕存審與鎮定之師營莘西三十里　「鎮」，原作「真」，據殿本、册府卷三四七改。影庫本批校：「真定，原本係鎮定。」

〔一八〕十二月　本書卷二八唐莊宗紀二、新五代史卷五唐本紀繫其事於天祐十五年十二月。本書卷九梁末帝紀中、新五代史卷三梁本紀、通鑑卷二七〇繫其事於貞明四年十二月，按貞明四年即天祐十五年。

〔一九〕衷持兩端　「衷」，原作「衆」，據册府卷三四七、卷三九八改。

〔二〇〕北邊捍禦　册府卷三四七作「北邊遮虜」。

〔二一〕皆近代之良將也　「將」字原闕，據册府卷三九三、續世説卷九補。

〔二二〕前後中矢僅百餘　「中」字原闕，據册府卷八一七、續世説卷九補。

〔二三〕與吕鄭謀殺彦超與留守張憲　「吕」字原闕，據殿本、劉本、册府卷七八補。影庫本批校：「與吕、鄭謀殺彦超，脱『吕』字，應增。」

〔二四〕任貨兒　通鑑卷二七八作「任賀兒」。

〔二五〕本州節度副使李端召州兵攻佛留等殺之　「殺之」，殿本、孔本作「敗之」。

〔二六〕皇朝前鳳翔節度使　「皇朝前」，原作「歷官」，據殿本改。劉本作「皇朝歷官」。按宋史卷二五一符彦卿傳，彦卿開寶二年六月移鳳翔節度，後因事罷，居洛陽，無復任官。

舊五代史卷五十七

唐書三十三

列傳第九

郭崇韜

郭崇韜，字安時，代州鴈門人也。父弘正〔一〕。崇韜初爲李克脩帳下親信，克脩鎮昭義，崇韜累典事務，以廉幹稱。克脩卒，武皇用爲典謁，奉使鳳翔稱旨，署教練使。教練使，原本作「教諫」，今從歐陽史改正。（影庫本粘籤）崇韜臨事機警，應對可觀，莊宗嗣位，尤器重之。天祐十四年，用爲中門副使，與孟知祥、李紹宏俱參機要。俄而紹宏出典幽州留事，幽州，原本作「曲州」，今從通鑑改正。（影庫本粘籤）知祥懇辭要職。先是，中門使吴珙、張虔厚忠而獲罪，知祥懼，求爲外任，妻瓊華公主泣請於貞簡太后。莊宗謂知祥曰：「公欲避路，當舉其代。」知祥因舉崇韜。乃署知祥爲太原軍城都虞候〔二〕。自是崇韜專典機務，艱難戰伐，靡所不從。

十八年，從征張文禮於鎮州。契丹引衆至新樂，王師大恐，諸將咸請退還魏州，莊宗猶豫未決，崇韜曰：「阿保機祇爲王郁所誘〔三〕，本利貨財，非敦鄰好，苟前鋒小衄，遁走必矣。況我新破汴寇，威振北地，乘此驅攘，焉往不捷！且事之濟否，亦有天命。」莊宗從之，王師果捷。明年，李存審收鎮州〔四〕，遣崇韜閱其府庫，或以珍貨賂遺，一無所取，但市書籍而已。莊宗即位於魏州，崇韜加檢校太保、守兵部尚書，充樞密使。是時，衞州陷於梁，陷于梁，原本作「韜于梁」，今據文改正。（影庫本粘籤）澶相之間，寇鈔日至，民流地削，軍儲不給，羣情恟恟，以爲霸業終不能就，崇韜寢不安席。俄而王彥章陷德勝南城，敵勢滋蔓，汴人急攻楊劉城，明宗在鄆，音驛斷絶。莊宗登城四望，計無所出。崇韜啓曰：「段凝阻絶津路，苟王師不南，鄆州安能保守！臣請於博州東岸立柵，以固通津，請于博州，原本作「諸於傳州」，今據册府元龜改正。（影庫本粘籤）但慮汴人偵知，徑來薄我，請陛下募敢死之士，日以挑戰，如三四日間案：歐陽史作十日。（舊五代史考異）賊軍未至，則柵壘成矣。」崇韜率毛璋等萬人夜趨博州，視矛戟之端有光，崇韜曰：「吾聞火出兵刃，破賊之兆也。」至博州，渡河版築，晝夜不息。崇韜於葭葦間據胡床假寢，覺袴中冷，左右視之，乃蛇也，其忘疲勵力也如是。居三日，梁軍果至，案：歐陽史作六日壘成，彥章果引兵急攻之。（舊五代史考異）城壘低庳，沙土散惡，戰具不完，汴將王彥章、杜晏球率衆攻擊，軍不得休息。崇韜身先督衆，四面拒戰，有急即應。城垂陷，俄報莊宗領親軍次西岸，梁軍聞之退走，因解楊劉之圍。

未幾，汴將康延孝來奔，崇韜延於卧内，訊其軍機。延孝曰：「汴人將四道齊舉，以困我軍。」莊宗憂之，召諸將謀進取之策。宣徽使李紹宏請棄鄆州，與汴人盟，以河爲界，無相侵寇。案：歐陽史作諸將皆言隔河難守，據薛史則請以河爲界者，李紹宏一人耳，與歐陽史異。莊宗不悦，獨卧帳中，召崇韜謂曰：「計將安出？」對曰：「臣不知書，不能徵比前古，請以時事言之。且陛下十五年起義圖霸，爲雪家讎國恥，甲冑生蟣虱，黎人困輸輓。輸輓，原本作「輪輓」，今據文改正。（影庫本粘籤）今纂崇大號，河朔士庶，日望蕩平，纔得汶陽尺寸之地，不能保守，況盡有中原乎！將來歲賦不充，物議咨怨，設若劃河爲界，誰爲陛下守之？臣自延孝言事以來，晝夜籌度，料我兵力，算賊事機，不出今年，雌雄必決〔五〕。聞汴人決河，自滑至鄆，非舟檝不能濟。又聞精兵盡在段凝麾下，王彥章日寇鄆境，彼既以大軍臨我南鄙，又憑恃決河，謂我不能南渡，志在收復汶陽，此汴人之謀也。臣謂段凝保據河壖，苟欲持我，臣但請留兵守鄴，保固楊劉，陛下親御六軍，長驅倍道，直指大梁，汴城無兵，望風自潰。若使僞主授首，賊將自然倒戈，半月之間，天下必定。如不決此計，傍採浮譚，臣恐不能濟也。今歲秋稼不登，軍糧纔支數月，決則成敗未知，不決則坐見不濟。臣聞作舍道邊，三年不成，帝王應運，必有天命，成敗天也，在陛下獨斷。」莊宗蹶然而興曰：「正合吾意，丈夫得則爲王，失則爲擄，行計決矣！」即日下令軍中，家口並還魏州。莊宗送劉皇后與興聖宮使繼岌至朝城西野亭，興聖宮使，原本脱「興」字，今據歐陽史增入。（影庫本粘籤）泣別，曰：「事勢危蹙，今須一決，事苟不濟，無復相見。」乃留李紹宏及租庸使張憲守魏州，大軍自楊劉濟河。是歲，擒王彦章，誅梁氏，降段凝，皆崇韜贊成其謀也。

莊宗至汴州，宰相豆盧革在魏州，令崇韜權行中書事，俄拜侍中、兼樞密使，及郊禮畢，以崇韜兼領鎮冀節度使〔一六〕，進封趙郡公，邑二千户，賜鐵券，恕十死。崇韜既位極人臣，權傾内外，謀猷獻納，必盡忠規，士族朝倫，頗亦收奬人物，内外翕然稱之。初收汴洛，稍通賂遺，親友或規之，崇韜曰：「余備位將相，禄賜巨萬，但僞梁之日，賂遺成風，今方面藩侯，多梁之舊將，皆吾君射鈎斬袪之人也，一旦革面，化爲吾人，堅拒其請，得無懼乎？藏余私室，無異公帑。」及郊禮，崇韜悉獻家財，以助賞給。

時近臣勸莊宗以貢奉物爲内庫，珍貨山積，公府賞軍不足。崇韜奏請出内庫之財以助，莊宗沉吟有靳惜之意。是時，天下已定，寇讎外息，莊宗漸務華侈，以逞己欲。洛陽大内宏敞，宫宇深邃，宦官阿意順旨，以希恩寵，聲言宫中夜見鬼物，不謀同辭。莊宗駭異其事，且問其故。宦者曰：「見本朝長安大內，六宮嬪御，殆及萬人，椒房蘭室，無不充牣。今宮室大半空閑，鬼神尚幽，尚幽，原本作「尚幽」，今從册府元龜改正。（影庫本粘籤）亦無所怪。」繇是景進、王允平等於諸道採擇宮人，不擇良賤，內之宮掖。

三年夏，雨，河大水，壞天津橋。是時酷暑尤甚。莊宗常擇高樓避暑，皆不稱旨。宦官曰：「今大內樓觀，不及舊時長安卿相之家，舊日大明、興慶兩宮，樓觀百數，皆雕楹畫栱，干雲蔽日，今官家納涼無可御者。」莊宗曰：「余富有天下，豈不能辦一樓！」即令宮苑使經營之，猶慮崇韜有所諫止，使謂崇韜曰：「今年惡熱，朕頃在河上，五六月中，與賊對壘，行宮卑濕，介馬戰賊，恒若清涼。今晏然深宮，不奈暑毒，何也？」崇韜奏：「陛下頃在河上，汴寇未平，廢寢忘食，心在戰陣，祁寒溽暑，不介聖懷。今寇既平，中原無事，縱耳目之玩，不憂戰陣，雖層臺百尺，廣殿九筵，未能忘熱於今日也。願陛下思艱難創業之際，則今日之暑，坐變清涼。」莊宗默然。王允平等竟加營造，崇韜復奏曰：「內中營造，日有縻費，屬當災饉，且乞權停。」不聽。

初，崇韜與李紹宏同爲內職，內職，原本作「納職」，考五代會要云：五代承唐制，樞密使爲內職。原本「納」字誤，今改正。（影庫本粘籤）及莊宗即位，崇韜以紹宏素在己上，舊人難制，即奏澤潞監軍張居翰同掌樞密，以紹宏爲宣徽使。紹宏大失所望，泣涕憤鬱。崇韜乃置內勾使，應三司財賦，皆令勾覆，令紹宏領之，冀塞其心，紹宏怏悵不已。崇韜自以有大功，河洛平定之後，權位熏灼，恐爲人所傾奪，乃謂諸子曰：「吾佐主上，大事了矣，今爲羣邪排毀，吾欲避之，歸鎮常山，爲菟裘之計。」其子廷說等曰〔七〕：「大人功名及此，一失其勢，便是神龍去水，爲螻蟻所制，尤宜深察。」門人故吏又謂崇韜曰：「侍中勳業第一，雖羣官側目，必未能離間。宜於此時堅辭機務，上必不聽，是有辭避之名，塞其讒慝之口。魏國夫人劉氏有寵，魏國，原本作「衞國」，今據歐陽史改正。（影庫本粘籤）中宮未正，宜贊成册禮，上心必悦。內得劉氏之助，羣閹其如余何！」崇韜然之，於是三上章堅辭樞密之位，優詔不從。崇韜乃密奏請立魏國夫人爲皇后，復奏時務利害二十五條，皆便於時，取悦人心，又請罷樞密院事，各歸本司，以輕其權，然宦官造謗不已。三年，堅乞罷兼領節鉞，許之。案册府元龜云：同光中，崇韜再表辭鎮，批答曰：「朕以卿久司樞要，常處重難。或遲疑未決之機，詢諸先見；或憂撓不定之事，訪自必成。至於贊朕丕基，登茲大寶，衆興異論，卿獨堅言，天命不可違，唐祚必須復，請納家族，明設誓文。及其密取汶陽，興師入不測之地；潛通河口，貢謀占必濟之津。人所不知，卿惟合意。迨中都嘯聚，羣黨窺凌，朕決議平妖，兼收浚水，雖云先定，更審前籌，果盡贊成，悉諧沈算，斯即何須冒刃，始顯殊庸。況常山陸梁，正虞未復，卿能撫衆，共定羣心，惟朕知卿，他人寧表。所以賞卿之寵，實異等倫，沃朕之心，非虛渥澤。今卿再三謙遜，重疊退辭，始納常陽，請歸上將，又稱梁苑不可兼權〔八〕。如此周身，貴全名節，古人操守，未可比方，既覽堅辭，難沮來表。其再讓汴州，所宜依允。」

會客省使李嚴使西川迴，言王衍可圖之狀，莊宗與崇韜議討伐之謀，方擇大將。時明宗爲諸道兵馬總管當行，崇韜自以宦者相傾，欲立大功以制之，乃奏曰：「契丹犯邊，北面須藉大臣，全倚總管鎮禦。臣伏念興聖宮使繼岌，德望日隆，大功未著，宜依故事，以親王爲元帥，付以討伐之權，俾成其威望。」莊宗方愛繼岌，即曰：「小兒幼稚，安能獨行，卿當擇其副。」崇韜未奏，莊宗曰：「無踰於卿者。」乃以繼岌爲都統，崇韜爲招討使。是歲九月十八日，率親軍六萬，進討蜀川。崇韜將發，奏曰：「臣以非才，謬當戎事，仗將士之忠力，憑陛下之威靈，庶幾克捷。若西川平定，陛下擇帥，如信厚善謀，事君有節，則孟知祥有焉，望以蜀帥授之。如宰輔闕人，張憲有披榛之勞，爲人謹重而多識。其次李琪、崔居儉，中朝士族，富有文學，可擇而任之。」莊宗御嘉慶殿，置酒宴西征諸將〔九〕，舉酒屬崇韜曰：「繼岌未習軍政，卿久從吾戰伐，西面之事，屬之於卿。」

軍發，十月十九日入大散關，崇韜以馬箠指山險謂魏王曰：「朝廷興師十萬，已入此中，儻不成功，安有歸路？今岐下飛輓，才支旬日，必須先取鳳州，收其儲積，方濟吾事。」乃令李嚴、康延孝先馳書檄，以諭僞鳳州節度使王承捷。王承捷，原本作「丞捷」，今據九國志改正。（影庫本粘籤）及大軍至，承捷果以城降，得兵八千，軍儲四十萬。次至故鎮，僞命屯駐指揮使唐景思亦以城降，得兵四千。又下三泉，得軍儲三十餘萬。自是師無匱乏，軍聲大振。其招懷制置，官吏補署〔一〇〕，師行籌畫，軍書告諭，皆出於崇韜，繼岌承命而已。莊宗令内官李廷安、李從襲、吕知柔爲都統府紀綱，見崇韜幕府繁重，將吏輻輳，降人爭先賂遺，都統府唯大將省謁，牙門索然，繇是大爲詬恥。及六軍使王宗弼歸款，六軍，原本作「大軍」，今據九國志改正。（影庫本粘籤）行賂先招討府。王衍以成都降，崇韜居王宗弼之第，宗弼選王衍之妓妾珍玩以奉崇韜，求爲蜀帥〔一一〕。案九國志王宗弼傳：宗弼送款于魏王，乃還成都，盡輦内藏之寶貨，歸于其家。魏王遣使徵犒軍錢數千萬，宗弼輒靳之，魏王甚怒。及王師至，令其子承班齎衍玩用直百萬，獻于魏王，并賂郭崇韜，請以己爲西川節度使。魏王曰：「此吾家之物，焉用獻爲！」魏王入城，翼日，數其不忠之罪，並其子斬之于市。（舊五代史考異）又與崇韜子廷誨謀，令蜀人列狀見魏王，請奏崇韜爲蜀帥。繼岌覽狀謂崇韜曰：「主上倚侍中如衡華，安肯棄元老於蠻夷之地，況余不敢議此。」李從襲等謂繼岌曰：「郭公收蜀部人情，意在難測，王宜自備。」由是兩相猜察。

莊宗令中官向延嗣齎詔至蜀，向延嗣，原本作「廷嗣」，今據通鑑改正。（影庫本粘籤）促班師，詔使至，崇韜不郊迎，延嗣憤憤。從襲謂之曰：「魏王，貴太子也，主上萬福，郭公專弄威柄，旁若無人。昨令蜀人請己爲帥，郭廷誨擁徒出入，貴擬王者，所與狎遊，無非軍中驍果，蜀土凶豪，晝夜妓樂歡宴，指天畫地，父子如此，可見其心。今諸軍將校，無非郭氏之黨，魏王懸軍孤弱，一朝班師，必恐紛亂，吾屬莫知暴骨之所！」因相向垂涕。延嗣使還具奏，皇后泣告莊宗，乞保全繼岌。莊宗復閱蜀簿曰：「人言蜀中珠玉金銀，不知其數，何如是之微也！」延嗣奏曰：「臣問蜀人，知蜀中寶貨皆入崇韜之門，言崇韜得金萬兩，銀四十萬，名馬千匹，王衍愛妓六十，樂工百，犀玉帶百。廷誨自有金銀十萬兩，犀玉帶五十，藝色絕妓七十，樂工七十，他財稱是。魏王府，蜀人賂遺不過匹馬而已。」莊宗初聞崇韜欲留蜀，心已不平，又聞全有蜀之妓樂珍玩，怒見顏色。即令中官馬彥珪馳入蜀視崇韜去就，如班師則已，如實遲留，則與繼岌圖之。彥珪見皇后曰：「禍機之發，間不容髮，何能數千里外復禀聖旨哉！」皇后再言之，莊宗曰：「未知事之實否，詎可便令果決？」皇后乃自爲教與繼岌，令殺崇韜。時蜀土初平，山林多盜，孟知祥未至，崇韜令任圜、張筠分道招撫，慮師還後，部曲不寧，故歸期稍緩。

四年正月六日，馬彥珪至軍，決取十二日發成都赴闕，令任圜權知留事，以俟知祥。諸軍部署已定，彥珪出皇后教以示繼岌，繼岌曰：「大軍將發，他無釁端，安得爲此負心事！公輩勿復言。」從襲等泣曰：「聖上既有口敕，王若不行，苟中途事泄，爲患轉深。」繼岌曰：「上無詔書，徒以皇后教令，安得殺招討使！」從襲等巧造事端以間之，繼岌既無英斷，僶俛從之。詰旦，從襲以繼岌之命召崇韜計事，繼岌登樓避之，崇韜入，左右檛殺之。崇韜有子五人，廷信、廷誨隨父死於蜀，廷說誅於洛陽，廷讓誅於魏州，廷讓，原本作「承誼」，今據歐陽史改正。（影庫本粘籤）廷議誅於太原，家產籍沒。明宗即位，詔令歸葬，仍賜太原舊宅。廷誨、廷讓各有幼子一人，姻族保之獲免，崇韜妻周氏，攜養於太原。

崇韜服勤盡節，佐佑王家，草昧艱難，功無與比，西平巴蜀，宣暢皇威〔一二〕，身死之日，夷夏冤之。然議者以崇韜功烈雖多，事權太重，不能處身量力，而聽小人誤計，欲取太山之安，如急行避跡，其禍愈速。性復剛戾，遇事便發，既不知前代之成敗，又未體當時之物情，以天下爲己任，孟浪之甚也。及權傾四海，車騎盈門，士人諂奉，漸別流品〔一三〕。同列豆盧革謂崇韜案：自「漸別流品」至此十二字，原本闕佚，今從册府元龜增入。曰：「汾陽王代北人，徙家華陰，侍中世在鴈門，得非祖德歟？」崇韜應曰：「經亂失譜諜，先人常云去汾陽王四世。」革曰：「故祖德也。」因是旌別流品，援引薄徒，委之心腹，佐命勳舊，一切鄙棄。舊僚有干進者，崇韜謂之曰：「公雖代邸之舊，然家無門閥，深知公才技，不敢驟進者，慮名流嗤余故也。」及征蜀之行，於興平拜尚父子儀之墓。嘗從容白繼岌曰：「蜀平之後，王爲太子，待千秋萬歲，神器在手，宜盡去宦官，優禮士族，不唯疏斥閹寺，騸馬亦不可復乘〔一四〕。」案：通鑑作「扇馬」，考胡三省注引薛史亦作騸馬，今仍其舊。（舊五代史考異）由是內則伶官巷伯〔一五〕，怒目切齒；外則舊僚宿將，戟手痛心。掇其族滅之禍，有自來矣。復以諸子驕縱不法，既定蜀川，輦運珍貨，實於洛陽之第，籍沒之日，泥封尚濕。雖莊宗季年爲羣小所惑，致功臣不保其終，亦崇韜自貽其災禍也。永樂大典卷二萬二千一百六十。

史臣曰：夫出身事主，得位遭時，功不可以不圖，名不可以不立。洎功成而名遂，則望重而身危，貝錦於是成文，良玉以之先折，故崇韜之誅，蓋爲此也。是知强吳滅而范蠡去，全齊下而樂生奔，苟非其賢，孰免於禍，明哲之士，當鑒於斯！永樂大典卷二萬二千一百六十。

校勘記

〔一〕父弘正　「弘正」，册府卷三〇九作「弘政」。

〔二〕乃署知祥爲太原軍城都虞候　「軍」下原有「在」字，據本書卷二九唐莊宗紀三、册府卷三〇九删。

〔三〕王郁　原作「王都」，據本書卷一三七契丹傳、册府卷三〇九、卷三四七、新五代史卷七二四夷附録、通鑑卷二七一改。

〔四〕李存審收鎮州　「收」，原作「牧」，據殿本、劉本、册府卷四〇六改。

〔五〕雌雄必決　「必」，原作「不並」，據殿本、册府卷三四七改。

〔六〕以崇韜兼領鎮冀節度使　「冀」下原有「州」字，據册府卷一三三、職官分紀卷一二删。

〔七〕其子廷説等曰　「廷説」，原作「延説」，本卷下文：「崇韜有子五人……廷説誅於洛陽。」通鑑卷二七四：「乃下詔暴郭崇韜之罪，并殺其子廷説、廷讓、廷議。」據改。

〔八〕又稱梁苑不可兼權　「梁苑」，原作「梁范」，據劉本、彭校、册府卷四〇九改。

〔九〕置酒宴西征諸將　「西征」，原作「征西」，據永樂大典卷一八二〇八引五代薛史、册府卷七八、卷三二三乙正。影庫本粘籤：「征西，原本脱『征』字，今據册府元龜增入。」

〔一〇〕官吏補署　「署」，原作「置」，據册府卷三六七、卷六七〇改。

〔一一〕求爲蜀帥　册府卷六七〇同，句下殿本有「崇韜許之」四字。舊五代史考異卷二：「案通鑑作崇韜陽許之。」

〔一二〕宣暢皇威　句下册府卷六七〇有「誣構而誅其禍已酷」八字。

〔一三〕漸別流品　「別」，册府卷三三六作「學」。

〔一四〕騶馬亦不可復乘　「亦」字原闕，據册府（明本）卷九四二、新五代史卷二四郭崇韜傳、通鑑卷二七四補。

〔一五〕由是内則伶官巷伯　「由是」二字原闕，據册府卷九四二、通鑑卷二七四補。

舊五代史卷五十八

唐書三十四

列傳第十

趙光逢 弟光胤　鄭珏　崔協　李琪　蕭頃

趙光逢，字延吉。曾祖植，嶺南節度使。祖存約，興元府推官〔一〕。父隱，右僕射。案舊唐書趙隱傳云：隱，字大隱，京兆奉天人也。大中三年，應進士登第，累加尚書左僕射，廣明中卒。考薛史作右僕射，與舊唐書異。光逢與弟光裔，皆以文學德行知名。案舊唐書：光裔，光啓三年進士擢第，累遷司勳郎中、弘文館學士，改膳部郎中、知制誥。季述廢立之後，旅遊江表以避患，嶺南劉隱深禮之，奏爲副使，因家嶺外。

光逢幼嗜墳典，動守規檢，議者目之爲「玉界尺」。案歐陽史：時人稱其方直溫潤，謂之「玉界尺」。僖宗朝，登進士第。案：原本作昭宗朝，登進士第。據舊唐書，光逢係乾符五年進士，當作僖宗，今改正。踰月，辟度支巡官，歷官臺省，内外兩制，俱有能名，轉尚書左丞、翰林承旨。案舊唐書云：釋褐鳳翔推官，入朝爲監察御史，丁父憂免。僖宗還京，授太常博士，歷禮部司勳吏部三員外郎，集賢殿學士，轉禮部郎中。景福中，以祠部郎中知制誥，尋召充翰林學士，正拜中書舍人、户部侍郎、學士承旨，改兵部侍郎、尚書左丞，學士如故。舊唐書所載光逢爵秩較薛史爲詳，今備録之。

昭宗幸石門，光逢不從，昭宗遣内養戴知權詔赴行在，稱疾解官。駕在華州，拜御史中丞。時有道士許巖士、案：原本脱「士」字，今據新唐書及通鑑增入。（舊五代史考異）瞽者馬道殷出入禁庭，驟至列卿宫相，因此以左道求進者衆，光逢持憲紀治之，皆伏法，自是其徒頗息。改禮部侍郎、知貢舉。光化中，王道寖衰，南北司爲黨，光逢素惟慎靜，慮禍及己，因挂冠伊洛，屏絶交遊，凡五六年。門人柳璨登庸，案歐陽史：柳璨與光逢有舊恩。唐摭言云：光化二年，趙光逢放柳璨及第，光逢後三年不遷，時璨自内庭大拜，光逢始以左丞徵入。未幾，璨坐罪誅死，光逢膺大用。與薛史微異。（舊五代史考異）除吏部侍郎、太常卿。入梁爲中書侍郎、平章事，累轉左僕射、兼租庸使，左僕射，原本脱「左」字，今據歐陽史增入。（影庫本粘籤）上章求退，以太子太保致仕。梁末帝愛其才，徵拜司空、平章事。無幾以疾辭，授司徒致仕。唐摭言云：光逢膺大用，居重地十餘歲，七表乞骸，守司空致仕。居二年，復徵拜上相。（殿本）

同光初，弟光胤爲平章事，時謁問於私第，嘗語及政事，他日，光逢署其户曰〔二〕：「請不言中書事。」其清淨寡慾端默如此。嘗有女冠寄黃金一鎰於其室家，時屬亂離〔三〕，女冠委化於他土。後二十年，金無所歸，納於河南尹張全義，請付諸宮觀，其舊封尚在。兩登廊廟，四退丘園，百行五常，五常，原本作「五諦」，今據錦繡萬花谷所引薛史改正。（影庫本粘籤）不欺闇室，搢紳咸仰以爲名教主。天成初，遷太保致仕，封齊國公，卒於洛陽。詔贈太傅。永樂大典卷一萬八千九百九十一〔四〕。

光胤〔五〕，光逢之弟也，案新、舊唐書俱云：趙隱子三人：光逢、光裔、光胤。爲後唐相者，光胤也。薛史原本避宋諱，宋諱稱光胤爲光裔，似混二人爲一，今改正。俱以詞藝知名，亦登進士第。案舊唐書云：大順二年，進士登第。天祐初，累官至駕部郎中。光胤仕梁，歷清顯，伯仲之間，咸以方雅自高，北人聞其名者，皆望風欽重。

及莊宗平汴洛，時盧程以狂妄免，郭崇韜自勳臣拜，議者以爲國朝典禮故實，須訪前代名家，咸曰光胤有宰相器。薛廷珪、李琪當武皇爲晉王時，嘗因爲册使至太原，故皆有宿望，當時咸謂宜處台司。郭崇韜採言事者云，廷珪朽老，浮華無相業；琪雖文學高，傾險無士風，皆不可相，乃止。同光元年十一月，光胤與韋說並拜平章事。

光胤生於季末，漸染時風，雖欲躍鱗振翮，仰希前輩，然才力無餘，未能恢遠，朝廷每有禮樂制度、沿革擬議，以爲己任，同列既匪博通，見其浮譚横議，莫之測也。豆盧革雖憑門地，在本朝時，仕進尚微，久從使府，朝章典禮，未能深悉，光胤每有發論，革但唯唯而已。後革奏議或當，光胤謂羣官曰：「昨有所議，前座一言粗當，近日差進，學者其可已乎！」其自負如此。

先是，條制：「權豪强買人田宅，或陷害籍没，顯有屈塞者，許人自理。」内官楊希朗者，故觀軍容使復恭從孫也〔六〕，援例理復恭舊業。事下中書，光胤謂崇韜曰：「復恭與山南謀逆，顯當國法，本朝未經昭雪，安得論理？」崇韜私抑宦者，因具奏聞。希朗泣訴於莊宗，莊宗令自見光胤言之。希朗陳訴：「叔祖復光有大功於王室，復光，原本作「復充」，今據新唐書改正。（影庫本粘籤）伯祖復恭爲張濬所搆，得罪前朝，當時强臣掣肘，國命不行，及王行瑜伏誅，德音昭洗，制書尚在。相公本朝氏族，諳練故事，安得謂之未雪耶？若言未雪，吾伯氏彦博，洎諸昆仲，監護諸鎮，何途得進！」漸至聲色俱厲。光胤方恃名德，爲其所折，悒然不樂。又以希朗幸臣，慮摭他事危己，心不自安。三年夏四月，病疽卒。贈左僕射。永樂大典卷一萬六千九百九十一。

鄭珏，昭宗朝宰相綮之姪孫。父徽，河南尹張全義判官。光化中，登進士第，案歐陽史云：珏少依全義，居河南，舉進士數不中，全義以珏屬有司，乃得及第。歷弘文館校書、集賢校理、監察御史。入梁爲補闕、起居郎，召入翰林，累遷禮部侍郎充職。珏文章美麗，旨趣雍容，自策名登朝，張全義皆有力焉。案歐陽史云：梁諸大臣以全義故，數薦之。貞明中，拜平章事。案通鑑考異引唐餘録云：貞明二年十月丁酉，禮部侍郎鄭珏爲中書侍郎、平章事。（舊五代史考異）莊宗入汴，責授萊州司户，未幾，量移曹州司馬。張全義言於郭崇韜，將復相之，尋入爲太子賓客。

明宗即位，任圜自蜀至，安重誨不欲圜獨拜宰輔，共議朝望一人共之。孔循言珏貞明時久在中書，性畏慎而長者，美詞翰，好人物，重誨即奏與任圜並命爲相。有頃，珏以老病耳疾，不任中書事，四上章請，明宗惜之，久而方允，乃授開府儀同三司、行尚書左僕射致仕，仍賜鄭州莊一區。明宗自汴還洛陽，遣中使撫問，賜錢二十萬，食羊百口。長興初卒。贈司空。

初，珏應進士，十九年方登第，名姓爲第十九人，自登第凡十九年爲宰相，又昆仲之次第十九，時亦異之。案古今事類云：鄭珏當唐昭宗時作相，文章理道，典贍華美。小字十九郎，應舉十九年方及第，又第十九人，至相亦十九年，時皆異之。考珏以光化中登第，歷相梁、唐，而古今事類以爲唐昭宗時作相，誤也。

子遘，太平興國中任正郎。永樂大典卷一萬八千八百八十一。

崔協，字思化〔七〕。遠祖清河太守第二子寅，仕後魏爲太子洗馬，因爲清河小房，至唐朝盛爲流品。曾祖邠，太常卿。祖瓘，吏部尚書。父彥融，楚州刺史。彥融素與崔蕘善，崔蕘，原本作「崔堯」，今據北夢瑣言改正。（影庫本粘籤）嘗爲萬年令，蕘謁於縣，彥融未出，見案上有尺題，皆賂遺中貴人，蕘知其由徑，始惡其爲人。及除司勳郎中，蕘爲左丞，通刺不見，蕘謂曰：「郎中行止鄙雜，故未見。」宰相知之，改楚州刺史，卒於任，誡其子曰：「世世無忘蕘。」故其子弟常云「崔讎」〔八〕。

協即彥融之子也。幼有孝行，登進士第，釋褐爲度支巡官，渭南尉、直史館，歷三署。入梁爲左司郎中、萬年令、給事中，累官至兵部侍郎。與中書舍人崔居儉相遇於幕次，協厲聲而言曰：「崔蕘之子，何敢相見！」居儉亦報之。左降太子詹事，俄拜吏部侍郎。同光初，改御史中丞，憲司舉奏，多以文字錯誤，屢受責罰。協器宇宏爽，高談虛論，多不近理，時人以爲虛有其表。天成初，遷禮部尚書、太常卿，因樞密使孔循保薦，拜平章事。

初，豆盧革、韋説得罪，執政議命相，樞密使孔循意不欲河朔人居相位，任圜欲相李琪，而鄭珏素與琪不協，孔循亦惡琪，謂安重誨曰：「李琪非無藝學，但不廉耳。朝論莫若崔協。」重誨然之，因奏擇相，明宗曰：「誰可？」乃以協對。任圜奏曰：「重誨被人欺賣，如崔協者，少識文字，時人謂之『没字碑』。臣比不知書，無才而進，已爲天下笑，何容中書之内，更有笑端！」明宗曰：「易州刺史韋肅，人言名家，待我嘗厚，置於此位何如？肅苟未可，則馮書記是先朝判官，馮書記，原本作「筆記」，今據通鑑改正。（影庫本粘籤）稱爲長者，與物無競，可以相矣。」道嘗爲莊宗霸府書記，故明宗呼之。朝退，宰臣、樞密使休於中興殿之廡下，孔循拂衣而去，曰：「天下事一則任圜，二則任圜，崔協暴死則已，不死會居此位。」重誨私謂圜曰：「今相位缺人，協且可乎？」圜曰：「朝廷有李琪者，學際天人，奕葉軒冕，論才校藝，可敵時輩百人。而讒夫巧沮，忌害其能，必捨琪而相協，如棄蘇合之丸，蘇合，原本作「蘇全」，今據通鑑及歐陽史改正。（影庫本粘籤）取蛣蜣之轉也。」重誨笑而止。然重誨與循同職，循日言琪之短、協之長，故重誨竟從之。而協登庸之後，廟堂化筆，化筆，疑有誤字，考册府元龜亦作「化筆」，今姑仍其舊。（影庫本粘籤）假手於人。朝廷以國庠事重，命協兼判祭酒事，協上奏每歲補監生二百爲定，物議非之。案北夢瑣言：明宗問宰相馮道：「盧質近日喫酒否？」對曰：「質曾到臣居，亦飲數爵，臣勸不令過度，事亦如酒，過則患生。」崔協强言于坐曰：「臣聞食醫心鏡，酒極好，不假藥餌〔九〕，足以安心神。」左右見其膚淺，不覺哂之。（舊五代史考異）四年春，駕自夷門還京，從至須水驛，中風暴卒。詔贈尚書右僕射〔一〇〕，謚曰恭靖。

子頎、頌、壽貞，惟頌仕皇朝，官至左諫議大夫，終於鄜州行軍司馬。永樂大典卷二千七百四十。

李琪，字台秀。五代祖憕，天寶末禮部尚書、東都留守。安禄山陷東都，遇害，累贈太尉，謚曰忠懿〔一一〕。憕孫寀，元和朝位至給事中。寀子敬方，文宗朝諫議大夫。敬方子轂，廣明中爲晉公王鐸都統判官，案：太平廣記引李琪集序作父敬，佐王鐸滑州幕。考李琪祖名敬方，其父不得名敬，疑太平廣記傳寫之訛。（舊五代史考異）以收復功爲諫議大夫。

琪即轂之子也，年十三，詞賦詩頌，大爲王鐸所知，然亦疑其假手。一日，鐸召轂讌於公署，召轂，原本作「茗轂」，今據文改正。（影庫本粘籤）密遣人以漢祖得三傑賦題就其第試之，琪援筆立成。賦尾云：「得士則昌，非賢罔共，龍頭之友斯貴，鼎足之臣可重，宜哉項氏之敗亡，一范增而不能用。」鐸覽而駭之，曰：「此兒大器也，將擅文價。」案太平廣記：琪總角謁鐸，鐸顧曰：「適蜀中詔到，用夏州拓跋思恭爲收復都統，可作一詩否？」即秉筆立製，云：「飛騎經巴棧，洪恩及夏臺。將從天上去，人自日邊來。此處金門遠，何時玉輦迴。早平關右賊，莫待詔書催。」鐸益奇之，因執琪手曰：「此真鳳毛也。」時年十四。明年，丁母憂，因流寓青齊〔三〕。然糠照薪，俾夜作晝，覽書數千卷，間爲詩賦。唐僖宗再幸梁洋，竊賦云：「哀痛不下詔，登封誰上書。」（舊五代史考異）

昭宗時，李谿父子以文學知名〔三〕。琪年十八，袖賦一軸謁谿。谿覽賦驚異，倒屣迎門，出琪調啞鐘、捧日等賦，調啞鐘、捧日等賦，疑有脱字，考夏文莊集所引薛史與永樂大典同，今姑仍其舊。（影庫本粘籤）謂琪曰：「余嘗患近年文士辭賦，皆數句之後，未見賦題，吾子入句見題，偶屬典麗，吁可畏也。」琪由是益知名，舉進士第。天復初〔四〕，應博學宏詞，居第四等，授武功縣尉，辟轉運巡官，遷左拾遺、殿中侍御史。自琪爲諫官憲職，凡時政有所不便，必封章論列，文章秀麗，覽之者忘倦。

琪兄珽，亦登進士第，才藻富贍，兄弟齊名，而尤爲梁祖所知，以珽爲崇政學士。琪自左補闕入爲翰林學士，案北夢瑣言云：梁李相國琪，唐末以文學策名，仕至御史。昭宗播遷，衣冠蕩析，琪藏跡於荆楚間，自晦其迹，號華原李長官。其堂兄光符宰宜都，嘗厭薄之。琪寂寞，每臨流踞石，摘樹葉而試草制詞，吁嗟怏悵，而投葉水中。梁祖受禪，徵入，拜翰林學士。今考梁書李珽傳，珽歷爲成汭、趙匡凝掌書記，蓋昭宗末年，珽、琪兄弟皆客荆楚，後乃受知於梁祖也。累遷户部侍郎、翰林承旨。梁祖西抗邠、岐，北攻澤潞，出師燕、趙，經略四方，暫無寧歲，而琪以學士居帳中，專掌文翰，下筆稱旨，寵遇踰倫。是時，琪之名播於海內。琪重然諾，憐才獎善，家門雍睦。貞明、龍德中，龍德，原本脱「德」字，今據梁末帝紀增入。（影庫本粘籤）歷兵、禮、吏侍郎，受命與馮錫嘉、張衮〔一五〕、郄殷象同撰梁太祖實録三十卷，遷御史中丞，累擢尚書左丞、中書門下平章事。時琪與蕭頃同爲宰相，頃性畏慎深密，琪倜儻負氣，不拘小節，中書奏覆，多行其志，而頃專掎摭其咎。會琪除吏，是試攝名銜，改「攝」爲「守」，爲頃所奏，梁帝大怒，將投諸荒裔，而爲趙巖輩所援，罷相，爲太子少保。

莊宗入汴，素聞琪名，累欲大任。同光初，歷太常卿、吏部尚書。三年秋，天下大水，國計不充，莊宗詔百僚許上封事，陳經國之要。琪因上疏曰：

臣聞王者富有兆民，深居九重，所重患者，百姓凋耗而不知，四海困窮而莫救，下情不得上達，羣臣不敢指言。今陛下以水潦之災，軍食乏闕，焦勞罪己，迫切疚懷，避正殿以責躬，訪多士而求理，則何思而不獲，何議而不臧？止在改而行之，足以擇其善者。

臣聞古人有言曰：穀者，人之司命也；地者，穀之所生也；人者，君之所理也。有其穀則國力備，定其地則人食足，察其人則徭役均，知此三者，爲國之急務也。軒黄已前，不可詳記。自堯湮洪水，禹作司空，於時辨九等之田，收什一之税，其時户口一千三百餘萬〔一六〕，定墾地約九百二十萬頃，約九百，原本作「絲八百」，今據文獻通考改正。（影庫本粘籤）最爲太平之盛。及商革夏命，重立田制，每私田十畝，種公田一畝，水旱同之，亦什一之義也。洎乎周室，立井田之法，大約百里之國，提封萬井，出車百乘，戎馬四千匹〔一七〕。畿内兵車萬乘，馬四萬匹，以田法論之，亦什一之制也。故當成康之世，比堯舜之朝，户口更增二十餘萬，非他術也，蓋三代以前，皆量入以爲出，計農以立軍，雖逢水旱之災，而有凶荒之備。

降及秦漢，重税工商，急關市之征，倍舟車之算，人户既以減耗，古制猶以兼行，按此時户口，尚有千二百餘萬，墾田亦八百萬頃。至乎三國並興，兩晉之後，則農夫少於軍衆，戰馬多於耕牛，供軍須奪於農糧，秣馬必侵於牛草，秣馬，原本作「積馬」，今據文獻通考改正。（影庫本粘籤）於是天下户口，只有二百四十餘萬。洎隋文之代，與漢比隆〔一八〕，及煬帝之年，又三分去一〔一九〕。

我唐太宗文皇帝，以四夷初定，百姓未豐，延訪羣臣，各陳所見，惟魏徵獨勸文皇力行王道，由是輕徭薄賦，不奪農時，進賢良，悦忠直，天下粟價，斗直兩錢。自貞觀至於開元，將及一千九百萬户，五千三百萬口，墾田一千四百萬頃，比之堯舜，又極增加。是知救人瘼者，以重斂爲病源；料兵食者，以惠農爲軍政。仲尼云：「百姓足，君孰與不足。」臣之此言，是魏徵所以勸文皇也，伏惟深留宸鑒。如以六軍方闕，不可輕徭，兩税之餘，猶須重斂，則但不以折納爲事，一切以本色輸官，又不以紐配爲名，止以正耗加納，猶應感悦，未至流亡。况今東作是時，羸牛將駕，「是時」二字疑有舛誤，考五代會要亦作「是時」，今姑仍其舊。（影庫本粘籤）數州之地，千里運糧，有此差徭，必妨春種，今秋若無糧草，何以贍軍。

臣伏思漢文帝時，欲人務農，乃募人入粟，得拜爵及贖罪，景帝亦如之。後漢安帝時，水旱不足，三公奏請，富人入粟，得封關内侯及公卿以下散官〔二〇〕。本朝乾元中，亦曾如此。今陛下縱不欲入粟授官，願明降制旨下諸道，合差百姓轉般之處〔二一〕，有能出力運官物到京師者〔二二〕，五百石以上，白身授一初任州縣官，有官者依資遷授，欠選者便與放選；放選，原本作「於選」，今據文獻通考改正。（影庫本粘籤）千石以上至萬石，不拘文武，明示賞酬。免令方春農人流散，斯亦救民轉倉贍軍之一術也。

莊宗深重之，尋命爲國計使，垂爲輔相，俄遇蕭牆之難而止。

及明宗即位，豆盧革、韋説得罪，任圜陳奏，請命琪爲相，爲孔循、鄭珏排沮，乃相崔協。琪時爲御史大夫，安重誨於臺門前專殺殿直馬延。馬延，原本作「馬廷」，考歐陽史及通鑑俱作馬延，今改正。（影庫本粘籤）雖曾彈奏，而依違詞旨，不敢正言其罪，以是託疾，三上章請老，朝旨不允，除授尚書右僕射〔二三〕。自是之後，尤爲宰執所忌，凡有奏陳，靡不望風横沮。天成末，明宗自汴州還洛，琪爲東都留司官班首，奏請至偃師奉迎。時琪奏中有「敗契丹之凶黨，破真定之逆城」之言，詔曰：「契丹即爲凶黨，真定不是逆城，李琪罰一月俸。」又嘗奉敕撰霍彦威神道碑文。琪，梁之故相也，敍彦威仕梁歷任，不言其僞。中書奏曰：「不分真僞，是混功名，望令改撰。」詔從之。多此類也。

琪雖博學多才，拙於遵養時晦，知時不可爲，然猶多岐取進，動而見排，由己不能鎮靜也。以太子太傅致仕〔二四〕。長興中，卒於福善里第，時年六十。子貞，官至邑宰。琪以在内署時所爲制詔，編爲十卷，目曰金門集，大行於世。永樂大典卷一萬三百八十九。

蕭頃，字子澄，京兆萬年人。故相倣之孫，京兆尹廩之子。頃幼聰悟〔二五〕，善屬文，昭宗朝擢進士第，歷度支巡官、太常博士、右補闕。時國步艱難，連帥倔强，率多奏請，欲立家廟於本鎮〔二六〕，頃上章論奏，乃止。累遷吏部員外郎。先是，張濬自中書出爲右僕射，梁祖判官高劭使祖廕求一子出身官〔二七〕，省寺皆稱無例，濬曲爲行之，指揮甚急，吏徒惶恐。頃判云：「僕射未集郎官，未赴省上〔二八〕，指揮公事〔二九〕，且非南宫舊儀〔三〇〕。」濬聞之，慚悚致謝，頊由是知名，梁祖亦奬之。頊入梁，歷給諫、御史中丞，禮部侍郎、知貢舉，咸有能名。自吏部侍郎拜中書門下平章事，與李琪同輔梁室，同輔，原本作「同轉」，今據文改正。（影庫本粘籤）事多矛盾。莊宗入汴，頊坐貶登州司户，量移濮州司馬。數年，遷太子賓客。天成初，爲禮部尚書、太常卿、太子少保致仕。卒，時年六十九。輟朝一日，贈太子少師。永樂大典卷五千二百二十五。

史臣曰：夫相輔之才，從古難得，蓋文學政事，履行謀猷，不可缺一故也。如數君子者，皆互有所長，亦近代之良相也。如齊公之明節，李琪之文章，足以圭表搢紳，笙簧典誥，陟之廊廟，宜無愧焉。永樂大典卷二千七百四十。

校勘記

〔一〕興元府推官　「推官」，新唐書卷七三下宰相世系表三下作「判官」。按舊唐書卷一七下文宗紀：「興元軍亂……判官薛齊、趙存約死之。」

〔二〕他日光逢署其户　册府卷三二一作「他日至止光逢已署其户」，職官分紀卷三引五代史「署」作「書」，餘同。

〔三〕時屬亂離　「時」，原作「併」，據殿本、劉本、職官分紀卷三改。

〔四〕永樂大典卷一萬八千九百九十一　檢永樂大典目録，卷一八九九一爲「令」字韻，與本則内容不符，恐有誤記。陳垣舊五代史輯本引書卷數多誤例謂應作卷一六九九二「趙」字韻。

〔五〕光胤　原作「趙光胤」，據殿本改。按趙光胤附兄光逢傳後，據史例不當有「趙」字。

〔六〕故觀軍容使復恭從孫也　「從孫」，原作「從子」，據殿本改。按本卷下文楊希朗稱復恭爲伯祖。

〔七〕字思化　「思化」，崔協墓誌（拓片刊洛陽新獲七朝墓誌）作「司化」。

〔八〕故其子弟常云崔䭔　「云崔䭔」，殿本作「與蕘䭔」，册府卷九二〇作「云世䭔」。

〔九〕不假藥餌　「假」，原作「加」，據北夢瑣言卷一九改。

〔一〇〕詔贈尚書右僕射　「右」，原作「左」，據本書卷四〇唐明宗紀六、崔協墓誌改。

〔一一〕謚曰忠懿　「忠懿」，本書卷二四李珽傳、新唐書卷一九一李憕傳同，舊唐書卷一六穆宗紀、卷一八七下李憕傳、册府卷九八、卷四六八、唐會要卷五五作「忠烈」。

〔一二〕因流寓青齊　「青齊」，原作「齊魯」，據殿本、劉本、太平廣記卷一七五引李琪集序改。

〔一三〕李谿　御覽卷五八七引後唐書、册府卷八四一、卷九〇〇同，舊唐書卷一五七、新唐書卷一四六有李磎傳，即其人。本卷下文同。

〔一四〕天復初　「天復」，原作「天福」，據殿本、劉本、邵本校、册府卷六五〇改。

〔一五〕張衮　原作「張充」，據本書卷一八敬翔傳、册府卷五五七改。按宋史卷二〇三藝文志二記梁太祖實録撰者有張衮。

〔一六〕其時户口一千三百餘萬　「口」字原闕，據五代會要卷二五補。

〔一七〕戎馬四千匹　「四千」，殿本、劉本作「四百」。按舊五代史考異卷二：「案原本作『四千』，今據漢書改正。」

〔一八〕與漢比隆　「與」，原作「兩」，據五代會要卷二五改。

〔一九〕又三分去一　「一」，五代會要卷二五作「二」。

〔二〇〕得封關内侯及公卿以下散官　「封」字原闕，據册府卷五〇九、五代會要卷二七補。

〔二一〕合差百姓轉般之處　「般」，原作「倉」，據册府卷五〇九、五代會要卷二七改。

〔二二〕有能出力運官物到京師者　「者」字原闕，據册府卷五〇九、五代會要卷二七補。

〔二三〕除授尚書右僕射　「右」，原作「左」，據本書卷三八唐明宗紀四、卷三九唐明宗紀五、册府卷四八一、新五代史卷五四李琪傳改。

〔二四〕以太子太傅致仕　「太子太傅」，本書卷四一唐明宗紀七、新五代史卷五四李琪傳作「太子少傅」。舊五代史考異卷二：「案歐陽史作少傅。」

〔二五〕頃幼聰悟　「幼」字原闕，據册府卷七九九補。

〔二六〕欲立家廟於本鎮　册府卷五四七同，句下册府卷四六五有「朝旨將俞允」五字。

〔二七〕梁祖判官高劭使祖𧸆求一子出身官　「使」下原有「梁」字，據御覽卷二一六引五代史後唐書、册府卷四五九删。

〔二八〕未赴省上　「未」字原闕，據御覽卷二一六引五代史後唐書、册府卷四五九補。按通鑑卷二二二胡注：「僕射、尚書赴省供職曰赴上。」

〔二九〕指揮公事　御覽卷二一六引五代史後唐書作「指揮吏曹公事」。

〔三〇〕且非南宫舊儀　「且」，御覽卷二一六引五代史後唐書同，册府卷四五九作「俱」。

舊五代史卷五十九　唐書三十五

列傳第十一

丁會　閻寶　符習　烏震　王瓚　袁象先　張温　李紹文

丁會，字道隱，壽州壽春人。父季。會幼放蕩縱橫，不治農産，恒隨哀挽者學綿謳，尤嗜其聲。既長，遇亂，合雄兒爲盜，雄兒，原本作「維兒」，今據册府元龜改正。（影庫本粘籤）有志功名。黄巢渡淮，會從梁祖爲部曲，梁祖鎮汴，會歷都押衙。自梁祖誅宗權、併時溥、屠朱瑄、走朱瑾，會恒以兵從，多立奇功。文德中，表授懷州刺史，歷滑州留後、河陽節度使、檢校司徒。自河陽以疾致政於洛陽。梁祖季年猜忌，故將功大者多遭族滅，會陰有避禍之志，稱疾者累年。案：通鑑考異謂梁祖季年無誅戮大臣之事。考朱珍、李讜諸人先後爲梁祖所殺，丁會蓋鑒於前事也。

天復元年，梁祖奄有河中、晉絳，乃起會爲昭義節度使。昭宗幸洛陽，加同平章事。其年昭宗遇弒，哀問至，會三軍縞素，流涕久之。時梁祖親討劉守文於滄州，駐軍於長蘆。三年十二月〔一〕，王師攻會，居旬日，會以潞州歸於武皇。案北夢瑣言云：梁祖雄猜，疑忌功臣，忽謂敬翔曰：「吾夢丁會在前祇候，吾將乘馬欲出，圉人以馬就臺，忽爲丁會跨之以出，時夢中怒，叱喝數聲，因驚覺，甚惡之。」是月，丁會舉潞州軍民歸河東矣。（舊五代史考異）引見，會泣曰：「臣非不能守潞，但以汴王篡弱唐祚，猜嫌舊將，臣雖蒙保薦之恩，而不忍相從，原本脱「相從」二字，今據册府元龜增入。（影庫本粘籤）今所謂吐盜父之食以見王也。」武皇納之，賜甲第於太原，位在諸將上。五年，汴將李思安圍潞州，以會爲都招討使、檢校太尉。莊宗嗣王位，與會決謀，破汴軍於夾城。七年十一月，卒於太原。莊宗即位，追贈太師。

有子七人，知沆爲梁祖所誅，餘皆歷内職。永樂大典卷一萬八千一百八十九〔二〕。

閻寶，字瓊美，鄆州人。父佐，海州刺史。寶少事朱瑾爲牙將，瑾之失守於兗也，寶與瑾將胡規、康懷英歸汴梁，皆擢任之。自梁祖陳師河朔，爭霸關西，寶與葛從周、丁會、賀德倫、李思安各爲大將，統兵四出，所至立功，歷洺、隨、宿、鄭四州刺史。天祐六年，梁祖以竇爲邢洺節度使、檢校太傅。案歐陽史：太祖時，爲諸軍都虞候，末帝時，以竇爲保義軍節度使。與薛史詳略先後互異。（舊五代史考異）莊宗定魏博，十三年，攻相、衞、洺、磁，下之，竇獨保邢州，城孤援絶。八月，竇以邢州降，莊宗嘉之，進位檢校太尉、同平章事，遥領天平軍節度使、東南面招討等使，待以賓禮，位在諸將上，每有謀畫，與之參決。

契丹之寇幽州也，周德威危急，竇與李存審從明宗擊契丹於幽州西北，解圍而還。胡柳之役，諸軍逗撓，汴軍登無石山，其勢甚盛。莊宗望之，畏其不敵，且欲保營。竇進曰：「王深入敵境，偏師不利，王彦章騎軍已入濮州〔三〕，山下唯列步兵，向晚皆有歸志，我盡鋭擊之，敗走必矣。今若引退，必爲所乘，我軍未集，更聞賊勝，即不戰而自潰也。凡決勝料勢，決戰料情〔四〕，情勢已得，斷在不疑。今王之成敗，在此一戰，若不決勝，設使餘衆渡河，河朔非王有也，王其勉之。」莊宗聞之聳聽，曰：「微公幾失計。」即引騎大譟，奮稍登山，大敗汴人。

十八年，張文禮殺王鎔叛，張文禮，原本作「大禮」，今據歐陽史改正。（影庫本粘籤）竇帥師進討。八月，收趙州，進渡滹水，擒賊黨張友順以獻。九月，進逼真定，結營西南隅，掘塹栅以環之，決大悲寺漕渠以浸其郛。十九年正月，契丹三十萬來援鎮州，前鋒至新樂，衆心憂之。寶見莊宗，指陳方略，軍情乃安。敵退，加檢校侍中。三月，城中饑，王處瑾之衆出城求食，寶縱其出，伏兵截擊之。饑賊大至，諸軍未集，爲賊所乘，寶乃收軍退保趙州，因慚憤成疾，疽發背而卒，時年六十。同光初，追贈太師，晉天福中，追封太原郡王。有子八人，弘倫、弘儒皆位至郡守。永樂大典卷九千八百二。

符習，趙州昭慶縣人。少從軍，事節度使王鎔，積功至列校〔五〕。自莊宗經略河朔，與鎔連衡，常令習率師從莊宗征討。鎔爲張文禮所害，時習在德勝寨，文禮上書請習等歸鎮。習雨泣訴於莊宗曰：「臣本趙人，家世事王氏，故使嘗授臣一劍，俾臣平蕩凶寇。自聞變故，徒懷冤憤，欲以自刭，無益於營魂。且張文禮乃幽、滄叛將，趙王知人不盡，過意任使，致被反噬。臣雖不武，願在霸府血戰而死，不能委身於凶首。」莊宗曰：「爾既懷舊君之愛，可復讎乎？吾當助爾。」習等舉身投地，號慟感激，謝曰：「王必以故使輔翼之勞，雪其冤恥，臣不敢期師旅爲助，但悉本軍可以誅其逆豎。」莊宗即令閻寶、史建瑭助習討文禮，史建瑭，原本作「逮塘」，今據通鑑改正。（影庫本粘籤）乃以習爲成德軍兵馬留後。及文禮誅，將正授節鉞，習不敢當其任，辭曰：「臣緣故使未葬，又無嗣息，臣合服斬縗，候臣禮制畢聽命。」及莊宗兼領鎮州，乃割相、衞二州置義寧軍，以習爲節度使。習奏曰：「魏博六州，見係霸府，不宜遽有割隸。但授臣河南一鎮，臣自攻取。」乃授天平軍節度、東南面招討使。

習有器度，性忠壯，自莊宗十年沿河戰守，習常以本軍從，心無顧望，諸將服其爲人。同光初，以習爲邢州節度，明年，移鎮青州。四年二月，趙在禮盜據魏州，習受詔以淄青之師進討，至則會軍亂，習乃退軍渡河。明宗自鄴赴洛，遣使召之，習不時而至。既至，謁明宗於胙縣。霍彥威謂習曰：「主上所知者十人，公在其四，何猶豫乎！」習乃從明宗入汴。明宗即位，加兼侍中，令歸本鎮。屬青州守將王公儼拒命，復授天平軍節度使。案宋史顏衎傳：天成初，爲鄒平令。符習初鎮天平，習武臣之廉慎者，以書告屬邑，毋聚斂爲獻賀。衎未領書，以故規行之，尋爲吏所訟，習遽召衎詧之，幕客軍吏，咸以爲辱及正人，習甚悔焉，即表爲觀察判官，且塞前事。（舊五代史考異）

四年，移汴州節度使。安重誨素不悦習，會汴人言習厚賦民錢，以代納槀，及納軍租，多收加耗，由是罷歸京師。案通鑑：習自恃宿將，議論多抗安重誨，故重誨求其過，奏之。（舊五代史考異）授太子太師致仕，求歸故里，許之，乃歸昭慶縣。明宗以其子令謙爲趙州刺史。習飛鷹痛飲〔六〕，周遊田里，不集朋徒，不過郡邑，如此累年，中風而卒。贈太師。

子蒙嗣，位至禮部侍郎，晉書有傳〔七〕。永樂大典卷一萬八千一百二十九。

烏震，冀州信都人也。少孤，自勤於鄉校。弱冠從軍，初爲鎮州隊長，以功漸升都將〔八〕，與符習從征於河上，頗得士心。聞張文禮弑王鎔，志復主讎，雪泣請行。兵及鎮陽〔九〕，文禮執其母妻洎兒女十口誘之，不迴，攻城日急。文禮忿之，咸割鼻斷腕，不絕於膚，放至軍門，觀者皆不忍正視。震一慟而止，憤激奮命，身先矢石。鎮州平，以功授震深、趙二州刺史。其性純質，以清直御下，在河北獨有政聲，移易州刺史〔一〇〕、兼北面水陸轉運招撫等使〔一一〕。契丹犯塞，漁陽路梗，震率師運糧，三入薊門，擢爲河北道副招討、遥領宣州節度使，代房知温軍於盧臺。及至軍，會戍兵龍晊所部鄴都奉節等軍數千人作亂，龍晊，原本作「龍姪」，今據歐陽史改正。（影庫本粘籤）未及交印而遇害。明宗聞之，廢朝一日，詔贈太傅。案：歐陽史作太師。（舊五代史考異）震略涉書史，尤嗜左氏傳，好爲詩，善筆札，凡郵亭佛寺，多有留題之跡。及其遇禍，燕趙之士皆歎惜之。永樂大典卷一萬八千一百二十九。

王瓚，故河中節度使重盈之諸子也。天復初，梁祖既平河中，追念王氏舊恩，辟瓚爲賓佐。梁祖即位，歷諸衞大將軍、兗華兩鎮節度使、開封尹。貞明五年，代賀瓌統軍駐於河上。時李存審築壘於德勝渡。秋八月，瓚率汴軍五萬，自黎陽渡河，將掩擊魏州，明宗出師拒之。瓚至頓丘而旋，於楊村夾河築壘，架浮航，自滑饋運相繼。瓚嚴於軍法，令行禁止，然機略應變，則非所長。十一月，瓚率其衆觀兵於戚城，明宗以前鋒擊之，獲其將李立。十二月，邏騎報汴之饋糧千計，沿河而下，可掩而取之。莊宗遣徒兵五千，設伏以待之，使騎軍循河南岸西上，俘獲饋役數千。瓚結陣河曲，以待王師，既而兵合，一戰敗之，瓚衆走保南城，瓚以小舟北渡僅免。是日，獲馬千餘匹，俘斬萬級，王師乘勝徇地曹濮。梁主以瓚失律，令戴思遠代還。

及王師襲汴，時瓚爲開封尹〔二〕。梁主聞王師將至，自登建國門樓，日夜垂泣，時持國寶謂瓚曰：「吾終保有此者，繫卿耳。」令瓚閱市人散徒，登城爲備。洎明宗至封丘門，瓚開門迎降。翌日，莊宗御玄德殿，瓚與百官待罪及進幣馬，詔釋之，仍令收梁主屍，備棺櫝權厝於佛寺，漆首函送於郊社。

居數日，段凝上疏奏：「梁朝掌事權者趙巖等，並助成虐政，結怨於人，聖政惟新，宜誅首惡，以謝天下。」於是張漢傑、張漢融、張漢倫、張希逸、趙縠、朱珪等並族誅，家財籍没。瓚聞諸族當法，憂悸失次，每出則與妻子訣别。郭崇韜遣人慰譬之，詔授宣武軍節度副使、知府事，檢校太傅如故。案歐陽史云：瓚伏地請死，莊宗勞而起之，曰：「朕與卿家世婚姻，然人臣各爲主耳，復何罪邪！」因以爲開封尹，遷宣武軍節度使。據薛史則瓚以宣武軍節度副使知府事，未嘗遷秩也。瓚心憂疑成疾，十二月卒。贈太子太師。

瓚雖爲治嚴肅，而慘酷有家世風。自歷守藩鎮，頗能除盜，而明不能照下。及尹正京邑〔一三〕，委政於愛壻牙將辛廷蔚，曲法納賄，因緣爲奸。初，汴人駐軍於河上，軍計不足，瓚請率汴之富户，出助軍錢，賦取不均，人靡控訴，至有雉經者，又有富室致賂幸而免率者〔一四〕。及明宗即位，素知廷蔚之奸，乃勒歸田里。然瓚能優禮搢紳，抑挫豪猾，故當時士流皆稱仰焉。永樂大典卷六千八百五十〔一五〕。

袁象先，宋州下邑人也。自稱唐中宗朝中書令、南陽郡王恕己之後。曾祖進朝，成都少尹，梁以象先貴，累贈左僕射。祖忠義，忠武軍節度判官，累贈司空。父敬初，太府卿，累贈司徒、駙馬都尉。敬初娶梁祖之妹，初封沛郡太君。開平中，追封長公主。貞明中，追封萬安大長公主。

象先即梁祖之甥也。性寬厚，不忤於物，幼遇亂，慨然有憂時之意。象先嘗射一水鳥，不中，箭落水中，下貫雙鯉，見者異之。梁祖鎮夷門，象先起家授銀青光禄大夫、檢校太子賓客、兼御史中丞。景福元年，自檢校左省常侍，遷檢校工部尚書，充元從馬軍指揮使兼左静邊都指揮使。乾寧五年，再遷檢校右僕射、左領軍衛將軍同正，充宣武軍内外馬步軍都指揮使。光化二年，權知宿州軍州事。

天復元年，表授刺史，充本州團練、埇橋鎮遏都知兵馬使。會淮寇大至，圍迫州城，象先殫力禦備，時援兵未至，頗懷憂沮。一日，登北城，憩其樓堞之上，怳然若寢，夢人告曰：「我陳璠也，（陳璠，原本作「揀璠」，今據册府元龜改正。（影庫本粘籤））嘗板築是城，舊第猶在，今爲軍舍，可爲我立廟，即助公陰兵。」象先納之〔二六〕。翌日，淮寇急攻其壘，梯衝角進，是日州城幾陷。頃之，有大風雨，居民望見城上兵甲無算，寇不能進，即時退去。象先方信鬼神之助，乃爲之立祠，至今里人禱祝不輟。三年，權知洺州軍州事。（洺州，原本作「洛州」，今從歐陽史改正。（影庫本粘籤））

天祐三年，授陳州刺史、檢校司空。是歲，陳州大水，民饑，有物生於野，形類蒲萄，其實可食，貧民賴焉。梁開平二年，授左英武軍使，再遷左神武、右羽林統軍。三年，轉右衛上將軍，封汝南縣男。四年，權知宋州留後，到任五月，改天平軍兩使留後。時鄆境再饑，户民流散，象先即開倉賑䘏，蒙賴者甚衆。五年，梁祖北征，以象先爲鎮定東南行營都招討應接副使，進封開國伯。領兵攻蓨縣，不克而還。俄奉詔自鄆赴闕，鄆人遮留，毁石橋而不得進，乃自他門而逸。尋授左龍武統軍兼侍衛親軍都指揮使。

乾化三年，與魏博節度使楊師厚合謀，誅朱友珪於洛陽。梁末帝即位，以功授檢校太保、同平章事，遥領洪州節度使、行開封尹、判在京馬步諸軍事，進封開國公。四年，授青州節度使，加檢校太傅。未幾，移鎮宋州，加檢校太尉。象先在宋凡十年。

初，梁祖領四鎮，統兵十萬，威震天下，關東藩守，皆其將吏，方面補授，由其保薦，四方輿金輦璧，駿奔結轍，納賂於其庭。如是者十餘年，寖成風俗，藩侯牧守，下迨羣吏，罕有廉白者，率皆掊斂剥下，以事權門。象先恃甥舅之勢，所至藩府，侵刻誅求尤甚，以此家財鉅萬。莊宗初定河南，象先率先入覲，輦珍幣數十萬，徧賂權貴及劉皇后、伶官巷伯，居旬日，内外翕然稱之。

初，梁將未復官資者，凡上章奏姓名而已。郭崇韜奏曰：「河南征鎮將吏，昭洗之後，未有新官，每上表章，但書名姓，未頒綸制，必負憂疑。」即日，復以象先爲宋亳輝潁節度使〔七〕，依前檢校太尉、平章事，仍賜姓，名紹安，尋令歸鎮。明年，以郊禮，象先復來朝。

是時，制改宋州宣武軍爲歸德軍，宋州，原本作「宗州」，今從通鑑改正。（影庫本粘籤）因侍宴，莊宗謂象先曰：「歸德之名，無乃著題否？」象先拜謝而退，即命歸鎮。其年夏，以疾卒於治所，年六十一。册贈太師。周廣順中，贈中書令，追封楚國公。

象先二子，長曰正辭，歷衢、雄二州刺史。次曰羲，至周顯德中，終於滄州節度使。永樂大典卷五千一百十四。

張温，字德潤，魏州魏縣人也。案：温于潼關擒劉浣，見梁紀，此傳不載。（舊五代史考異）始仕梁祖爲步直小將，改崇明都校。貞明初，貞明，原本作「貞宗」，今據薛史梁書改正。（影庫本粘籤）蔣殷以徐州叛，從劉鄩討平之，改左右捉生都指揮使。莊宗伐邢臺，獲之，用爲永清都校，歷武州刺史、山後八軍都將。從莊宗襲契丹於幽州，收新州，歷銀槍効義都指揮使，再任武州刺史。同光初，契丹陷嬀、儒、檀、順、平、薊六州，武州獨全，改授蔚州刺史。天成初，歷振武、昭武留後，尋授利州節度使，入爲右衛上將軍。無幾，授洋州節度使、右龍武統軍，改雲州節制。清泰初，屯兵鴈門，逐契丹出塞，移鎮晉州，嬰疾而卒。詔贈太尉。永樂大典卷六千六百六十〔一八〕。

李紹文，鄆州人，本姓張，名從楚。少事朱瑄爲帳下，瑄敗，歸於梁祖，爲四鎮牙校，累典諸軍。天祐八年，從王景仁戰，敗於柏鄉，紹文與别將曹儒收殘衆，退保相州。王師之攻魏州也，紹文率衆自黎陽將渡河。時汴人大恐，河無舟檝，紹文懼爲王師所逼，乃剽黎陽、臨河、内黄至魏州，歸於莊宗。莊宗嘉納之，賜姓名，分其兩將三千人爲左右匡霸軍旅，仍令紹文、曹儒分將之。從周德威討劉守光，進檢校司空，移將匡衞軍。十二年，授博州刺史，預破劉鄩於故元城，歷貝、隰、代三郡刺史，領天雄軍馬步副都將，屯於德勝。從閻寶討張文禮，爲馬步軍都虞候。明宗收鄆州，以紹文爲右都押衙、馬步軍都將，從破王彦章於中都。同光中，歷徐滑二鎮副使、知府事。三年，從郭崇韜討西川，爲洋州節度留後，領鎮江軍節度。天成初，爲武信軍節度使，尋卒於鎮。永樂大典卷一萬一百八十九〔一九〕。

史臣曰：昔丁會之事梁祖也，功既隆矣，禍將及矣，挺身北首，故亦宜然，然食人之禄，豈合如是哉！閻寶再降於人，夫何足貴焉。符習雪故主之沉冤，享通侯之貴位，乃趙之奇士也。奇士，原本脱「士」字，今考夏文莊集所引薛史作「奇士」，今改正。（影庫本粘籤）烏震不憫其親，仁斯鮮矣，雖慕樂羊之跡，豈事文侯之宜。瓚洎象先而下，皆降將也，又何足以譏焉。永樂大典卷一萬一百八十九。

校勘記

〔一〕三年十二月　本書卷二六唐武皇紀下、舊唐書卷二〇下哀帝紀繫其事於天祐三年。

〔二〕永樂大典卷一萬八千一百八十九　檢永樂大典目録，卷一八一八九爲「將」字韻「元將十四」，與本則内容不符，恐有誤記。陳垣舊五代史輯本引書卷數多誤例謂應作卷一八一二九「將」字韻「後唐將二」。

〔三〕濮州　册府卷三六七同，本書卷九梁末帝紀中、卷二八唐莊宗紀二、册府卷二一七、通鑑卷二七〇作「濮陽」。按通鑑卷二七一考異據莊宗實録謂當作「濮陽」。

〔四〕凡決勝料勢決戰料情　「料勢決戰」四字原闕，據册府卷三六七、新五代史卷四四閻寶傳補。

〔五〕積功至列校　「列校」，册府卷七二五、卷八〇四作「都校」。

〔六〕習飛鷹痛飲　「飛鷹」，原作「飛揚」，據文莊集卷三一奉和御製讀五代史後唐史注、册府卷八九九改。舊五代史考異卷二：「原本作『飛鷹』，今考杜詩『痛飲狂歌空度日，飛揚跋扈爲誰雄』，『鷹』字蓋『揚』字之訛，今改正。」

〔七〕晉書有傳　以上四字原闕，據孔本補。

〔八〕以功漸升都將　「都將」，原作「部將」，據冊府卷八〇四、卷九二三改。

〔九〕鎮陽　原作「恒陽」，據冊府卷八〇四、卷九二三改。據太平寰宇記卷六二，恒陽即曲陽，隸定州。按本書卷六二張文禮傳，文禮時據鎮州，與恒陽無涉。

〔一〇〕移易州刺史　「易州」，冊府卷四八三、新五代史卷二六烏震傳作「冀州」。按本書卷三八唐明宗紀四：「以前北面水陸轉運招撫使、守冀州刺史烏震領宣州節度使。」舊五代史考異卷二：「案歐陽史作冀州。」

〔一一〕兼北面水陸轉運招撫等使　「北面」，原作「南北面」，據冊府卷四八三、新五代史卷二六烏震傳改。

〔一二〕開封尹　原作「開封府尹」，據永樂大典卷六八五〇引五代薛史、冊府卷二一〇、通鑑卷二七二改。影庫本粘籤：「『開封』，原本脱『封』字，今據通鑑增入。」

〔一三〕及尹正京邑　「正」，原作「政」，據殿本、劉本、永樂大典卷六八五〇引五代薛史、冊府卷六九八改。

〔一四〕又有富室致賂幸而免率者　「幸」，永樂大典卷六八五〇引五代薛史作「卒」。

〔一五〕永樂大典卷六千八百五十　「六千八百五十」，原作「六千六百八十」，檢永樂大典目録，卷六六八〇爲「江」字韻「鎮江府十七」，與本則内容不符。按此則實出永樂大典卷六八五〇，據改。

〔一六〕象先納之　「納」，册府（宋本）卷三九八作「諾」，明本作「許」。

〔一七〕復以象先爲宋亳輝潁節度使　「輝」字上原有「耀」字，據劉本删。按本書卷四梁太祖紀四：「（開平三年五月）升宋州爲宣武軍節鎮，仍以亳、輝、潁爲屬郡。」

〔一八〕永樂大典卷六千六百六十　檢永樂大典目録，卷六六六〇爲「江」字韻「詩文二」，與本則内容不符，恐有誤記。陳垣舊五代史輯本引書卷數多誤例謂應作卷六三六〇「張」字韻「姓氏三十」。

〔一九〕永樂大典卷一萬一百八十九　檢永樂大典目録，卷一〇一八九爲「史」字韻「姓氏七　史國」，與本則内容不符，恐有誤記。疑出自卷一〇三八九「李」字韻「姓氏三十四」。本卷下一則同。

舊五代史卷六十

唐書三十六

列傳第十二

李襲吉　王緘　李敬義　盧汝弼　李德休　蘇循 子楷

李襲吉，案：北夢瑣言作李習吉。自言右相林甫之後〔一〕。父圖，爲洛陽令，因家焉。襲吉，乾符末應進士舉，案：唐新纂作應廣文舉，不第。（舊五代史考異）遇亂，避地河中，依節度使李都，爲榷鹽判官〔二〕。及王重榮代，不喜文士。時喪亂之後，衣冠多逃難汾晉間，襲吉訪舊至太原，武皇署爲府掾，出宰榆社〔三〕。案：北夢瑣言作攝榆次令。光啓初，武皇遇難上源，記室殁焉，既歸鎮，辟掌奏者，多不如指。或有薦襲吉能文，召試稱指，即署爲掌書記。襲吉博學多通，尤諳悉國朝近事，爲文精意練實〔四〕，動據典故，無所放縱，羽檄軍書，辭理宏健。自武皇上源之難，與梁祖不協，乾寧末，劉仁恭負恩，其間論列是非，交相聘答者數百篇，警策之句，播在人口，文士稱之。

三年，遷節度副使，從討王行瑜，拜右諫議大夫。及師還渭北，武皇不獲入覲，爲武皇作違離表，中有警句云：「穴禽有翼〔五〕，聽舜樂以猶來；猶來，原本作「獨來」，今從文昌雜録改正。（影庫本粘籤）天路無梯，望堯雲而不到。」昭宗覽之嘉歎。洎襲吉入奏，面詔諭之，優賜特異。案北夢瑣言云：習吉從李克用至渭南，令其入奏，帝重其文章，授諫議大夫，使上事北省以榮之。據薛史，則襲吉先授諫議，非至入奏時始授也，當由先經奏授，至入奏時復于本省上事耳。北夢瑣言多傳聞之辭，故有互異。其年十二月，師還太原，王珂爲浮梁於夏陽渡，襲吉從軍。時笮斷航破，武皇僅免，襲吉墜河，得大冰承足，沿流七八里，還岸而止，救之獲免。

天復中，武皇議欲脩好於梁，命襲吉爲書以貽梁祖，書曰：

一別清德，十五餘年，失意杯盤，爭鋒劍戟。山高水闊，難追二國之歡；鴈逝魚沉，久絶八行之賜。

比者，僕與公實聯宗姓，原忝恩知，投分深情，將期棲托，論交馬上，薦美朝端，傾嚮仁賢，未省疏闕。豈謂運由奇特，謗起奸邪。毒手尊拳，交相於暮夜；交相，原本作「相交」，歐陽史作「交相」。據集韻云「相，持也」。當以歐陽史爲是，今改正。（影庫本粘籤）金戈鐵馬，蹂踐於明時。狂藥致其失歡，陳事止於堪笑。今則皆登貴位，盡及中年〔六〕，蘧公亦要知非，君子何勞用壯。今公貴先列辟，名過古人。合縱連衡，本務家邦之計；拓地守境，要存子孫之基。文王貴奔走之交，仲尼譚損益之友，僕顧慚虛薄，舊忝眷私，一言許心，萬死不悔，壯懷忠力，猶勝他人，盟於三光，願赴湯火。公又何必終年立敵，愬意相窺，徇一時之襟靈，取四郊之倦弊〔七〕，今日得其小衆，明日下其危牆，弊師無遺鏃之憂，鄰壤抱剝牀之痛。又慮悠悠之黨，妄瀆聽聞，見僕韜勇枕威，戢兵守境，不量本末，誤致窺覦。

且僕自壯歲已前，業經陷敵，以殺戮爲東作，號兼并爲永謀。及其首陟師壇，躬被公衮，天子命我爲羣后，明公許我以下交，所以斂迹愛人，蓄兵務德，收燕薊則還其故將，入蒲坂而不負前言。況五載休兵，三邊校士，鐵騎犀甲，雲屯谷量。馬邑兒童，皆爲鋭將；鷙峯宮闕，咸作京坻。問年猶少於仁明，語地幸依於險阻，有何覘覦，便誤英聰。

況僕臨戎握兵，粗有操斷，屈伸進退，久貯心期。勝則撫三晉之民，敗則徵五部之衆，長驅席卷，反首提戈。但慮隳突中原，爲公後患，四海羣謗，盡歸仁明，終不能見僕一夫，得僕一馬。鋭師儻失，則難整齊，請防後艱，願存前好。矧復陰山部落，是僕懿親；迴紇師徒，累從外舍。文靖求始畢之衆〔八〕，元海徵五部之師，寬言虛詞，猶或得志。今僕散積財而募勇輩，輦寶貨以誘義戎，徵其密親，啗以美利，控弦跨馬，寧有數乎？但緣荷位天朝，惻心疲瘵，峨峨亭障，未忍起戎。亦望公深識鄙懷，洞迴英鑒，論交釋憾，慮禍革心，不聽浮譚，以傷霸業。夫易惟忌滿，道貴持盈，儻恃勇以喪師，如擊盤而失水，爲蛇刻鵠〔九〕，幸賜徊翔。

僕少負褊心，天與直氣，間謀詭論，誓不爲之。唯將藥石之譚，願托金蘭之分。儻愚衷未豁，彼抱猶迷，假令罄三朝之威，窮九流之辯，遣迴肝膈，如俟河清。今者執簡吐誠，願垂保鑒。

僕自眷私睽阻，翰墨往來，或有鄙詞，稍侵英德〔一〇〕，亦承嘉論，每賜罵言。敍歡既罷於尋戈，尋戈，原本作「尋伐」，今據册府元龜改正。（影庫本粘籤）焚謗幸蠲其載筆，窮因尚口，樂貴和心，願祛沉鬩之嫌，以復塤篪之好。今者卜於曩分，不欲因人，專遣使乎，直詣鈴閤。古者兵交兩地，使在其間，致命受辭，幸存前志。昔賢貴於投分，義士難於屈讎，若非仰戀恩私，安可輕露肝膈。悽悽丹慊，炳炳血情，臨紙嚮風，千萬難述。

梁祖覽之，至「毒手尊拳」之句，怡然謂敬翔曰〔一一〕：「李公斗絶一隅，安得此文士，如吾之智算，得襲吉之筆才，虎傅翼矣。」又讀至「馬邑兒童」、「陰山部落」之句，梁祖怒謂敬翔曰：「李太原喘喘餘息，猶氣吞宇宙，可詬罵之。」及翔爲報書，詞理非勝，由是襲吉之名愈重。案通鑑考異引唐末見聞録載全忠回書云：前年洹水，曾獲賢郎；去歲青山〔一二〕，又擒列將。蓋梁之書檄，皆此類也。

自廣明大亂之後，諸侯割據方面，競延名士，以掌書檄。是時梁有敬翔，燕有馬郁，華州有李巨川，荆南有鄭準，案唐新纂云：鄭準，士族，未第時，佐荆門上谷蓮幕，飛書走檄，不讓古人，秉直去邪，無慚往哲。考準爲成汭書記，汭封上谷郡王。鳳翔有王超，案北夢瑣言云：唐末，鳳翔判官王超，推奉李茂貞，挾曹、馬之勢，牋奏文檄，恣意翱翔。後爲興元留後，遇害，有鳳鳴集三十卷行於世。錢塘有羅隱，魏博有李山甫，皆有文稱，與襲吉齊名於時。

襲吉在武皇幕府垂十五年，視事之暇，唯讀書業文，手不釋卷。性恬於榮利，獎誘後進，不以己能格物。參決府事，務在公平，不交賂遺，綽綽有士大夫之風概焉。天祐三年六月，以風病卒於太原。同光二年，追贈禮部尚書。永樂大典卷一萬三百八十。

王緘〔一三〕，幽州劉仁恭故吏也。少以刀筆直記室，仁恭假以幕職，令使鳳翔。還經太原，屬仁恭阻命，武皇留之。緘堅辭復命，書詞稍抗，武皇怒，下獄詰之，謝罪聽命，乃署爲推官，歷掌書記。案契丹國志韓延徽傳：延徽自契丹奔晉，晉王欲置之幕府掌書記，王緘嫉之。延徽不自安，求東歸省母，遂復入契丹，寓書于晉王，敍所以北去之意，且曰：「非不戀英主，非不思故鄉，所以不留，正懼王緘之讒耳。」（舊五代史考異）從莊宗經略山東，承制授檢校司空、魏博節度副使。緘博學善屬文，燕薊多文士，緘後生，未知名。及在太原，名位驟達。燕人馬郁，有盛名於鄉里，而緘素以吏職事郁。及郁在太原，謂緘曰：「公在此作文士，所謂避風之鳥，避風，原本作「避鳳」，今據莊子改正。（影庫本粘籤）受賜於魯人也。」每於公宴，但呼王緘而已。十年，從征幽州，既獲仁恭父子，莊宗命緘爲露布，觀其旨趣。緘起草無所辭避，義士以此少之。胡柳之役，緘隨輜重前行，歿於亂兵。際晚，盧質還營，莊宗問副使所在，曰：「某醉，不之知也。」既而緘凶問至，莊宗流涕久之，得其喪，歸葬太原。永樂大典卷六千八百五十。

李敬義，本名延古，太尉衞公德裕之孫。初隨父爗貶連州〔一四〕，遇赦得還。嘗從事浙東，自言遇涿道士〔一五〕，謂之曰：「子方厄運，不宜仕進。」敬義悚然對曰：「吾終老賤哉？」涿曰：「自此四十三年，必遇聖王大任，子其志之。」敬義以爲然，乃無心仕宦，退歸洛南平泉舊業。爲河南尹張全義所知，歲時給遺特厚，出入其門，欲署幕職，堅辭不就。

初，德裕之爲將相也，大有勳於王室，出藩入輔，綿歷累朝。及留守洛陽，有終焉之志，於平泉置別墅，採天下奇花異竹、珍木怪石，爲園池之玩。自爲家戒序録，志其草木之得處，刊於石，云：「移吾片石，案：原本脱「移」字，今據册府元龜增入。（舊五代史考異）折樹一枝，非子孫也。」洎巢、蔡之亂，洛都灰燼，全義披榛而創都邑，李氏花木，多爲都下移掘，樵人鬻賣，園亭掃地矣。有醒酒石，德裕醉即踞之，最保惜者。光化初，中使有監全義軍得此石，置於家園。敬義知之，泣謂全義曰：「平泉別業，吾祖戒約甚嚴，子孫不肖，動違先旨。」因托全義請石於監軍。他日宴會，全義謂監軍曰：「李員外泣告，言内侍得衛公醒酒石，其祖戒堪哀，内侍能迴遺否？」監軍忿然厲聲曰：「黄巢敗後，誰家園池完復，豈獨平泉有石哉！」全義始受黄巢僞命，以爲詬己，大怒曰：「吾今爲唐臣，非巢賊也。」即署奏笞斃之。

昭宗遷都洛陽，以敬義爲司勳員外郎。柳璨之陷裴、趙諸族，希梁祖旨奏云：「近年浮薄相扇，趨競成風，乃有卧邀軒冕，視王爵如土梗者。司空圖、李敬義三度除官，養望不至，咸宜屏黜，以勸事君者。」翌日，詔曰：「司勳員外郎李延古，世荷國恩，兩葉相位，幸從筮仕，累忝寵榮，多歷歲時，不趨班列。而自遷都卜洛，紀律載張，去明庭而非遥，處別墅而無懼，罔思報效，姑務便安，爲臣之節如斯，貽厥之謀何在！須加懲責，以肅朝倫，九寺勾稽，尚謂寬典，可責授衛尉寺主簿。」司空圖亦追停前詔，任從閑適。圖，唐史有傳。案舊唐書哀帝紀：六月戊申，敕前司勳員外郎、賜緋魚袋李延古責授衛尉寺主簿。八月壬寅〔一六〕，敕前太中大夫、尚書兵部侍郎、賜紫金魚袋司空圖放還中條山。蓋延古與司空圖同時被劾，其降敕則有先後也。時全義既不能庇護，乃密託楊師厚，令敬義潛往依之，因挈族客居衛州者累年，師厚給遺周厚。

十二年，莊宗定河朔，史建瑭收新鄉，敬義謁見。是歲，上遣使迎至魏州，署北京留守判官，承制拜工部尚書，奉使王鎔。敬義以遠祖趙郡，見鎔展維桑之敬，鎔遺判官李翥送贊皇集三卷，令謁前代碑壠，使還，歸職太原。監軍張承業尤不悦本朝宰輔子孫，待敬義甚薄，或面折於公宴，或指言德裕過惡，敬義不得志，鬱憤而卒。同光二年，贈右僕射。永樂大典卷一萬三百八十九。五代史闕文：司空圖，字表聖，自言泗州人。少有俊才，咸通中，一舉登進士第。雅好爲文，躁於進取，頗自矜伐，端士鄙之。初，從事使府，及登朝，驟歷清要。巢賊之亂，車駕播遷，圖有先人舊業在中條山，極林泉之美，圖自禮部員外郎，因避地焉，日以詩酒自娱。屬天下板蕩，士多往依之，互相推奬，由是聲名藉甚。昭宗反正，以户部侍郎徵至京師。圖既負才慢世，謂己當爲宰輔，時要惡之，稍抑其鋭，圖憤憤謝病，復歸中條。與人書疏，不名官位，但稱知非子，又稱耐辱居士。其所居曰禎貽谿，谿上結茅屋，命曰休休亭，常自爲記云〔一七〕。臣謹按：圖，河中虞鄉人，少有文彩，未爲鄉里所稱。會王凝自尚書郎出爲絳州刺史，圖以文謁之，大爲凝所賞歎，由是知名。未幾，凝入知制誥，遷中書舍人、知貢舉，擢圖上第。頃之，凝出爲宣州觀察使，辟圖爲從事。既渡江，御史府奏圖監察，下詔追之。圖感知己之恩，不忍輕離幕府，滿百日不赴闕，爲臺司所劾，遂以本官分司。久之，徵拜禮部員外郎，俄知制誥，故集中有文曰「戀恩稽命，黜繫洛師，于今十年，方忝綸閣」，此豈躁於進取者耶！舊史不詳，一至于此。圖見唐政多僻，中官用事，知天下必亂，即棄官歸中條山。尋以中書舍人徵，又拜禮部、户部侍郎〔一八〕，皆不起。及昭宗播遷華下，圖以密邇乘輿，即時奔問，復辭還山，故詩曰「多病形容五十三，誰憐借笏趁朝參」，此豈有意於相位耶！河中節度使王重榮請圖撰碑，得絹數千匹，圖致於虞鄉市心，恣鄉人所取，一日而盡。是時，盜賊充斥，獨不入王官谷，河中士人依圖避難，全者甚衆。昭宗東遷，又以兵部侍郎召至洛下，爲柳璨所阻，一謝而退。梁祖受禪，以禮部尚書徵，辭以老疾，卒時年八十餘。臣又按：梁室大臣，如恭翔、李振、杜曉、楊涉等，皆唐朝舊族，本當忠義立身，重侯累將，三百餘年，一旦委質朱梁，其甚者贊成弑逆。惟圖以清直避世，終身不事梁祖，故梁史揭圖小瑕以泯大節者，良有以也。五代史闕文避宋諱稱敬翔爲「恭翔」，今姑存其舊。（影庫本粘籤）

盧汝弼，案通鑑：汝弼，范陽人。宣和書譜：汝弼，字子諧。祖綸，唐貞元年有詩名。父簡求，爲河東節度使。汝弼少力學，不喜爲世胄，篤志科舉，登進士第，文彩秀麗，一時士大夫稱之。（舊五代史考異）唐昭宗景福中，擢進士第，歷臺省。昭宗自秦遷洛，時爲祠部郎中、知制誥。時梁祖凌弱唐室，殄滅衣冠，懼禍渡河，由上黨歸於晉陽。永樂大典卷一萬六千四百九十五。

盧汝弼傳，永樂大典闕全篇，今據散見諸韻者尚得三條，今考其前後，敍次成篇，以存梗概。（影庫本粘籤）初，武皇平王行瑜，天子許承制授將吏官秩。是時，藩侯倔强者多僞行墨制，武皇恥而不行，長吏皆表授。及莊宗嗣晉王位，承制置吏，又得汝弼，有若符契，由是除補之命，皆出汝弼之手。既而畿内官吏，考課議擬，奔走盈門，頗以賄賂聞，士論少之。永樂大典卷二千五百三十二。洎帝平定趙、魏，汝弼每請謁迎勞，必陳説天命，顒俟中興，帝亦以宰輔期之。建國前，卒於晉〔一九〕。册府元龜卷八百九十五。案宣和書譜：贈兵部尚書。（舊五代史考異）

李德休，字表逸，案：原本作「德林」，今考其字表逸，「林」字蓋「休」字之訛，今改正。（舊五代史考異）趙郡贊皇人也。祖絳，山南西道節度使，唐史有傳。父璋，宣州觀察使。德休登進士第，歷鹽鐵官〔二〇〕、渭南尉、右補闕、侍御史。天祐初，兩京喪亂，乃寓跡河朔，定州節度使王處直辟爲從事。莊宗即位於魏州，徵爲御史中丞，轉兵部、吏部侍郎，權知左丞，以禮部尚書致仕。卒，時年七十四。贈太子少保。永樂大典卷一萬三百八十九。

蘇循，父特，陳州刺史。循，咸通中登進士第，累歷臺閣，昭宗朝，再至禮部尚書。循性阿諛，善承順苟容，以希進取。昭宗自遷洛之後，梁祖凶勢日滋，唐室舊臣，陰懷主辱之憤，名族之胄，往往有違禍不仕者，唯循希旨附會。及梁祖失律於淮南，西屯於壽春，要少帝欲授九錫。朝臣或議是非，循揚言云：「梁王功業顯大，曆數有歸，朝廷速宜揖讓。」當時朝士畏梁祖如虎，罔敢違其言者。明年，梁祖逼禪，循爲册禮副使。梁祖既受命，宴於玄德殿，舉酒曰：「朕夾輔日淺，代德未隆，置朕及此者，羣公推崇之意也。」楊涉、張文蔚慚懼失對，致謝而已。循與張禕、張禕，原本作「張偉」，今據通鑑改正。（影庫本粘籤）薛貽矩因盛陳梁祖之德業，應天順人之美。循自以奉册之勞，旦夕望居宰輔，而敬翔惡其爲人，謂梁祖曰：「聖祚惟新，宜選端士，以鎮風俗。如循等輩，俱無士行，實唐家之鴟梟，當今之狐魅，彼專賣國以取利，不可立維新之朝。」

初，循子楷，乾寧二年登進士第，中使有奏御者云：「今年進士二十餘人，僥倖者半，物論以爲不可。」昭宗命學士陸扆、馮渥重試於雲韶殿，及格者一十四人。詔云：「蘇楷、盧賡等四人，詩句最卑，蕪累頗甚，曾無學業，敢竊科名，浼我至公，難從濫進，宜付所司落下，不得再赴舉場。」楷以此慚恨，長幸國家之災。昭宗遇弑，輝王嗣位，國命出於朱氏，楷始得爲起居郎。

柳璨陷害朝臣，衣冠惕息，無敢言者。初，梁祖欲以張廷範爲太常卿，裴樞以爲不可。裴樞，原本作「裴驅」，今據唐書改正。（影庫本粘籤）柳璨懼梁祖之毒，乃歸過於樞，故裴、趙罹白馬之禍。楷因附璨，復依廷範。時有司初定昭宗謚號，楷謂廷範曰：「謚者所以表行實，前有司之謚先帝爲昭宗，所謂名實不副。司空爲樂卿，余忝史職，典章有失，安得不言？」乃上疏曰：「帝王御宇，察理亂以審污隆；祀享配天，資謚號以定升降。故臣下君上，皆不得而私也。先帝睿哲居尊，恭儉垂化，其於善美，孰敢蔽虧。然而否運莫興，至理猶鬱，遂致四方多事，萬乘播遷。始則宦豎凶狂，受幽辱於東内；終則嬪嬙悖亂，罹夭閼於中闈。其於易名，宜循考行。有司先定尊謚曰聖穆景文孝皇帝，廟號昭宗，敢言溢美，似異直書。今郊禋有日，祫祭惟時，將期允愜列聖之心，更在詳議新廟之稱，庶使叶先朝罪己之德，表聖上無私之明。」案舊唐書云：蘇楷目不知書，僅能執筆，其文羅衮作也。太常卿張廷範奏議曰：「昭宗初實彰於聖德，後漸減於休明，致季述幽辱於前，茂貞劫幸於後，雖數拘厄運，亦道失始終。違陵寢於西京，徙兆民於東洛，軔輦輅未踰於寒暑，行大事俄起於宮闈。謹聞執事堅固之謂恭，亂而不損之謂靈，武而不遂之謂莊，在國逢難之謂閔，因事有功之謂襄，今請改謚曰恭靈莊閔皇帝，廟號襄宗。」輝王荅詔曰：「勉依所奏，哀咽良深。」楷附會幸災也如是。

及梁祖即位於汴，楷自以遭遇千載一時，敬翔深鄙其行。尋有詔云：「蘇楷、高貽休、蕭聞禮等，人才寢陋，不可塵穢班行，並勒歸田里。」循、楷既失所望，懼以前過獲罪，乃退歸河中依朱友謙。莊宗將即位於魏州，時百官多缺〔三〕，乃求訪本朝衣冠，友謙令赴行臺。時張承業未欲莊宗即尊位，諸將賓僚無敢贊成者。及循至，入衙城見府廨即拜，謂之拜殿。時將吏未行蹈舞禮，及循朝謁，即呼萬歲舞抃，泣而稱臣，莊宗大悦。翌日，又獻大筆三十管，曰「畫日筆」，莊宗益喜。承業聞之怒，會盧汝弼卒，即令循守本官，代爲副使。明年春，循因食蜜雪，傷寒而卒。同光二年，贈左僕射。以楷爲員外郎，天成中，累歷使幕，會執政欲糾其駁謚之罪，竟以憂慚而卒。永樂大典卷二千三百九十。

史臣曰：昔武皇之樹霸基，莊宗之開帝業，皆旁求多士，用佐丕圖。故數君子者，或以書檄敏才，或以縉紳舊族，咸登貴仕，諒亦宜哉！唯蘇循贊梁祖之强禪，蘇楷駁昭宗之舊謚，士風臣節，豈若是乎！斯蓋文苑之豺狼，儒林之荆棘也。永樂大典卷二千三百九十。

校勘記

〔一〕自言右相林甫之後　「右相」，原作「左相」，據北夢瑣言卷一七改。按舊唐書卷一〇六李林甫傳記李林甫爲右相。

〔二〕爲榷鹽判官　「榷」，原作「擢」，據邵本校、册府卷七二九、新五代史卷二八李襲吉傳改。「鹽」下原有「鐵」字，據册府卷七二九、新五代史卷二八李襲吉傳删。

〔三〕出宰榆社　「榆社」，册府卷七二九同，新五代史卷二八李襲吉傳、北夢瑣言卷一七作「榆次」。

〔四〕爲文精意練實　「精」，原作「積」，據殿本、劉本、御覽卷五九五引後唐書改。影庫本批校：「『積』當作『精』。」

〔五〕穴禽有翼　「翼」，原作「異」，據彭校、文昌雜録卷六引違離表改。

〔六〕盡及中年　「及」，原作「反」，據殿本、劉本、彭校改。影庫本批校：「『反』字應是『及』字之訛。」

〔七〕取四郊之倦弊　「四郊」，原作「西郊」，據殿本、劉本、邵本校、彭校改。

〔八〕文靖求始畢之衆　「文靖」，疑當作「文靜」。按舊唐書卷五七劉文靜傳、新唐書卷八八劉文靜傳、通鑑卷一八四皆記劉文靜使突厥見始畢可汗事。

〔九〕爲蛇刻鵠　「鵠」，原作「鶴」，據邵本校改。按後漢書卷二四馬援傳：「効伯高不得，猶爲謹敕之士，所謂刻鵠不成尚類鶩者也。」

〔一〇〕稍侵英德　「德」，殿本作「聽」。

〔一一〕怡然謂敬翔曰　「怡然」下御覽卷五九五引後唐書有「大笑」二字。

〔一二〕去歲青山　「歲」，原作「年」，據殿本、通鑑卷二六二考異引唐末見聞録改。

〔一三〕王緘　永樂大典卷六八五〇引五代薛史作「王緘者」，疑本係附傳。

〔一四〕初隨父燁貶連州　「燁」，原作「煒」，據舊唐書卷一七四李燁傳、新唐書卷一八〇李延古傳、卷七二上宰相世系表二上、李燁墓誌（拓片刊隋唐五代墓誌匯編洛陽卷第十四册）改。

〔一五〕自言遇涿道士　「涿道士」，册府卷八九五作「卓道士」。

〔一六〕八月壬寅　「八月」，原作「九月」，據舊唐書卷二〇下哀帝紀改。

〔一七〕常自爲記云　句下五代史闕文有注云：「已上梁史舊文。」

〔一八〕又拜禮部户部侍郎　原作「又徵拜户部侍郎」，據五代史闕文改。殿本作「又拜禮户部侍郎」。

〔一九〕卒於晉 册府卷八五九同，彭校作「卒於晉陽」。

〔二〇〕歷鹽鐵官 「鹽鐵官」，李德休墓誌（拓片刊隋唐五代墓誌匯編洛陽卷第十五册）作「鹽鐵巡官」。

〔二一〕時百官多缺 「官」，原作「家」，據殿本、劉本改。按新五代史卷三五蘇循傳、通鑑卷二七一皆記時莊宗求唐舊臣以備百官之闕。

舊五代史卷六十一　唐書三十七

列傳第十三

安金全 猶子審通　安元信　安重霸 弟道進　劉訓　張敬詢　劉彥琮　袁建豐　西方鄴　張遵誨　孫璋

安金全，代北人。世爲邊將，少驍果，便騎射。武皇時爲騎將，屢從征討。莊宗之救潞州及平河朔，皆有戰功，累爲刺史，以老病退居太原。案遼史，安金全以幽州戰敗，故退廢不用，此事薛史不載。天祐中，汴將王檀率師三萬，乘莊宗在鄴，來襲并州。時城無備兵，敵軍奄至，監軍張承業大恐，計無所出，閱諸司丁匠，登陴禦捍。外攻甚急，金全遽出謂承業曰：「老夫退居抱病，不任軍事，然吾王家屬在此，王業本根之地，如一旦爲敵所有，大事去矣。請以庫甲見授，爲公備寇。」承業即時授之。金全被甲跨馬，召率子弟及退閑諸將，得數百人，夜出北門，擊賊於羊馬城内。梁人驚潰，由是退却。俄而石君立自潞州至，汴軍退走。微金全之奮命，城幾危矣。莊宗性矜伐，凡大將立功，不時行賞，故金全終莊宗世，名位不進。明宗與之有舊，及登極，授金全同平章事，充振武軍節度使。在任二年，治民爲政非所長，詔赴闕。俄而病卒，廢視朝二日。

初，南北對壘，汴之游騎每出，必爲金全所獲，故梁之偵邏者咸懼，目之爲「安五道」，蓋比鬼將有五道之名也。

子審琦等皆位至方鎮，別有傳。永樂大典卷一萬八千一百二十九。

審通，金全之猶子也。幼事莊宗，累有戰功，轉先鋒指揮使。同光初，爲北京右廂馬軍都指揮使，屯奉化軍。四年春，赴明宗急詔，軍趨夷門，爲前鋒。天成初，授單州刺史，單州，原本作「禪州」，今據通鑑改正。（影庫本粘籤）改齊州防禦使，兼諸道先鋒馬軍都指揮使。奉詔北征，從房知温營於盧臺〔一〕。會龍晊部下兵亂，審通脱身酒筵，奪船以濟，促騎士介馬，及亂兵南行，盡戮之，以功授檢校太傅、滄州節度使。圍王都於中山，躬冒矢石，爲飛石所中而卒。贈太尉。永樂大典卷一萬二千五十四〔二〕。

安元信，字子言，案：五代時唐、晉俱有安元信，薛史並爲立傳，今附識于此。（舊五代史考異）代北人。父順琳，爲降野軍使。元信以將家子，便騎射，幼事武皇，從平巢、蔡。光啓中，吐渾赫連鐸寇雲中，武皇使元信拒之，元信兵敗於居庸關。武皇性嚴急，元信不敢還，遂奔定州，王處存待之甚厚，用爲突騎都校。乾寧中，處存子郜嗣位。時梁軍攻河朔三鎮，奔命不暇，梁將張存敬軍奄至城下，既無宿備，郜懼，挈其族奔太原，元信從之，武皇待之如初，用爲鐵林軍使。

梁將氏叔琮之攻河東也，別將葛從周自馬嶺入，元信伏于榆次，挫其前鋒。梁將李思安之攻上黨也，王師將壁高河，爲梁軍所逼。別將秦武者，尤爲難敵，元信與鬭，斃之，繇是梁軍解去，城壘得立。武皇賜所乘馬及細鎧仗，遷突陣都將。

莊宗嗣晉王位，元信從救上黨，破夾寨，復澤潞，以功授檢校司空、遼州刺史，賜玉鞭名馬〔三〕。柏鄉之役，日晚戰酣，元信重傷，莊宗自臨傅藥。其年，改檢校司徒、武州刺史，充内衙副都指揮使、山北諸州都團練副使。從莊宗定魏博，移爲博州刺史。與梁對壘得勝渡，元信爲右廂排陣使，未幾，爲大同軍節度使。莊宗平定河南，移授横海軍節度使。時契丹犯邊，元信與霍彦威從明宗屯常山，元信恃功，每對明宗以成敗勇怯戲侮彦威，彦威不敢答。明宗曰：「成由天地，不由於人。當氏叔琮圍太原，公有何勇？今國家運興，致我等富貴，勿以小勝小捷挂於口吻，取笑於長者〔四〕。」乃起謝，元信不復以彥威爲戲〔五〕。

明宗即位，以元信嘗爲内衙都校〔六〕，尤厚待之，加同中書門下平章事。明年，移鎮徐州。王師之討高季興，襄帥劉訓逗撓軍期，移授元信山南東道節度使以代訓。歲餘，改歸德軍節度使，就加兼侍中。明宗不豫，求入。末帝即位，授潞州節度使，加檢校太尉。清泰三年二月，以疾卒於鎮，時年七十四。贈太師。晉高祖即位，以元信宿望，令禮官定謚曰忠懿。

有子六人，長曰友權，歷諸衛大將軍。次曰友親，仕皇朝爲滁州刺史〔七〕，卒於任。永樂大典卷一萬八千一百二十九。

安重霸，雲州人也。性狡譎，多智算。初，自代北與明宗俱事武皇，因負罪奔梁，在梁復以罪奔蜀，蜀以蕃人善騎射，因爲親將。蜀後主王衍，幼年襲位，其政多僻。宦官王承休居中用事，與成都尹韓昭内外相結，專採擇聲色，以固寵幸。武臣宿將，居常切齒。重

霸諂事承休，特見委信。案北夢瑣言：重霸爲簡州刺史，瀆貨無厭。（舊五代史考異）

梁末，岐下削弱，蜀人奪取秦、成、階等州〔八〕，重霸說承休求鎮秦州。仍於軍中選山東驍果，得數千人，號龍武都，以承休爲軍帥，重霸副焉，俱在天水。歲餘，承休欲求旄鉞，乃以隴西花木入獻，又稱秦州山水之美，人物之盛，請後主臨幸，而韓昭贊成之。案太平廣記引王氏見聞録云：承休請從諸軍揀選官健，得驍勇數千，號龍武軍，承休自爲統帥，並特加衣糧，日有優給。因乞秦州節度使，且云：「願與陛下于秦州採掇美麗。」且說秦州風土，多出國色，仍請幸天水。少主甚悦，即遣仗節赴鎮，應所選龍武精鋭，並充衙隊從行。（舊五代史考異）

同光三年十月〔九〕，蜀主率衆數萬，由劍閣將出興、鳳，以遊秦州。至興州，遇魏王繼岌軍至，狼狽而旋。案：九國志作王衍將之秦州，以王宗弼力諫而止，與薛史異。承休遽聞東師入討，大恐，計無從出，問於重霸。對曰：「開府何患？蜀中精兵，不下十萬，咫尺之險，安有不濟？縱東軍盡如狼虎，豈能入劍門！然國家有患，開府特受主知，不得失於奔赴，此州制置事定，無虞得失，重霸願從開府赴闕。」承休素信以爲忠赤。重霸出秦州金帛以賂羣羌〔一〇〕，買由文山路歸蜀〔一一〕。案：九國志作取路以歸蜀，文義較爲明晰。承休擁龍武軍及招置僅萬人從行，令重霸權握部署，州人祖送，秦州軍亦列部隊。承休登乘，重霸馬前辭曰：「國家費盡事力，收獲隴西，若從開府南行，隴州即時疏失。請開府自行，重霸且爲國守藩。」承休既去，重霸在秦州，聞明宗起河北，即時遣使以秦、成等州來降。天成初，用爲閬州團練使，未幾，召還爲左衛大將軍，常以姦佞揣人主意，明宗尤愛之。長興末，明宗謂侍臣曰：「安重霸，朕之故人，以秦州歸國，其功不細，酬以團練、防禦，恐非懷來之道。」范延光曰：「將校内有自河東、河北從陛下龍飛故人，尚有未及團防者，今若遽授重霸方鎮，恐爲人竊議。」明宗不悦。未幾，竟以同州節鉞授之。清泰初，移授西京留守、京兆尹。先是，秦雍之間，令長設酒食，私丐於部民者，俗謂之「擣蒜」。及重霸之鎮長安，亦爲之，故秦人目重霸爲「擣蒜老」。其年冬，改雲州節度，居無何，以病求代，時家寄上黨，及歸而卒。重霸善悦人，好賂遺，時人目之爲俊[二]。

弟道進[三]，性尤兇惡[四]，事莊宗，以試劍殺人，奔淮南。案玉堂閒話云：安道進，性兇險，莊宗潛龍時爲小校，常佩劍列于翊衛。後攜劍南馳，投于梁祖，梁祖壯之，俾隸淮之鎮戍。復以射殺掌庾吏，逃竄江湖，淮帥得之，擢爲裨將。（舊五代史考異）重霸在蜀，聞之蜀主，取之於吳，用爲裨將，隨重霸爲龍武小將，戍長道，又以殺人奔歸洛陽[五]。案玉堂閒話云：蜀破，道進東歸，明宗補爲諸州馬步軍都指揮使。後有過，鞭背卒。（舊五代史考異）

重霸之子曰懷浦，晉天福中爲禁軍指揮使。契丹寇澶州，以臨陣忸怩，爲景延廣所誅。永樂大典卷一萬八千一百二十九。

劉訓，字遵範，隰州永和人也。出身行間，初事武皇爲馬軍隊長，漸至散將。屬河中王氏昆仲有尋戈之役，訓從史儼攻陝州。武皇討王行瑜，以訓爲前鋒，後隸河中，爲隰州防禦都將。居無何，殺陝州刺史，以郡歸莊宗，歷瀛州刺史。同光初，拜左監衞大將軍。三年，授襄州節度使。四年四月，洛陽有變，訓以私忿害節度副使胡裝，族其家，聞者冤之。天成中，荆南高季興叛，詔訓爲南面行營招討使、知荆南行府事。是時，湖南馬殷請以舟師會，及王師至荆渚，殷軍方到岳州，案通鑑：劉訓至荆南，楚王殷遣都指揮使許德勳等將水軍屯岳州。高季興堅壁不戰，求救于吴，吴人遣水軍援之。（舊五代史考異）仍傳意於訓，許助軍儲弓甲之類，久之，略無至者。荆渚地氣卑濕，漸及霖潦，糧運不繼，人多疾疫。訓本無將略，人咸苦之。及孔循至，得襄之小校獻竹龍之術，獻竹龍之術，原本脱「獻」字，今據册府元龜增入。（影庫本粘籤）乃造竹龍二道〔一六〕，傅於城下，竟無所濟，遂罷兵，令將士散略居民而迴〔一七〕。詔訓赴闕，尋責授檀州刺史，續敕濮州安置。未幾，起爲龍武大將軍，尋授建雄軍節度使，移鎮延平。卒，贈太尉。永樂大典卷九千九十八。

張敬詢，勝州金河縣人，世爲振武軍牙校。祖仲阮，歷勝州刺史。父漢環，事武皇爲牙將。敬詢當武皇時，專掌甲坊十五年，以稱職聞。復以女爲武皇子存霸妻，益見親信。莊宗即位，以爲汾州刺史，秩滿，復用爲甲坊使。莊宗經略山東，敬詢從軍，歷博、澤、慈、隰四州刺史。同光末，授耀州團練使。郭崇韜之征蜀也，以敬詢善督租賦，乃表爲利州留後。明宗即位，正授昭武軍節度使。天成二年，詔還京師，復授大同節度使。至鎮，招撫室韋萬餘帳。四年，徵爲左驍衛上將軍。明年，授滑州節度使。以河水連年溢堤，乃自酸棗縣界至濮州，廣隄防一丈五尺，東西二百里，民甚賴之。三年，秩滿歸京。卒，輟視朝一日。永樂大典卷六千三百五十。

劉彥琮，字比德，雲中人也。事武皇，累從征役。先是，絳州刺史王瓘叛，絳州，原本作「維州」，今據通鑑改正。（影庫本粘籤）武皇言於彥琮，意欲致之。無幾，從獵於汾晉之郊，彥琮奔絳，瓘以爲附己，待之甚厚，因命爲騎將〔一八〕。會瓘出獵，於馳驅之際，彥琮刃瓘之首來獻，武皇甚奇之。從莊宗解上黨之圍。同光初，稍遷至鐵林指揮使、磁州刺史。從明宗赴難京師〔一九〕，授華州留後，尋正授節旄。天成三年，改左武衛上將軍。未幾，改陝州節度使，尋移鎮邠州，卒於鎮，時年六十四。贈太傅。永樂大典卷六千二十。

袁建豐，武皇破巢時得於華陰，年方九歲，愛其精神爽俊，俾收養之。漸長，列於左右，復習騎射，補鐵林都虞候。從破邠州王行瑜，以功遷左親騎軍使，轉突騎指揮使。案：歐史作突陣指揮使。從莊宗解圍上黨，破柏鄉陣，累功遷右僕射、左廂馬軍指揮使。明宗爲內衙指揮使，建豐爲副。北討劉守光，常身先士伍，轉都教練使，權蕃漢副總管。莊宗入鄴，以心腹幹能，選爲魏府都巡檢使。破劉鄩〔二〇〕，下衞、磁、洺三郡有功，加檢校司空，授洺州刺史。於臨洺西敗梁將王遷數千人，生獲將領七十餘人。俄拜相州刺史，徵赴河上，預戰於胡柳陂。建豐領相州軍士行營在外，委州事於小人，失於撫馭，指揮使孟守謙據城以叛，案：歐陽史作孟謙。（舊五代史考異）建豐引兵討平之。改隰州刺史，染風痺於任。明宗嗣位，念及平昔副貳之舊，詔赴洛下，親幸其第，撫問隆厚，加檢校太傅，案：歐陽史作太尉。（舊五代史考異）遥授鎮南節度使，俾請俸自給。後卒於洛陽，年五十六。廢朝一日，贈太尉。

子可鈞，仕皇朝，位至諸衛大將軍。永樂大典卷一萬八千一百二十九。

西方鄴〔二〕，定州滿城人也。父再遇，爲州軍校。案：歐史作汴州軍校，疑原本脱一字。鄴居軍中，以勇力聞。年二十，南渡河遊梁，不見用，復歸。莊宗以爲孝義指揮使〔三〕，累從征伐有功。同光中，爲曹州刺史，以州兵屯汴州。明宗自魏反兵，南渡河，而莊宗東幸汴州。汴州節度使孔循懷二志，使北門迎明宗，西門迎莊宗，所以供帳委積如一，曰：「先至者入之。」鄴因責循曰：「主上破梁而得公，有不殺之恩，奈何欲納總管而負國？」循不答。鄴度循不可爭，而石敬瑭妻，明宗女也，時方在汴，鄴欲殺之以堅人心。循知其謀，取之藏其家，鄴無如之何。而明宗已及汴，乃將麾下兵五百騎西迎莊宗，見於汜水，嗚咽泣下，莊宗亦爲之嘘唏，乃使以兵爲先鋒。莊宗至汴西，不得入，還洛陽，遇弒。明宗入洛，鄴請死於馬前，明宗嘉歎久之。

明年，荆南高季興叛，明宗遣襄州節度使劉訓等招討，而以東川董璋爲西南招討使〔三〕，乃拜鄴夔州刺史，副璋，以兵出三峽。已而訓等無功見黜，諸將皆罷，璋未嘗出兵，惟鄴獨取三州，乃以夔州爲寧江軍，拜鄴節度使。已而又取歸州，案：通鑑不載取歸州事，歐陽史與薛史同。近人撰十國春秋者，謂他書不載取歸州之事，疑歐陽史有誤。蓋薛史世久失傳，十國春秋所引悉本通鑑考異，殊不知歐陽史西方鄴傳本于薛史，有可徵信也。（舊五代史考異）數敗季興之兵。

鄴，武人，所爲多不中法度，判官譚善達數以諫鄴，鄴怒，遣人告善達受人金，下獄。善達素剛，辭益不遜，遂死于獄中。鄴病，見善達爲祟，卒于鎮。永樂大典卷一萬八千一百二十九。

張遵誨，魏州人也。父爲宗城令，羅紹威殺牙軍之歲，爲梁軍所害。遵誨奔太原，武皇以爲牙門將。莊宗定山東，遵誨以典客從，歷幽、鎮二府馬步都虞候。幽、鎮，原本作「幽鏦」，今據五代時盧龍軍稱幽州、魏博軍稱鎮州，「鏦」字係「鎮」字之訛，今改正。（影庫本粘籤）同光中，爲金吾大將軍。明宗即位，任圜保薦，授西都副留守、知留守事、京兆尹。天成四年，入爲客省使、守衛尉卿。及將有事於南郊，爲修儀仗法物使。初，遵誨自以歷位尹正，與安重誨素亦相款，衷心有望於節鉞，及郊禋畢，止爲絳州刺史，鬱鬱不樂。離京之日，白衣乘馬於隼旟之下，至郡無疾，翌日而卒〔二四〕。永樂大典卷六千三百五十。

孫璋，齊州歷城人。出身行間，隸梁將楊師厚麾下，稍補奉化軍使。莊宗入鄴，累遷澶州都指揮使。明宗鎮常山，擢爲裨校，鄴兵之變，從明宗赴難京師。天成初，歷趙登二州刺史、齊州防禦使。王都之據中山，璋爲定州行營都虞候，賊平，加檢校太保。長興初，授鄜州節度使，罷鎮，卒於洛陽，年六十一。贈太尉。永樂大典卷三千四百六十一〔二五〕。

史臣曰：夫天地斯晦，則帝王於是龍飛；雲雷搆屯，則王侯以之蟬蛻。良以適遭亂世，得奮雄圖，故金全而下，咸以軍旅之功，坐登藩閫之位，垂名簡册，亦可貴焉。惟重霸以姦險而仗旄鉞，蓋非數子之儔也。永樂大典卷三千四百六十一。

校勘記

〔一〕盧臺　原作「蘆臺」，據殿本、劉本、本書卷三八唐明宗紀四、卷五九烏震傳、卷九一房知温傳、册府卷三六〇改。通鑑卷二六七胡注：「盧臺軍，宋爲乾寧軍地。九域志：『乾寧軍在滄州西北九十里。』」

〔二〕永樂大典卷一萬二千五十四　檢永樂大典目録，卷一二〇五四爲「酒」字韻「成均祭酒等官」，與本則内容不符，恐有誤記。疑出自卷一二〇四四「酒」字韻「事韻十二」。

〔三〕賜玉鞭名馬　「玉鞭」，册府卷三四七、卷三八七作「玉鞍」。

〔四〕勿以小勝小捷挂於口吻取笑於長者　以上十五字原闕，據册府卷四五一補。

〔五〕乃起謝元信不復以彦威爲戲　「乃起謝元信」，殿本作「元信乃起謝」，册府卷四五一作「彦威起謝元信」。

〔六〕以元信嘗爲内衙都校　「衙」，原作「衞」，據殿本、劉本改。

〔七〕仕皇朝爲滁州刺史　「仕皇朝」三字原闕，據殿本、劉本、孔本補。

〔八〕蜀人奪取秦成階等州　「奪」，原作「獨」，據殿本、劉本改。邵本校作「進」。

〔九〕同光三年十月　「三年」，原作「二年」，據本書卷三三唐莊宗紀七、通鑑卷二七三改。

〔一〇〕重霸出秦州金帛以賂羣羌　「金帛以」，原作「以金帛」，據殿本、孔本改。影庫本批校：「重霸出秦州金帛以賂羣羌，繕本改作『以金帛』，文氣不順。」

〔一一〕買由文山路歸蜀　「由文」，孔本作「扶州」。「文」，殿本作「州」。按通鑑卷二七三：「重霸請賂羌人，買文、扶州路以歸。」

〔一二〕好賂遺時人目之爲俊　册府卷九三九作「好賂遺君側，人目之爲傀胡」。

〔一三〕弟道進　「道進」，原作「重進」，據孔本、册府（宋本）卷九四一、太平廣記卷二六九引玉堂閒話改。影庫本粘籤：「『重進』，原本作『道進』，今從册府元龜改正。」舊五代史考異卷二：「玉堂閒話作『季弟道進』。」

〔一四〕性尤兇惡　「性」字原闕，據册府卷九四一補。

〔一五〕又以殺人奔歸洛陽　「以」字原闕，據册府卷九四一補。

〔一六〕乃造竹龍二道　「乃」，原作「及」，據册府卷四三八改。

〔一七〕令將士散略居民而迴　「令」，册府卷四三八作「領」。

〔一八〕因命爲騎將　「騎將」，册府卷三四七、卷七五九作「親騎」。

〔一九〕從明宗赴難京師　「從」，原作「後」，據劉本、册府卷三八七改。

〔二〇〕破劉鄩　「破」字原闕，據彭校、册府卷三四七、卷三八七補。殿本、劉本作「從征劉鄩」。

〔二一〕西方鄴　按本傳文字與新五代史卷二五西方鄴傳略同，疑係誤輯新五代史。

〔二二〕莊宗以爲孝義指揮使　「孝義指揮使」，册府卷一二〇、卷三六〇、卷三八七、卷三九六作「奉義指揮使」。按西方鄴墓誌（拓片刊千唐誌齋藏誌）：「以功補奉義指揮使。」

〔二三〕而以東川董璋爲西南招討使　「西南」，通鑑卷二七五作「東南」。按西方鄴墓誌記鄴時爲東南面招討副使，據本卷下文，鄴爲董璋之副。

〔二四〕至郡無疾翌日而卒　册府卷九三八、卷九五一作「至郡無幾而卒」。

〔三五〕永樂大典卷三千四百六十一　檢永樂大典目録，卷三四六一爲「渾」、「昆」等字韻，與本則内容不符，恐有誤記。疑出自卷三五六一「孫」字韻「姓氏八」。本卷下一則同。

舊五代史卷六十二　唐書三十八

列傳第十四

孟方立　張文禮　董璋

孟方立，案：歐陽史作邢州人，通鑑作洺州人。中和二年，爲澤州天井關戍將。時黃巢犯關輔，州郡易帥有同博奕。先是，沈詢、高湜相繼爲昭義節度，怠於軍政，及有歸秦、劉廣之亂。方立見潞帥交代之際，乘其無備，率戍兵徑入潞州，自稱留後。案舊唐書僖宗紀：九月，高潯牙將劉廣擅還，據潞州〔一〕。是月，潯天井關戍將孟方立攻廣〔二〕，殺之，自稱留後。與薛史異。以邢爲府，以審誨知潞州〔三〕。案：此二句上下有脱文，今無可復考。六月，李存孝下洺、磁兩郡，方立遣馬溉、袁奉韜盡率其衆，逆戰于琉璃陂，存孝擊之盡殪，生獲馬溉、奉韜。初，方立性苛急，恩不逮下，攻圍累旬，夜自巡城慰諭，守陴者皆倨。方立知其不可用，乃飲酖而卒。

其從弟洺州刺史遷，素得士心，衆乃推爲留後，求援于汴。時梁祖方攻時溥，援兵不出。案通鑑云：全忠遣大將王虔裕將精甲數百，間道入邢州共守。大順元年二月〔四〕，遷執王虔裕等乞降，武皇令安金俊代之。通鑑考異引薛史。案：薛史孟方立傳，永樂大典闕佚，今就通鑑考異所引用者録之，僅存梗概。考新唐書列傳云：孟方立，邢州人。始爲澤州天井戍將，稍遷游奕使。中和元年，昭義節度使高潯擊黄巢〔五〕，戰石橋，不勝，保華州，爲裨將成鄰所殺。還據潞州，衆怒，方立率兵攻鄰，斬之，自稱留後，擅裂邢、洺、磁爲鎮，治邢爲府，號昭義軍。潞人請監軍使吴全勗知兵馬留後。時王鐸領諸道行營都統，以潞未定，墨制假方立檢校左散騎常侍、兼御史大夫、知邢州事，方立不受，囚全勗，以書請鐸，願得儒臣守潞。鐸使參謀、中書舍人鄭昌圖知昭義留事，欲遂爲帥。僖宗自用舊宰相王徽領節度。時天子在西，河關雲擾，方立擅地，而李克用窺潞州，徽度朝廷未能制，乃固讓昌圖。昌圖治不三月輒去。方立更表李殷鋭爲刺史，謂潞險而人悍，數賊大帥爲亂，欲銷懦之，乃徙治龍岡，州豪傑重遷，有懟言。會克用爲河東節度使，昭義監軍祁審誨乞師求復昭義軍，克用遣賀公雅、李筠、安金俊三部將擊潞州，爲方立所破。又使李克修攻取之，殺殷鋭，遂并潞州，表克修爲節度留後。初，昭義有潞、邢、洺、磁四州。至是，方立自以山東三州爲昭義，朝廷亦命克修，以潞州舊軍畀之，昭義有兩節自此始。克修，字崇遠，克用從父弟。精馳射，常從征伐，自左營軍使擢留後，進檢校司空。

方立倚朱全忠爲助，故克用擊邢、洺、磁無虚歲〔六〕，地爲鬬場，人不能稼。光啓二年，克修擊邢州，取故鎮，進攻武安，方立將呂臻、馬爽戰焦岡，爲克修所破，斬首萬級，執臻等，拔武安、臨洺、邯鄲、沙河。克用以安金俊爲邢州刺史招撫之。方立丐兵于王鎔，鎔以兵三萬赴之，克修還。後二年，方立督部將奚忠信兵三萬攻遼州，以金啖赫連鐸與連和。會契丹攻鐸，師失期，忠信三分其兵，鼓而行，克用伏兵於險，忠信前軍没，既戰，大敗，執忠信，餘衆走脱，歸者纔十二。龍紀元年，克用使李罕之、李存孝擊邢，攻磁、洺，方立戰琉璃陂，大敗，禽其二將，被斧鑕，徇邢壘，呼曰：「孟公速降，有能斬其首者，假三州節度使。」方立力屈，又屬州殘墮，人心恐，性剛急，待下少恩，夜自行陴，兵皆倨〔七〕，告勞，自顧不可復振，乃還，引酖自殺。從弟遷，素得士心，衆推爲節度留後，請援於全忠。全忠方攻時溥，不即至，命王虔裕以精甲數百赴之，假道羅弘信，不許，乃趨間入邢州。大順元年，存孝復攻邢，遷挈邢、洺、磁三州降，執王虔裕三百人獻之，遂遷太原，表安金俊爲邢洺磁團練使，以遷爲汾州刺史。歐陽史云：天復元年，梁遣氏叔琮攻晉，出天井關，遷開門降，爲梁兵鄉道以攻太原，不克。叔琮軍還過潞，以遷歸于梁，梁太祖惡其反覆，殺之。

張文禮，燕人也。初爲劉仁恭裨將，性凶險，多姦謀，辭氣庸下，與人交言，癖於不遜，自少及長，專蓄異謀。及從劉守文之滄州，委將偏師。守文省父燕薊，據城爲亂，及敗，奔於王鎔。察鎔不親政事，遂曲事當權者，以求銜達。每對鎔自言有將才，孫、吳、韓、白，莫己若也。鎔賞其言，給遺甚厚，因録爲義男，賜姓，名德明，由是每令將兵。自柏鄉戰勝之後，柏鄉，原本作「栢鄉」，今從通鑑改正。（影庫本粘籤）常從莊宗行營。素不知書，亦無方略，唯於懦兵之中萎菲上將，言甲不知進退、乙不識軍機，以此軍人推爲良將。初，梁將楊師厚在魏州，文禮領趙兵三萬夜掠經、宗，因侵貝郡。師厚先率步騎數千人〔八〕，設伏於唐店。文禮大掠而旋，士皆卷甲束兵，夜凱歌，行至唐店，師厚伏兵四面圍合，殺戮殆盡，文禮單騎僅免。自爾猶對諸將大言，或讓之曰：「唐店之功，不須多伐。」文禮大慚。

在鎮州既久，見其政荒人僻，常蓄異圖，酒酣之後，對左右每泄惡言，聞者莫不寒心。及鎔唯王鎔略無猜間，漸爲腹心，乃以符習代其行營，以文禮爲防城使，自此專伺間隙。及鎔殺李弘規，委政於其子昭祚。昭祚，原本作「昭福」，今從歐陽史改正。（影庫本粘籤）昭祚性傴戾〔九〕，未識人間情僞，素養名持重，坐作貴人，既事權在手〔一〇〕，朝夕欲代其父，向來附勢之徒，無不族滅。

初，李弘規、李藹持權用事，樹立親舊，分董要職，故奸宄之心不能摇動，文禮頗深畏憚。及弘規見殺，其部下五百人懼罪，將欲奔竄，聚泣偶語，未有所之。文禮因其離心，密以姦辭激之曰：「令公命我盡坑爾曹，我念爾曹十餘年荷戈隨我〔一一〕，爲家爲國，我若不即殺汝，則得罪於令公；我若不言，又負爾輩。」衆軍皆泣〔一二〕。是夜作亂，殺王鎔父子，舉族灰滅，唯留王昭祚妻朱氏，以通梁人〔一三〕，尋問道告於梁曰：「王氏喪於亂軍，普寧公主無恙。」文禮狗賊帥張友順所請，因爲留後，於潭城視事。以事上聞，兼要節旄，尋亦奉牋勸進，莊宗姑示含容，乃可其請。

文禮比厮役小人，驟居人上，行步動息，皆不自安。出則千餘人露刃相隨，日殺不辜，道路以目，常慮我師問罪，姦心百端。南通朱氏，北結契丹，往往擒獲其使，莊宗遣人送還，文禮由是愈恐。是歲八月，莊宗遣閻寶、史建瑭及趙將符習等率王鎔本軍進討。師興，文禮病疽腹，及聞史建瑭攻下趙州，驚悸而卒。其子處瑾、處球祕不發喪，軍府內外，皆不知之，每日於寢宮問安〔一四〕。處瑾與其腹心韓正時參決大事，同謀姦惡。案遼史太祖紀：天贊元年四月癸亥，張文禮求援。五月丁未，張文禮卒，其子處瑾遣人奉表來謝。所紀月日與薛史異。初，文禮疽未發時，舉家咸見鬼物，昏暝之後，或歌或哭，又野河色變如血，游魚多死，浮於水上，識者知其必敗。

十九年三月，閻寶爲處瑾所敗，莊宗以李嗣昭代之。四月，嗣昭爲流矢所中，尋卒於師，命李存進繼之。存進亦以戰歿，乃以符存審爲北面招討使，攻鎮州。是時，處瑾危蹙日甚，昭義軍節度判官任圜馳至城下，諭以禍福，處瑾登陴以誠告，乃遣牙將張彭送款于行臺。俄而李存審師至城下。是夜，趙將李再豐之子沖投縋以接王師，李再豐，原本作「稱豐」，今從通鑑改正。（影庫本粘籤）故諸軍登城，遲明畢入，獲處瑾、處球、處琪，并其母及同惡人等，皆折足送行臺，鎮人請醢而食之。又發文禮之尸，磔之於市。永樂大典卷六千三百五十。

董璋，本梁之驍將也。幼與高季興、孔循俱事豪士李七郎爲童僕。李初名讓，嘗以厚賂奉梁祖，梁祖寵之，因畜爲假子，賜姓朱，名友讓。璋既壯，得隸於梁祖帳下，後以軍功遷爲列校。

梁龍德末，潞州李繼韜送款於梁。時潞將裴約方領兵戍澤州，裴約，原本作「裴維」，今從歐陽史改正。（影庫本粘籤）不狥繼韜之命，據城以自固。梁末帝遣璋攻陷澤州，遂授澤州刺史。是歲，莊宗入汴，璋來朝，莊宗素聞其名，優以待之，尋令却赴舊任，歲餘代歸。時郭崇韜當國，待璋尤厚。同光二年夏〔一五〕，命爲邠州留後，三年秋，正授旄鉞。九月，大舉伐蜀，以璋爲行營右廂馬步都虞候。馬步，原本作「馬部」，今從通鑑改正。（影庫本粘籤）時郭崇韜爲招討使，凡有軍機，皆召璋參決。是冬，蜀平，以璋爲劍南東川節度副大使、知節度事。天成初，加檢校太傅。二年，加同平章事。

是時，安重誨當國，採人邪謀，言孟知祥必不爲國家使，唯董璋性忠義，可特寵任，令圖知祥。又璋之子光業爲宮苑使，在朝結託勢援，爭言璋之善、知祥之惡。恩寵既優，故璋益恣其暴戾。初，奉使東川者，皆言璋不恭於朝廷。四年夏，時明宗將議郊天，遣客省使李仁矩齎詔示諭兩川〔一六〕，又遣安重誨馳書於璋，以徵貢奉，約以五十萬爲數。既而璋訴以地狹民貧，許貢十萬而已。翌日，璋於衙署設宴以召仁矩，設宴，原本作「敝宴」，今從歐陽史改正。（影庫本粘籤）日既中而不至，璋使人偵之，仁矩方擁倡婦與賓友酣飲於驛亭。璋大怒，遽領數百人，執持戈戟，驟入驛中，令洞開其門，仁矩惶駭，走入閣中，良久引出。璋坐，立仁矩於階下，戟手罵曰：「當我作魏博都監，爾爲通引小將，其時去就，已有等威。今日我爲藩侯，爾銜君命，宿張筵席，比爲使臣，何敢至午不來，自共風塵躭酗，豈於王事如此不恭。祇如西川解斬客省使李嚴，謂我不能斬公耶！」因目肘腋，欲令執拽仁矩，仁矩涕淚拜告，僅而獲免。璋乃馳騎入衙，竟徹饌而不召。洎仁矩復命，益言璋不法。未幾，重誨奏以仁矩爲閬州團練使，尋升爲節鎮。

長興元年夏，明宗以郊禋禮畢，加璋檢校太尉。時兩川刺史嘗以兵爲牙軍，小郡不下五百人，璋已疑間，及聞除仁矩鎮閬州，璋由是謀反乃決。仍先與其子光業書曰：「朝廷割吾支郡爲節制，屯兵三千，是殺我必矣。爾見樞要道吾言，如朝廷更發一騎入斜谷，則吾必反，與汝訣矣。」光業以書呈樞密承旨李虔徽。會朝廷再發中使荀咸乂將兵赴閬州，光業謂虔徽曰：「咸乂未至，吾父必反。吾身不足惜，慮勞朝廷徵發。請停咸乂之行，吾父必保常日。」重誨不從。咸乂未至，璋已擅追綿州刺史武虔裕，囚於衙署。武虔裕，原本作「虛裕」，今從歐陽史改正。（影庫本粘籤）虔裕，安重誨之心腹也，故先囚之。五月，璋傳檄於利、閬、遂等州，責以間諜朝廷。尋率其兵陷閬州，擒節度使李仁矩、軍校姚洪等害之。先是，璋欲謀叛，先遣使持厚幣於孟知祥，求爲婚家，且言爲朝廷猜忌，將有替移，去則喪家，住亦致討，地狹兵少，獨力不任，願以小兒結婚愛女。時知祥亦貳於朝廷，因許以爲援。既而知祥出師以圍遂州，故璋攻閬州得恣其毒焉。

其年秋，詔削奪璋在身官爵，命天雄軍節度使石敬瑭爲東川行營招討使，率師以討之。璋之子宮苑使光業并其族，並斬於洛陽。及石敬瑭率師進討，以糧運不接班師。明宗方務懷柔，乃放西川進奏官蘇愿、東川軍將劉澄各歸本道，別無詔旨，祇云兩務求安。時孟知祥其骨肉在京師者俱無恙焉，因遣使報璋，欲連表稱謝。璋怒曰：「西川存得弟姪，遂欲再通朝廷，璋之兒孫已入黃泉，何謝之有！」自是璋疑知祥背己，始搆隙矣。三年四月，璋率所部兵萬餘人以襲知祥。案九國志趙季良傳云〔一七〕：季良嘗與知祥從容語曰：「璋性狼戾，若堅守一城，攻之難克。」及聞璋起兵，知祥憂形於色。季良曰：「璋不守巢穴，此天以授公也。」既而璋果敗。知祥與諸將率師拒之，戰於漢州之彌牟鎮。璋軍大敗，得數十騎，復奔於東川。案九國志趙廷隱傳：董璋襲廣漢，將攻成都，時東川廩藏充實，部下多敢死之士，其來也，衆皆畏之。知祥親督諸將，與璋戰雞縱橋前，頗爲所挫。廷隱僞遯，璋逐之，知祥與張公鐸繼進，璋軍亂不成列，廷隱整陣，與知祥合擊之，璋軍大敗。先是，前陵州刺史王暉爲璋所邀，寓於東川。至是因璋之敗，率衆以害之，傳其首於西川。永樂大典卷一萬八千一百三十。

校勘記

〔一〕據潞州　「據」字原闕，據舊唐書卷一九下僖宗紀補。

〔二〕潯天井關戍將孟方立攻廣　「孟方立」三字原闕，據舊唐書卷一九下僖宗紀補。

〔三〕以審誨知潞州　大事記續編卷六九引舊史列傳：「方立入潞州，自稱留後。以潞州地形險阻，屢篡主帥，人心勁悍，將漸弱之，乃以邢州爲府，遷昭義軍於龍岡。其大將及富室之家皆遷徙，以監軍祁審誨知潞州。潞人憤怨，審誨因人怨咨，令牙將安居受陰乞師於李克用。克用遣李克修將兵赴之，方立出師，大敗。由是連收澤、潞二郡，以克修爲節度使。昭義自劉悟有澤、潞、磁、邢、洺五州，至是始分爲兩鎮。」通鑑卷二五五考異引薛居正五代史孟方立傳：「潞人陰乞師於武皇，中和三年十月，武皇遣李克脩將兵赴之，方立拒戰，大敗之。由是連收澤、潞二郡，乃以克脩爲節度使。」按此二則係舊五代史佚文，清人失輯，姑附於此。

〔四〕大順元年二月　「二月」二字原闕，據通鑑卷二五八考異引薛史孟遷傳補。

〔五〕高潯　原作「高鄩」，據劉本、新唐書卷一八七孟方立傳改。

〔六〕故克用擊邢洺磁無虚歲　「磁」字原闕，據殿本、新唐書卷一八七孟方立傳補。影庫本批校：「擊邢洺無虚歲，新唐書『邢洺』下尚有『磁』字。」

〔七〕兵皆倨　「倨」，原作「居」，據殿本、劉本、新唐書卷一八七孟方立傳改。影庫本批校：「兵皆倨，『倨』訛『居』。」

〔八〕師厚先率步騎數千人　「步騎」，孔本作「部騎」。

〔九〕昭祚性偪戾　「昭祚」二字原闕，據册府卷九四三補。通鑑卷二七一敍其事作「昭祚性驕愎」。

〔一〇〕既事權在手　「手」，原作「于」，據劉本、册府卷九四三改。

〔一一〕我念爾曹十餘年荷戈隨我　「曹」字原闕，據册府卷九四三補。通鑑卷二七一敍其事作「吾念爾曹無罪併命」。

〔一二〕衆軍皆泣　「皆」，册府卷九四三、通鑑卷二七一作「感」。

〔三〕以通梁人　「以」字原闕，據册府卷一七八、卷九四三補。

〔四〕每日於寢宮問安　「寢宮」，册府卷九四三作「寢室前」。

〔五〕同光二年夏　「二年」，原作「三年」，據本書卷三二唐莊宗紀六改。

〔六〕遣客省使李仁矩齎詔示諭兩川　「示」字原闕，據殿本、孔本補。

〔七〕案九國志趙季良傳云　「趙季良傳」，原作「李良傳」，據殿本、九國志卷七改。下文「季良嘗與知祥從容語曰」、「季良曰」句中「季」字原均闕，據殿本、九國志卷七補。影庫本批校：「『李良傳』應作『趙季良傳』，下文『良曰』應作『季良曰』。」

舊五代史卷六十三

唐書三十九

列傳第十五

張全義　朱友謙

張全義，字國維，濮州臨濮人。初名居言，案：新、舊唐書作張言，薛史李罕之傳亦作張言，與此傳異。賜名全義，梁祖改爲宗奭，莊宗定河南，復名全義。祖璉，父誠，世爲田農。全義爲縣嗇夫，嘗爲令所辱。

乾符末，黄巢起冤句，全義亡命入巢軍。巢入長安，以全義爲吏部尚書，充水運使。巢敗，依諸葛爽於河陽，累遷至裨校，屢有戰功，爽表爲澤州刺史。案洛陽搢紳舊聞記齊王張令公外傳云：王在巢軍中，知其必敗，遂翻身歸國，唐授王澤州刺史。考是書則全義因巢敗始歸諸葛爽，乃表爲澤州刺史也。舊聞記殊失事實。（殿本）

光啓初，爽卒，其子仲方爲留後。部將劉經與李罕之爭據洛陽，罕之敗經於聖善寺，聖善寺，原本作「聖喜」，今從新唐書改正。（影庫本粘籤）乘勝欲攻河陽，營於洛口。經遣全義拒之，全義乃與罕之同盟結義，返攻經於河陽，爲經所敗，收合餘衆，與罕之據懷州，乞師於武皇。武皇遣澤州刺史安金俊助之，進攻河陽，劉經、仲方委城奔汴，罕之遂自領河陽，表全義爲河南尹。案張齊賢撰齊王張令公外傳云：初過三城，謁節度使諸葛爽。爽有人倫之鑒，覩王之狀貌，待之殊厚，謂王曰：「他時名位在某之上，勉之！」爽既没，王漸貴，追思疇昔見知之恩未嘗報，乃圖其形像於其私第，日焚香供養之，至于終身。案：諸葛爽死，全義親逐其子而據其地，乃復懸像事之，以明其不背本，此劇賊欺人之術耳。（舊五代史考異）

全義性勤儉，善撫軍民，雖賊寇充斥，而勸耕務農，由是倉儲殷積。案洛陽搢紳舊聞記：王每喜民力耕織者，某家今年蠶麥善，去都城一舍之内，必馬足及之，悉召其家老幼，親慰勞之，賜以酒食茶綵，丈夫遺之布袴，婦人裙衫，時民間尚衣青，婦人皆青絹爲之。取其新麥新繭，對之喜動顔色，民間有竊言者曰：「大王見好聲妓，等閒不笑，惟見好蠶麥即笑爾。」其真朴皆此類。每觀秋稼，見田中無草者，必下馬命賓客觀之，召田主慰勞之，賜之衣物。若見禾中有草，地耕不熟，立召田主集衆決責之。若苗荒地生，詰之，民訴以牛疲或闕人耕鋤，則田邊下馬，立召其鄰仵責之曰：「此少人牛，何不衆助之。」鄰仵皆伏罪，即赦之。自是洛陽之民無遠近，民之少牛者相率助之，少人者亦然。田夫田婦，相勸以耕桑爲務，是以家有蓄積，水旱無飢民。王誠信，每水旱祈祭，必具湯沐，素食別寢，至祠祭所，儼然若對至尊，容如不足。遇旱，祈禱未雨，左右必曰「王可開塔」，即無畏師塔也，在龍門廣化寺。王即依言而開塔，未嘗不澍雨，故當時俚諺云：「王禱雨，買雨具。」（舊五代史考異）罕之貪暴不法，軍中乏食，每取給於全義。二人初相得甚歡，而至是求取無厭，動加凌轢，全義苦之。案新唐書李罕之傳云：張言善積聚，罕之食乏，士仰以給，求之無涯，言不能厭，罕之拘河南官吏笞督之〔一〕。又東方貢輸行在者，多爲罕之所邀。與薛史互有異同。齊王外傳云：罕之鎮三城，知王專以教民耕織爲務，常宣言于衆曰：「田舍翁何足憚。」王聞之，蔑如也。每飛尺書于王〔二〕，求軍食及縑帛，王曰：「李太傅所要，不得不奉之。」左右及賓席咸以爲不可與，王曰：「第與之。」似若畏之者，左右不之曉。罕之謂王畏己，不設備。因罕之舉兵收懷、澤，王乃密召屯兵，潛師夜發，遲明入三城。罕之乃逃遁投河東，朝廷即授王兼鎮三城〔三〕。（舊五代史考異）文德元年四月，罕之出軍寇晉絳，全義乘其無備，潛兵襲取河陽，全義乃兼領河陽節度。罕之求援於武皇，武皇復遣兵助攻河陽，會汴人救至而退。梁祖以丁會守河陽，全義復爲河南尹、檢校司空。全義感梁祖援助之恩，自是依附，皆從其制。

初，蔡賊孫儒、諸葛爽爭據洛陽〔四〕，迭相攻伐，七八年間，都城灰燼，滿目荆榛。全義初至，唯與部下聚居故市，井邑窮民，不滿百戶。全義善於撫納，課部人披榛種蓺，披榛，原本作「被蓁」，今據歐陽史改正。（影庫本粘籤）且耕且戰，以粟易牛，歲滋墾闢，招復流散，待之如子。每農祥勸耕之始，全義必自立畎畝，餉以酒食，政寬事簡，吏不敢欺。數年之間，京畿無閑田，編户五六萬，案齊王外傳云：王始至洛，於麾下百人中，選可使者一十八人，命之曰屯將。每人給旗一口，榜一道，於舊十八縣中，令招農户，令自耕種，流民漸歸。王於百人中，又選可使者十八人，命之曰屯副，民之來者撫綏之，除殺人者死，餘但加杖而已，無重刑，無租稅，流民之歸漸衆。王又麾下選書計一十八人，命之曰屯判官。不一二年，十八屯申每屯户至數千〔五〕。王命農隙，每選丁夫教以弓矢槍劍，爲起坐進退之法。行之一二年，每屯增户，大者六七千，次者四千，下之三二千，共得丁夫閑弓矢者、槍劍者二萬餘人。有賊盜即時擒捕之，關市人賦幾于無籍。刑寬事簡，遠近歸之如市，五年之内，號爲富庶，於是奏每縣除令簿主之。（舊五代史考異）乃築壘於故市，建置府署，以防外寇。

梁祖迫昭宗東遷，命全義繕治洛陽宮城，累年方集。昭宗至洛陽，梁祖將圖禪代，慮全義心有異同，乃以判官韋震爲河南尹，移全義爲天平軍節度使、守中書令、東平王。洛陽搢紳舊聞記：齊王與梁祖互爲中書令、尚書令，及梁祖兼四鎮，齊王累表讓兼鎮，蓋潛識梁祖姦雄，避其權位，欲圖自全之計。梁祖經營霸業，外則干戈屢動，内則帑庾俱虛，齊王悉心盡力，傾竭財資助之。（殿本）其年八月，昭宗遇弒，輝王即位。十月，復以全義爲河南尹、兼忠武軍節度使、判六軍諸衞事。梁祖建號，以全義兼河陽節度使，封魏王。開平二年，册拜太保，兼陝虢節度使、河南尹〔六〕。四年，册拜太傅、河南尹、判六軍、兼鄭滑等州節度使。乾化元年，册拜太師。二年，朱友珪篡逆，以全義爲守太尉、河南尹、宋亳節度使、兼國計使。國計使，原本作「圖計使」，考五代會要云：梁以建昌宮使治財賦，後改爲國計使。今改正。（影庫本粘籤）梁末帝嗣位於汴，以全義爲洛京留守，兼鎮河陽。未幾，授天下兵馬副元帥。

梁帝季年，趙、張用事，段凝爲北面招討使，驟居諸將之右。全義知其不可，遣使啓梁末帝曰：「老臣受先朝重顧，蒙陛下委以副元帥之名，臣雖遲暮，尚可董軍，請付北面兵柄，庶分宵旰。段凝晚進，德未服人，恐人情不和，敗亂國政。」不聽。全義託朱氏垂三十年，梁祖末年，猜忌宿將，欲害全義者數四，全義卑身曲事〔七〕，悉以家財貢奉。洎梁祖河朔喪師之後，月獻鎧馬，以補其軍，又以服勤盡瘁，無以加諸，故竟免於禍。全義妻儲氏，明敏有才略。梁祖自柏鄉失律後，連年親征河朔，心疑全義，或左右讒間，儲氏每入宮，委曲伸理。有時怒不可測，急召全義，儲氏謁見梁祖，厲聲言曰：「宗奭種田叟耳，三十餘年，洛城四面，開荒斸棘，招聚軍賦，資陛下創業。今年齒衰朽，指景待盡，而大家疑之，何也？」梁祖遽笑而謂曰：「我無惡心，嫗勿多言。」案齊王外傳云：梁祖猜忌王，慮爲後患，前後欲殺之者數四，夫人儲氏面請梁祖得免，梁祖遂以其子福王納齊王之女。（舊五代史考異）

莊宗平梁，全義自洛赴覲，泥首待罪。莊宗撫慰久之，案齊王外傳云：再上表敍述，屢爲朱梁窺圖，偶脱虎口，逼爲親，且非素志。乞雪表數句云〔八〕：「伏念臣曾棲惡木，曾飲盜泉，實有瑕疵，未蒙昭雪。」復下昭雪之令。亦見洛陽搢紳舊聞記。（舊五代史考異）以其年老，令人掖而昇殿，宴賜盡歡，詔皇子繼岌、皇弟存紀等皆兄事之。案通鑑：全義獻幣馬千計，帝命皇子繼岌、皇弟存紀等兄事之。是全義之得幸於莊宗，由幣馬也。洛陽搢紳舊聞記：齊王上表待罪，莊宗降詔釋之。及召見，大喜，開懷慰納，若見平生故人，盡魚水之契焉。此蓋黨于全義者虚譽之辭。（殿本）先是，天祐十五年，梁末帝自汴趨洛，將祀於圓丘。時王師攻下楊劉，徇地曹濮，梁末帝懼，急歸於汴，其禮不遂，然其法物咸在。至是，全義乃奏曰：「請陛下便幸洛陽，臣已有郊禮之備。」翌日，制以全義復爲尚書令、魏王、河南尹。明年二月，郊禋禮畢，案：歐陽史作全義再朝京師，吴縝纂誤嘗辨正之。以全義爲守太尉、中書令、河南尹，改封齊王〔九〕，兼領河陽。先是，朱梁時供御所費，皆出河南府，其後孔謙侵削其權，中官各領内司使務，或豪奪其田園居第，全義乃悉録進納。四年，落河南尹，授忠武軍節度使、檢校太師、尚書令。會趙在禮據魏州，諸軍進討無功〔一〇〕。時明宗已爲羣小間諜，端居私第。全義以卧疾聞變，憂懼不食，案通鑑：全義力請明宗出師，及聞明宗兵變，故憂懼。與此微異。薨於洛陽私第，時年七十五。天成初，册贈太師，謚曰忠肅。

全義歷守太師、太傅、太尉、中書令，封王，邑萬三千户。凡領方鎮洛、鄆、陝、滑、宋，三蒞河陽，再領許州，内外官歷二十九任，尹正河洛凡四十年，位極人臣，善保終吉者，蓋一人而已。全義朴厚大度，敦本務實，起戰士而忘功名，尊儒業而樂善道〔一〕，家非士族而獎愛衣冠。開幕府辟士，必求望實；屬邑補奏，不任吏人；位極王公，不衣羅綺；心奉釋老而不溺左道〔二〕。如是數者〔三〕，人以爲難。自莊宗至洛陽，趨向者皆由徑以希恩寵，全義不改素履，盡誠而已。言事者以梁祖爲我世讎，宜斲棺燔柩，全義獨上章申理，議者嘉之。劉皇后嘗從莊宗幸其第，奏云：「妾孩幼遇亂，失父母，欲拜全義爲義父。」許之。全義稽首奏曰：「皇后萬國之母儀，古今未有此事，臣無地自處。」莊宗敦逼再三，不獲已，乃受劉后之拜。既非所願，君子不以爲非。然全義少長軍中〔四〕，立性朴滯，凡百姓有詞訟，以先訴者爲得理，以是人多枉濫，爲時所非。又嘗怒河南縣令羅貫，因憑劉后譖於莊宗，俾貫非罪而死，露屍於府門，冤枉之聲，聞於遠近，斯亦良玉之微瑕也。永樂大典卷六千三百五十。五代史闕文：梁乾化元年七月辛丑，梁祖幸全義私第。甲辰，歸大内。梁史稱：「上不豫，厭秋暑，幸宗奭私第數日，宰臣視事於仁政亭，崇政諸司並止於河南府廨署。」世傳梁祖亂全義之家，婦女悉皆進御，其子繼祚不勝憤恥，欲剚刃於梁祖。全義止之曰：「吾頃在河陽，遭李罕之之難，引太原軍圍閉經年，啗木屑以度朝夕，死在頃刻，得他救援，以至今日，此恩不可負也。」其子迺止。梁史云云者，諱國惡也。臣謹案，春秋莊二年，經曰：「十有二月，夫人姜氏會齊侯于禚。」傳曰：「書姦也。」夫經言會者，諱惡，禮也；傳書姦者，暴其罪以垂誡也。又莊二十二年，傳書：陳完飲桓公酒，公曰：「以火繼之。」辭曰：「臣卜其晝，未卜其夜。」豈有天子幸人臣之家，留止數日，姦亂萌矣。況全義本出巢賊，敗依河陽節度使諸葛爽，爽用爲澤州刺史，及爽死，全義事爽子仲方，即與李罕之同逐仲方，罕之帥河陽，全義爲河南尹，未幾，又逐罕之，自據河陽，其翻覆也如此。自是托迹朱梁，斲喪唐室，惟勤課勸，其實斂民附賊，以固恩寵。梁時，月進鎧馬，以補軍實。及梁祖爲友珪所弒，首進錢一百萬，以助山陵。莊宗平中原，全義合與敬翔、李振等族誅，又通賂於劉皇后，乘莊宗幸洛，言臣已有郊天費用。夫全義匹夫也，豈能自殖財賦？其剥下奉上也又如此。晚年保證明宗，欲爲子孫之福，師方渡河，鄴都兵亂，全義憂恨不食，終以餓死。未死前，其子繼業訟弟汝州防禦使繼孫，莊宗貶房州司户，賜自盡。其制略曰：「侵奪父權，惑亂家事，縱鳥獸之行〔五〕，畜梟獍之心。」其御家無法也又如此。河南令羅貫，方正文章之士，事全義稍慢，全義怒告劉皇后，斃貫於枯木之下，朝野冤之。洛陽監軍使嘗收得李太尉平泉莊醒酒石，全義求之，監軍不與，全義立殺之，其附勢作威也又如此。蓋亂世賊臣耳，得保首領，爲幸已多。晉天福中，其子繼祚謀反伏誅，識者知餘殃在其子孫也。臣讀莊宗實録，見史官敍全義傳，虚美尤甚，至今負俗無識之士，尚以全義爲名臣，故因補闕文，粗論事迹云。

朱友謙，字德光，許州人，本名簡。祖巖，父琮，世爲陳許小校。廣明之亂，簡去鄉里，事澠池鎮將柏夔爲部隸，嘗爲盜於石壕、石壕，原本作「古壕」，今從通鑑改正。（影庫本粘籤）三鄉之間，剽劫行旅。後事陝州節度使王珙，積勞至軍校。珙性嚴急，御下無恩，牙將李璠者，珙深所倚愛，小有違忤，暴加箠擊，璠陰銜之。光化元年，珙與弟河中節度使珂相持，干戈日尋，珙兵屢敗，部伍離心。二年六月，璠殺珙歸附汴人，梁祖表璠爲陝州節度使。璠亦苛慘，軍情不叶，簡復攻璠，璠冒刃獲免，逃歸於汴。案新唐書王重榮傳：李璠爲節度使凡五月，爲部將朱簡所殺。據薛史則璠逃歸於汴，未嘗見殺也。通鑑從薛史。

三年，梁祖表簡爲陝州留後。九月，天子授以旄鉞。車駕在鳳翔，梁祖往來，簡事之益謹，奏授平章事。天復末，昭宗遷都洛陽，駐蹕於陝。時朝士經亂，簪裳不備，簡獻裳百副，請給百官，朝容稍備。以迎奉功，遷檢校侍中。簡與梁祖同宗，乃陳情於梁祖曰：「僕位崇將相，比無勳勞，皆元帥令公生成之造也。願以微生灰粉爲効，乞以姓名，肩隨宗室。」梁祖深賞其心，乃名之爲友謙，編入屬籍，待遇同於己子。案：歐陽史作録以爲子。（舊五代史考異）友謙亦盡心叶贊，功烈居多。梁祖建號，移授河中節度使、檢校太尉，累拜中書令，封冀王。冀王，原本作「翼王」，今從通鑑改正。（影庫本粘籤）案太平廣記：路德延，天祐中爲左拾遺，會河中節度使領鎮，辟掌書記。友謙初頗禮待之，然德延性浮薄驕慢，動多忤物，友謙稍解體，德延乃作孩兒詩五十韻以刺友謙。友謙聞而大怒，有以掇禍，乃因醉沈之黄河。（孔本）

及朱友珪弑逆，友謙意不懌，雖勉奉僞命，中懷快快。案：歐陽史作友珪立，加友謙侍中。吴縝已辨其誤。（舊五代史考異）友珪徵之，友謙辭以北面侵軼，謂賓友曰：「友珪是先帝假子，敢行大逆，余位列維城，恩踰父子，論功校德，何讓伊人，詎以平生附托之恩，屈身於逆豎之手！」遂不奉命。其年八月，友珪遣大將牛存節、康懷英、韓勍攻之，案歐陽史：友珪遣招討使韓勍將康懷英等擊友謙。通鑑作九月丁未，以感化節度使康懷貞爲都招討使〔一六〕，更以韓勍副之。懷貞等與忠武節度使牛存節合兵五萬屯河中。三書所載，俱有異同。（殿本）友謙乞師於莊宗，莊宗親總軍赴援，與汴軍遇於平陽，大破之，案歐陽史：晉王出澤潞以救之，追懷英于解州，大敗之。追至白逕嶺，夜秉炬擊之，懷英又敗。（舊五代史考異）因與友謙會於猗氏，友謙盛陳感慨，願敦盟約，莊宗歡甚。友謙乘醉鼾寢於帳中，莊宗熟視之，謂左右曰：「冀王真貴人也，但恨其臂短耳。」及梁末帝嗣位，以恩禮結其心，友謙亦遜辭稱藩，行其正朔。

天祐十七年，友謙襲取同州，以其子令德爲帥，請節鉞於梁，不獲，案歐陽史：末帝初不許，已而許之，制命未至，友謙復叛。通鑑從歐陽史。（舊五代史考異）友謙即請之於莊宗，莊宗令幕客王正言以節旄賜之〔一七〕。梁將劉鄩、尹皓攻同州，尹皓，原本作「伊皓」，今從通鑑改正。

（影庫本粘籤）友謙來告急，莊宗遣李嗣昭、李存審將兵赴之，敗汴軍於滑北，解圍而還。初，劉鄩兵至，蒲中倉儲匱乏，人心離貳，軍民將校，咸欲歸梁。友謙諸子令錫等亦說其父曰：「晉王雖推心於我，然懸兵赴援，急難相應，寧我負人，擇福宜重。請納款於梁，候劉鄩兵退後，與晉王修好。」友謙曰：「晉王親赴予急，夜半秉燭戰賊，面爲盟誓，不負初心。昨聞吾告難，命將星行，助我資糧，分我衣屨，而欲翻覆背惠，所謂鄧祁侯云『人將不食吾餘』也。」及破梁軍，加守太尉、西平王。

同光元年，莊宗滅梁，友謙覲於洛陽，莊宗置宴饗勞，寵錫無算，親酌觴屬友謙曰：「成吾大業者，公之力也。」既歸藩，請割慈、隰二郡，依舊隸河中，不許，詔以絳州隸之。又請安邑、解縣兩池榷鹽〔一八〕，每額輸省課〔一九〕，許之。及郊禮畢，以友謙爲守太師、尚書令，進食邑至萬八千户。三年〔二〇〕，賜姓，名繼麟，編入屬籍，賜之鐵券，恕死罪。以其子令德爲遂州節度使、令錫爲許州節度使。一門三鎮，諸子爲刺史者六七人，將校剖竹者又五六人，恩寵之盛，時無與比。

莊宗季年，稍怠庶政，巷伯伶官，干預國事。時方面諸侯皆行賂遺，或求賂於繼麟，雖僶俛應奉，不滿其請，且曰：「河中土薄民貧，河中，原本作「荷平」，今從歐陽史改正。（影庫本粘籤）厚貺難辦。」由是羣小咸怨，遂加誣搆。郭崇韜討巴蜀，徵師於河中，繼麟令其子令德率師赴之。伶官景進與其黨搆曰：「昨王師初起，繼麟以爲討己，頗有拒命之意，若不除移，如國家有急，必爲後患。」郭崇韜既誅〔一〕，宦官愈盛，遂搆成其罪，謂莊宗曰：「崇韜强項於蜀，蓋與河中響應。」繼麟聞之懼，將赴京師，面訴其事。其部將曰：「王有大功於國，密邇京城，羣小流言，何足介意。端居奉職，讒邪自銷，不可輕行。」繼麟曰：「郭公功倍於我，尚爲人搆陷，吾若得面天顏，自陳肝膈，則流言者獲罪矣。」四年正月，繼麟入覲。景進謂莊宗曰：「河中人有告變者，言繼麟與崇韜謀叛，聞崇韜死，又與李存乂搆逆，當斷不斷，禍不旋踵。」羣閹異口同辭，莊宗駭惑不能決。是月二十三日，授繼麟滑州節度使，是夜，令朱守殷以兵圍其第，擒之，誅於徽安門外。詔繼岌誅令德於遂州，遂州，原本作「還州」，今從歐陽史改正。（影庫本粘籤）王思同誅令錫於許州〔二〕，案吳縝纂誤云：史彥瓊傳，友謙有子建徽被殺。傳止述二子，亦闕文也。（舊五代史考異）命夏魯奇誅其族於河中。初，魯奇至，友謙妻張氏率其家屬二百餘口見魯奇曰：「請疏骨肉名字，無致他人横死。」將刑，張氏持先賜鐵券授魯奇曰：「皇帝所賜也。」是時，百口塗地，冤酷之聲，行路流涕。

先是，河中衙城閽者夜見婦人數十，袨服靚粧〔三〕，僕馬炫耀，自外馳騁，笑語趨衙城。閽者不知其故，不敢詰，至門排騎而入，既而扃鎖如故，復無人迹，乃知妖鬼也。又繼麟夜登逍遥樓〔四〕，聞哭聲四合，詰旦訊之〔五〕，巷無喪者。隔歲乃族誅。及明宗即位，始下詔昭雪焉。永樂大典卷二千三十一。

史臣曰：全義一逢亂世，十領名藩，而能免梁祖之雄猜，受莊宗之厚遇，雖由恭順，亦繫貨財。傳所謂「貨以藩身」者，全義得之矣。友謙嚮背爲謀，二三其德，考其行事，亦匪純臣。然全族之誅，禍斯酷矣，得非鬼神害盈，而天道惡滿乎！永樂大典卷二千三十一。

校勘記

〔一〕罕之拘河南官吏笞督之　「吏」字原闕，據新唐書卷一八七李罕之傳補。

〔二〕每飛尺書于王　「飛」，原作「非」，據洛陽搢紳舊聞記卷二改。

〔三〕因罕之舉兵……鎮三城　以上四十字原闕，據殿本補。

〔四〕諸葛爽　原作「諸葛奭」，據殿本、劉本、孔本、邵本校改。按舊唐書卷一八二、新唐書卷一八七有諸葛爽傳。

〔五〕十八屯申每屯户至數千　「申每屯」三字原闕，據殿本、洛陽搢紳舊聞記卷二補。

〔六〕河南尹　原作「河陽尹」，據劉本改。按時河陽未置府，故不設尹。

〔七〕全義卑身曲事　「卑」，原作「單」，據册府卷七九〇改。

〔八〕乞雪表數句云　「表」字原闕，據洛陽搢紳舊聞記卷二補。

〔九〕改封齊王　「齊王」，原作「濟王」，據殿本、劉本、本書卷三一唐莊宗紀五、册府卷九九、卷一二九改。

〔一〇〕諸軍進討無功　「諸」，原作「都」，據册府卷九〇九改。

〔一一〕尊儒業而樂善道　「尊」，册府卷三一〇作「不」。

〔一二〕心奉釋老而不溺左道　「左」，原作「枉」，據殿本、劉本、册府卷三一〇改。影庫本批校：「『枉道』之『枉』，原本作『在』字，誤。按文義，似作『左』字理較長，刊本改。」

〔一三〕如是數者　「是」字原闕，據册府卷三一〇補。

〔一四〕然全義少長軍中　句下册府卷六九九有「不明刑法」四字。

〔一五〕縱鳥獸之行　「縱」，原作「繼」，據五代史闕文改。

〔一六〕以感化節度使康懷貞爲都招討使　「都」，原作「副」，據通鑑卷二六八改。

〔一七〕莊宗令幕客王正言以節旄賜之　「莊宗」二字原闕，據册府卷四四六補。通鑑卷二七一考異引莊宗列傳作「上」。

〔一八〕又請安邑解縣兩池榷鹽　「安邑」二字原闕，據册府卷一六六、通鑑卷二七三補。

〔一九〕每額輸省課　通鑑卷二七三敍其事作「每季輸省課」。按舊唐書卷一八二王重榮傳：「舊事，河中節度兼榷使，每年額輸省課。」

〔二〇〕三年　本書卷三〇唐莊宗紀四、通鑑卷二七二繫其事於同光元年。

〔二一〕郭崇韜既誅　「既」，原作「即」，據殿本、邵本校改。

〔二二〕王思同誅令錫於許州　「州」字原闕，據殿本、劉本、邵本、新五代史卷四五朱友謙傳、通鑑卷二七四補。

〔二三〕袨服靚粧　「袨」，原作「衹」，據殿本、劉本、册府卷九五一改。

〔二四〕又繼麟夜登逍遥樓　「夜」字原闕，據册府卷九五一補。

〔二五〕詰旦訊之　「旦」，原作「日」，據册府卷九五一改。

舊五代史卷六十四

唐書四十

列傳第十六

霍彥威　王晏球　戴思遠　朱漢賓　孔勍　劉玘　周知裕

霍彥威，字子重，洺州曲周人也。梁將霍存得之於村落間。年十四，從征討，存憐其爽邁，養爲己子。按：通鑑注以彥威爲霍存之子，與薛史異。存，梁史有傳。彥威未弱冠，爲梁祖所知，擢在左右，漸升戎秩，亟立戰功。嘗中流矢，眇其一目。開平二年，自開封府押衙、右親從指揮使、檢校司空授右龍驤軍使。三年，自右監門衞將軍授左天武軍使，遷右監門上將軍。乾化三年，與袁象先同誅朱友珪，梁末帝授洺州刺史，轉河陽留後。乾化末，邠州留後李保衡背李茂貞，以城歸梁，梁以彥威爲邠州節度使。其年五月，茂貞遣將劉知俊率大軍攻之，彥威固守踰年，竟不能下。或得其俘，悉令放之，秦人懷其惠，遂無侵擾。轉滑州節度使。移鎮鄆州，兼北面行營招討，總大軍於河上。師徒屢敗，降授陝州留後。

莊宗入汴，彥威自陝馳至請罪，詔釋之。一日，莊宗於崇元殿宴諸將，彥威與段凝、袁象先等預會。酒酣，莊宗舉酒屬明宗曰：「此席宴客，皆吾前歲之勁敵也，一旦與吾同宴，蓋卿前鋒之効也。」彥威等伏陛謝罪。莊宗曰：「與卿話舊，無足畏也。」因賜御衣、器幣，盡歡而罷。尋放歸藩。

明年，從明宗平潞州，授徐州節度使。契丹犯塞，莊宗以明宗爲北面招討使，命彥威爲副。彥威善言論，頗能接奉，明宗尤重之。趙太叛於邢州，趙太，原本作「趙木」，今從歐陽史改正。（影庫本粘籤）奉詔討平之。時趙在禮據魏州，與明宗會兵於鄴下，大軍夕亂，明宗爲其所逼，彥威從入魏州，案歐陽史：明宗擁兵入城，彥威獨不入，與薛史異。（舊五代史考異）皇甫暉等尤忌彥威，欲殺之，彥威機辯開説，竟免。及出，彥威部下兵士獨全，衞護明宗至魏縣。時明宗欲北趨常山，彥威與安重誨懇請赴闕，從至洛陽，彥威首率卿相勸進於至德宮。旬日之間，内外機事，皆決於彥威。擅收段凝、温韜下獄，將置於法，安重誨曰：「温、段罪惡，負於梁室，衆所知矣。今主上克平内艱，冀安萬國，豈爲公報仇耶？」

至天成初，除鄆州節度使，值青州王公儼拒命，改平盧軍節度，至鎮，擒公儼，斬之。

案歐陽史：彥威徙鎮平盧，朱守殷反，伏誅。考朱守殷反，明宗遣范延光馳兵斬之，非由彥威之力，宜以薛史所載爲得其實。（舊五代史考異）明年冬，肆覲於汴州，明宗接遇甚厚，累官至檢校太尉、兼中書令。三年冬，卒於理所，年五十七。奏至之日，明宗方出近郊，忽聞奏訃，掩泣歸宮，輟朝三日，至月終不舉樂。案五代會要：天成四年六月敕：「故平盧軍節度使霍彥威，勛名顯著，宅兆已營，爰遵定謚之規〔一〕，俾議送終之制，宜以三公禮葬。」（舊五代史考異）册贈太師、晉國公，謚曰忠武。子承訓，弟彥珂，累歷刺史。皇朝乾德中，立明宗廟於洛州〔二〕，詔以彥威配饗廟庭。永樂大典卷一萬八千一百二十九。

王晏球，字瑩之，自言洛都人。少遇亂，爲蔡賊所掠，汴人杜氏畜之爲子，因冒姓杜氏。晏球少沉勇有斷，倜儻不羣。梁祖之鎮汴也，選富家子有材力者置之帳下，號曰「廳子都」。案清異録：宣武廳子都，尤勇悍，其弩張一大機，則十二小機皆發，用連珠大箭，無遠不及，晉人極畏此。（舊五代史考異）廳子都，原本作「聽于都」，今從通鑑注所引薛史改正。（影庫本粘籤）晏球預選，從梁祖征伐，所至立功，累遷廳子都指揮使。梁開平三年，自開封府押衙充直左耀武指揮使，授右千牛衛將軍，軍職如故。朱友珪之篡位也，懷州龍驤守禦軍作亂，欲入京城，已至河陽，友珪命晏球出騎迎戰擊亂軍，獲軍使劉重遇，以功轉左龍驤第一指揮使。

梁末帝嗣位，以晏球爲龍驤四軍都指揮使。貞明二年四月十九日夜，汴州捉生都將李霸等作亂，縱火焚剽，攻建國門，梁末帝登樓拒戰。晏球聞亂，先得龍驤馬五百騎屯於鞠場〔三〕，俄而亂兵以竿豎麻布沃油焚建國樓，勢將危急。晏球隔門窺亂兵〔四〕，見無甲冑，即出騎擊之，奮力血戰，俄而羣賊散走。梁末帝見騎軍討賊，呼曰：「非吾龍驤之士乎？」晏球奏曰：「亂者惟李霸一都，陛下但守宮城，宮城，原本作「官城」，今從通鑑改正。（影庫本粘籤）遲明臣必破之。」既而晏球盡戮亂軍，全營族誅。以功授單州刺史，尋領軍於河上，爲行營馬軍都指揮兼諸軍排陣使。

莊宗入汴，晏球率騎軍入援，至封丘，聞梁末帝殂，即解甲降於莊宗。明年，與霍彦威北捍契丹，授齊州防禦使、北面行營馬軍都指揮使，仍賜姓氏，名紹虔。鄴之亂，明宗入赴内難，晏球時在瓦橋，遣人招之。明宗至汴，晏球率騎從至京師，以平定功授宋州節度使，上章求還本姓名。

天成二年，授北面行營副招討，以兵戍滿城。是歲〔五〕，王都據定州叛〔六〕，案通鑑：遣人説北面副招討王晏球，晏球不從，乃以金遺晏球帳下，使圖之，不克。癸巳，晏球以都反狀聞。壬寅，以王晏球爲北面招討使，權知定州行州事。（舊五代史考異）契丹遣秃餒率騎千餘來援都〔七〕，突入定州，晏球引軍保曲陽。王都、秃餒出軍拒戰，晏球督厲軍士，令短兵擊賊，戒之曰：「迴首者死。」符彦卿以龍武左軍攻其左，高行周以龍武右軍攻其右，案：歐陽史作高行珪。（舊五代史考異）奮劍揮檛，應手首落，賊軍大敗於嘉山之下，追襲至於城門。俄而契丹首領惕隱率勇騎五千至唐河。案：歐陽史作七千騎。（舊五代史考異）是時大雨，晏球出師逆戰，惕隱復敗。追至易州，河水暴漲，所在陷没，俘獲二千騎而還。惕隱以餘衆北走幽州，趙德鈞令牙將武從諫以騎邀擊，德鈞分扼諸要路。旬日之内，盡獲惕隱已下酋長七百餘人，契丹遂弱。晏球圍城既久，帝遣使督攻城，晏球曰：「賊壘堅峻，但食三州租税，撫恤黎民，愛養軍士，彼自當魚潰。」帝然其言。

晏球能與將士同其甘苦，所得禄賜私財，盡以饗士，日具飲饌，與將校筵宴，待軍士有禮，軍中無不敬伏。其年冬，平賊。自初戰至於城拔，不戮一士，上下歡心，物議以爲有將帥之略。以功授天平軍節度使。未幾，移鎮青州，就加兼中書令。長興三年，卒於鎮，時年六十。案：歐陽史作年六十二。（舊五代史考異）贈太尉。

子徹，位至懷州刺史。永樂大典卷一萬八千一百二十九。

戴思遠，本梁之故將也。初事梁祖，以武幹知名。開平元年，自右羽林統軍加檢校司徒，出爲晉州刺史。二年，授右監門上將軍，尋改華州防禦使。三年，自左天武使復授右羽林統軍。郢王友珪篡位，授洺州團練使。洺州，原本作「洛州」，今從歐陽史改正。（影庫本粘籤）貞明中，爲邢州留後，遷本州節度使。屬燕將張萬進殺滄州留後劉繼威，以城歸梁，末帝命思遠鎮之。莊宗平定魏博，以兵臨滄德，思遠棄鎮渡河歸汴。累遷天平軍節度使兼北面招討使，將兵與莊宗對壘。久之，莊宗討張文禮於鎮州，契丹來援，莊宗追襲契丹至幽州。思遠聞之，總兵以襲魏州，以襲，原本作「以寵」，今據文改正。（影庫本粘籤）至魏店，遇明宗騎軍適至，思遠乃涉洹水，陷成安，復歸楊村砦，盡率其衆攻德勝北城。城中危急，符存審晝夜乘城以拒之，莊宗自薊五日馳至魏州，思遠聞之解去。及明宗襲下鄆州，思遠罷軍權，降授宣化軍留後。其年，莊宗入汴，思遠自鄧州入朝，復令歸鎮。明宗即位，移授洋州節度使。及西川俱叛〔八〕，思遠以董璋故人，避嫌請代，徵入朝宿衞。以年告老，授太子少保致仕。清泰二年八月，卒於家。永樂大典卷一萬五千二十二。

朱漢賓，字績臣，亳州譙縣人也。父元禮，始爲郡將，梁太祖聞其名，擢爲軍校，從龐師古渡淮，戰没於淮南。漢賓少有膂力，形神壯偉，膽氣過人，梁祖以其父死王事，選置帳下，編入屬籍。梁祖之攻兗、鄆也，朱瑾募驍勇數百人，黥雙雁於其頰〔九〕，號爲「鴈子都」。案：此追敘梁祖攻兗、鄆事。歐陽史作是時梁方東攻兗、鄆，則失其事之前後矣〔一〇〕。歐陽史誤以鴈子都爲梁軍名，吴縝嘗辨其誤。梁祖聞之，亦選數百人，别爲一軍，號爲「落鴈都」。署漢賓爲軍使，當時目爲「朱落鴈」。後與諸將破蔡賊有功，天復中〔一一〕，授右羽林統軍。入梁，歷天威軍使、左羽林統軍。出爲磁州刺史、滑宋二州留後、亳曹二州刺史、安州節度使。

莊宗至洛陽，漢賓自鎮入覲，復令還鎮。明年，授左龍武統軍。莊宗嘗幸漢賓之第，漢賓妻進酒上食，奏家樂以娱之，自是漢賓頗蒙寵待。同光四年正月，冀王朱友謙入朝，明宗居洛陽，以友謙故人，置酒於第。莊宗諸弟在席，友謙坐在永王存霸之上。酒酣，漢賓以大觴奉友謙曰：「公雖名位高，坐於皇弟之上，非宜也。僕與公俱在梁朝，以宗盟相厚，自公入朝，三發單函候問，略無報復，忽余卑位，不亦甚乎！」元行欽恐其紛然，爲解之，方止。不數日，友謙赤族。趙在禮據魏州，元行欽率軍進討，詔漢賓權知河南府事。

明宗以漢賓爲右衛上將軍，時樞密使安重誨方當委重〔一二〕，漢賓密令結托，得爲婚家。

天成末，爲潞州節度使。移鎮晉州。重誨既誅，漢賓復爲上將軍。明年秋，漢賓告老，授太子少保致仕。清泰二年六月卒，時年六十四。

漢賓少勇健，及晚歲飲啖過人，其狀貌偉如也。凡所履歷，不聞踰法。梁時，嘗領軍屯魏州莘縣，莘縣，原本作「華縣」，考新唐書地理志魏州有莘縣，無「華縣」，今改正。（影庫本粘籤）適值連帥去郡，諸軍咸以利見誘，請自爲留後，漢賓則斬其言者，拒而不從，聞者賞焉。在曹州日〔三〕，飛蝗去境，父老歌之。臨平陽遇旱，親齋潔禱龍子祠，踰日雨足，四封大稔，咸以爲善政之所致也。及致仕，東還亳郡，見鄉舊親戚淪没者，有塋兆未辦則給以棺斂，有婚嫁未畢則助以資幣，受其惠者數百家，郡人義之。尋還洛陽，有第在懷仁里，北限洛水，南枕通衢，層屋連甍，修木交幹，笙歌羅綺，日以自娱，養彼天和，保其餘齒，此乃近朝知止之良將也。晉高祖即位，贈太子少傅，謚曰貞惠。案：五代會要作正慧，引太常博士林弼議曰：「漢賓散己俸以代荒逋，濟疲俗而臻富庶，所莅之地，綽有政聲，知進退存亡之理，得善始令終之道。謹案謚法，中道不撓、保節揚名曰正；愛民好學、寬裕慈仁曰慧，請謚曰正慧。」從之。薛史及歐陽史俱作「貞惠」，未知何據。（舊五代史考異）

有子四人，長曰崇勳，官至左武衛將軍。永樂大典卷二千三十一。

孔勍，字鼎文，兗州人，後徙家宿州。少便騎射，爲軍中小校。事梁祖漸至郡守，累遷齊州防禦使、唐鄧節度使。梁貞明中，王球據襄州叛〔一四〕，勍討平之，因授山南東道節度使。莊宗至洛陽，勍自鎮來朝，復令歸鎮，尋移昭義節度使。同光季年，監軍楊繼源與都將謀據潞州，事泄，勍誅之。明宗即位之歲，詔還京師。授河陽節度使。未幾，以太子太師致仕。卒，年七十九。贈太尉。永樂大典卷一萬八千一百二十九。

劉玘，汴州雍丘人也。世爲宣武軍牙校。玘少負壯節。梁祖鎮汴州，玘求自試，補隊長。從梁祖征伐，所至有功，遷爲牙將，歷滑、徐、襄三州都指揮使。開平中，襄帥王班爲帳下所害，王班，原本作「王斌」，今從册府元龜改正。（影庫本粘籤）亂軍推玘爲留後，玘詭從之，翌日受賀，衙庭享士，伏甲幕下，中筵盡斬其亂將以聞〔一五〕。案通鑑考異引梁祖實録：八月丁酉，賜劉玘、王延順物，以其違亂將之命來歸。編遺録斬李洪敕云：「始扶劉玘，既奔竄以歸朝。」若使玘翌日便斬亂將，則襄州何以至九月始收復。蓋玘脱身歸朝，及梁亡入唐，妄云斬亂將以自誇大耳〔一六〕。（舊五代史考異）以功歷復、亳二州刺史，徵爲侍衛都將，出爲安州刺史。貞明中，爲晉州留後。莊宗至汴，玘來朝。玘在晉州八年，日與上黨、太原之師交鬭於境上，莊宗見而勞之曰：「劉侯無恙，控我晉陽之南鄙，歲時久矣，不早相見。」玘頓首謝罪。復命歸鎮，正授節旄，移鎮安州。明宗即位，遷鄧州節度使。天成末，以史敬鎔代之，玘還京師，卒。贈侍中。

有子師道，仕皇朝，爲右贊善大夫，卒。永樂大典卷九千九十八。

周知裕，字好問，幽州人也。少事燕帥劉仁恭爲騎將，表爲嬀州刺史，久之，移刺德州。天祐四年，劉守光既平滄州，乃以其幼子繼威爲留後，大將張萬進與知裕佐之。繼威沖幼，宣淫於萬進之家，萬進殺之。詰旦，召知裕告其故，萬進自稱留後，署知裕爲景州刺史。會萬進納款於梁，知裕先奔於汴，梁主厚待之，特置歸化軍，歸化，原本作「歸比」，今從通鑑改正。（影庫本粘籤）以知裕爲指揮使，凡軍士自河朔歸梁者，皆隸於部下。梁與莊宗交戰於河上〔一七〕，摧堅挫鋭，惟恃歸化一軍，然歲將一紀，位不及郡守。

同光初，莊宗入汴，知裕隨段凝軍解甲封丘。明宗時爲總管，受降於郊外，見知裕甚喜，遥相謂曰：「周歸化今爲吾人，何樂如之！」因令諸子以兄事之。莊宗撫憐尤異，而諸校心妬之。有壯士唐從益者，因獵射之，知裕遁而獲免。莊宗遂誅從益，出知裕爲房州刺史。魏王繼岌伐蜀，召爲前鋒騎將。明宗即位，移刺絳州，改淄州刺史、宿州團練使。知裕老於軍旅，勤於稼穡，凡爲郡勸課，皆有政聲，朝廷嘉之〔一八〕，遷安州留後。

淮上之風惡病者，至於父母有疾，不親省視，甚者避於他室，或時問訊，即以食物揭於長竿之首，委之而去。知裕心惡之，召鄉之頑狠者訶詰教導，俾知父子骨肉之恩，繇是弊風稍革。長興末，入爲右神武統軍〔一九〕。清泰初，卒於官。案：歐陽史作應順中卒。（舊五代史考異）贈太傅。永樂大典卷八千九百九十九。

史臣曰：夫才之良者，在秦亦良也，在虞亦良也。故彥威而下，昔爲梁臣，不虧亮節，洎歸唐祚，亦無醜聲，蓋松貞不變於四時，玉粹寧虞其烈焰故也。況彥威之輔明宗也，有翊戴之績；晏球之伐中山也，著戡定之功。方之數公，尤爲優矣。永樂大典卷八千九百九十七。

校勘記

〔一〕爰遵定謚之規　「爰」，原作「度」，據五代會要卷一一改。

〔二〕洛州　原作「洛川」，據殿本、劉本、邵本改。

〔三〕先得龍驤馬五百騎屯於鞠場　「騎」字原闕，據册府卷三六〇、新五代史卷四六杜晏球傳、通鑑卷二六九補。

〔四〕晏球隔門窺亂兵　「亂兵」，原作「兵亂」，據殿本、孔本、邵本校、彭校、册府卷三六〇乙正。影庫本批校：「『亂兵』訛『兵亂』。」

〔五〕是歲　按本書卷三九唐明宗紀五、新五代史卷六唐本紀、通鑑卷二七六繫其事於天成三年。

〔六〕王都據定州叛　「叛」字原闕，據册府卷四五、卷三八七、卷四〇五補。按孔本注：「案：以下疑有闕文。」

〔七〕契丹遣禿餒率騎千餘來援都　「契丹」二字原闕，據殿本、劉本、孔本、邵本校、彭校、册府卷三六〇、新五代史卷三九王都傳補。

〔八〕及西川俱叛　按時孟知祥據西川、董璋據東川，疑「西」爲「兩」之訛。

〔九〕黥雙雁於其頰　「頰」，原作「額」，據殿本、册府卷四一三、新五代史卷四五朱漢賓傳、近事會元卷三改。

〔一〇〕此追敍……前後矣　以上二十九字原闕，據舊五代史考異卷二補。

〔一一〕天復中　「天復」，原作「天福」，據册府卷三六〇改。

〔一二〕時樞密使安重誨方當委重　「時」字原闕，據册府卷四四〇、卷八五三補。

〔三〕在曹州日　「州」字原闕，據册府卷六八一補。

〔四〕王球據襄州叛　「王球」，册府卷三六〇同，本書卷四梁太祖紀四、通鑑卷二六七作「王求」。

〔五〕中筳盡斬其亂將以聞　「中筳」、「以聞」四字原闕，據通鑑卷二六七考異引薛史玘傳、册府卷四二三補。

〔六〕妄云斬亂將以自誇大耳　「將」字原闕，據通鑑卷二六七考異補。

〔七〕梁與莊宗交戰於河上　「上」字原闕，據殿本、劉本補。

〔八〕朝廷嘉之　「嘉」，原作「喜」，據册府卷六七三、卷六七七、卷六七八改。

〔九〕入爲右神武統軍　「右」，本書卷四三唐明宗紀九作「左」。

舊五代史卷六十五

唐書四十一

列傳第十七

李建及　石君立　高行珪　張廷裕　王思同　索自通

李建及，許州人。本姓王，父質。建及少事李罕之爲紀綱，光啓中，罕之謁武皇於晉陽，因選部下驍勇者百人以獻，建及在籍中。後以功署牙職，典義兒軍，及賜姓名。天祐七年，改匡衞軍都校。案：歐陽史作匡衞指揮使。柏鄉之役，汴將韓勍追周德威至高邑南野河上，鎮、定兵扼橋道，韓勍選精兵堅奪之〔一〕。莊宗登高而望，鎮、定兵將衄，謂建及曰：「如賊過橋，則勢不可遏，卿計如何？」建及於部選士二百，挺槍大譟，刺汴軍〔二〕，却之於橋下。二月，王師攻魏，魏人夜出犯我營，建及設伏待之，扼其歸路，盡殪之。劉鄩之營莘縣，月餘不出，忽一旦縱兵攻鎮、定之營，軍中騰亂，建及率銀槍勁兵千人赴之，擊敗汴軍，追奔至其壘。元城之戰，建及首陷其陣，授天雄軍教練使。八月，遷遼州刺史。

十四年，從擊契丹於幽州，破之。十二月，從攻楊劉，自寅至午〔三〕，汴軍嬰城拒守，建及自負葭葦堙塹，率先登梯，遂拔之。胡柳之役，前軍逗撓，際晚，汴軍登土山，建及一戰奪之。莊宗欲收軍，詰朝合戰。建及橫矟當前，曰：「賊大將已亡，乘此易擊，王但登山，觀臣破賊！」即引銀槍效節軍大呼奮擊〔四〕，三軍增氣，由是王師復振，以功檢校司空、魏博內外衙都將。

十六年，汴將賀瓌攻德勝南城，以戰船十餘艘，竹笮維之，扼斷津路，王師不得渡。城中矢石將盡，守城將氏延賞危急，氏延賞，原本作「士延賞」，今從通鑑改正。（影庫本粘籤）莊宗令積帛軍門，召能破賊船者。津人有馬破龍者，能水游，乃令往見延賞，延賞言：「危窘極矣，所爭晷刻！」時棹船滿河，流矢雨集，建及被重鎧，執矟呼曰：「豈有限一衣帶水〔五〕，縱賊如此！」乃以二船實甲士，皆短兵持斧，徑抵梁之戰艦，斧其笮，又令上流具瓮，積薪其上，順流縱火，以攻其艦。案：通鑑作木罌載薪，沃油然火，于上流縱之，與薛史異。歐陽史作以大甕積薪，自上流縱火，與薛史同。（舊五代史考異）須臾，烟焰騰熾，梁軍斷纜而遁，建及乃入南城，賀瓌解圍而去〔六〕。其年十二月，與汴將王瓚戰於戚城，建及傷手，莊宗解御衣金帶賜之。

建及有膽氣，慷慨不羣，臨陣鞠旅，意氣横壯。自莊宗至魏州，建及都總内外衙銀槍效節帳前親軍，效節，原本作「郊節」，考通鑑注云：效節都係唐時軍名。今改正。（影庫本粘籤）善於撫御，所得賞賜，皆分給部下，絶甘分少，頗洽軍情。又累立戰功，雄勇冠絶，雌劣者忌讒之。時宦官韋令圖監建及軍，每於莊宗前言：「建及以家財驟施，其趣向志意不小，不可令典衙兵。」莊宗因猜之。建及性既忠藎，雖知讒搆，不改其操。不改，原本作「不敢」，今據文改正。（影庫本粘籤）

十七年三月，授代州刺史。八月，與李存審赴河中，解同州之圍。建及少遇禍亂，久從戰陣，矢石所中，肌無完膚，復有功見疑，私心憤鬱。是歲，卒於太原，時年五十七。永樂大典卷一萬八千二十九〔七〕。

石君立，趙州昭慶人也，亦謂之石家才〔八〕。初事代州刺史李克柔，後隸李嗣昭爲牙校，歷典諸軍。夾城之役，君立每出挑戰，壞汴軍柵壘，俘擒而還。八年，與汴軍戰於龍化園〔九〕，敗之，獲其大將卜渥以獻。卜渥，原本作「卞渥」，今據册府元龜改正。（影庫本粘籤）嗣昭每出征，俾君立爲前鋒，敵人畏之。

王檀之逼晉陽也，城中無備，安金全驅市人以登陴，保聚不完。時莊宗在魏博，救應不暇，人心危懼，嗣昭遣君立率五百騎，自上黨朝發暮至。王檀游軍扼汾橋，君立一戰敗之，徑至城下，馳突斬擊，出入如神，大呼曰：「昭義侍中大軍至矣。」昭義，原本作「紹義」，考薛史前後多稱李嗣昭爲昭義侍中，今改正。（影庫本粘籤）是夜入城，與安金全等分出諸門擊殺於外。遲明，梁軍敗走。

十七年，將兵屯德勝。時汴軍自滑州轉餉以給楊村砦，莊宗親率騎軍於河外，循岸而上，邀擊之。汴人拒楊村五十里，於河曲潘張村築壘以貯軍儲，莊宗令諸軍攻之。汴人設伏於要路，逆戰僞敗，王師乘之，蹶入壘門，梁伏兵起，因與血戰。君立與鎮州大將王釗等隔入賊壘〔一〇〕，時諸將部校陷賊者十餘人，君立被執，送於汴。梁主素知其驍勇，欲用之爲將，械而下獄。久之，梁主遣人誘之，君立曰：「敗軍之將，難與議勇，如欲將我，我雖真誠效命，能信我乎？人皆有君，吾何忍反爲仇人哉！」既而諸將被戮，尚惜君立不之害。同光元年，莊宗至汴前一日，梁主始令殺之。永樂大典卷一萬八千二十九。

高行珪，燕人也。家世勇悍，與弟行周俱有武藝，初仕燕爲騎將，驍果出諸將之右。

燕帥劉守光僭逆不道，莊宗令周德威征之，守光大懼，以行珪爲武州刺史，令張掎角之勢。時明宗將兵助德威平燕，俄聞行珪至，率騎以禦之，明宗諭以逆順之理，行珪乃降。通鑑考異云：據唐實録，高行珪降在劉守光既平之後。與薛史異，今附識于此。（影庫本粘籤）守光將元行欽在山北，聞行珪有變，即率部下軍衆以攻行珪。行珪遣弟行周告急於周德威，案歐陽史：行珪夜縋行周馳入晉，見莊宗，莊宗因遣明宗救武州。比至，行欽已解去，行珪乃降。是行珪先求救于晉而後降也。薛史作降晉後告急，微有異同。（舊五代史考異）德威命明宗、李嗣本、安金全將兵援之。明宗破行欽於廣邊軍，行欽亦降。尋以行珪爲朔州刺史，歷忻、嵐二郡，遷雲州留後。天成初，授鄧州節度使，尋移鎮安州。

行珪性貪鄙，短於爲政，在安州日，行事多不法。副使范延策者，幽州人也，性剛直，累爲賓職，及佐行珪，覩其貪猥，因强諫之，行珪不從。後延策因入奏，獻封章於闕下，事有三條：一請不禁過淮猪羊，而禁絲綿匹帛，以實中國；一請於山林要害置軍鎮，以絶寇盜；一述藩侯之弊，請敕從事明諫諍之，不從，令諸軍校列班廷諍。行珪聞之，深銜之。後因戍兵作亂，誣奏延策與之同謀，父子俱戮於汴，聞者冤之。未幾，行珪以疾卒。詔贈太尉。永樂大典卷一萬八千二十九。

張廷裕，代北人也。幼事武皇於雲中，從平黄巢，討王行瑜，自行間漸升爲小將。莊宗定魏，補天雄軍左廂馬步都虞候，歷蔚、慈、隰三州刺史。同光三年，除新州節度使。塞上多事，廷裕無控制之術，邊鄙常聳。天成三年，卒於治所。詔贈太保。永樂大典卷五千三百六十〔一〕。

王思同，幽州人也。父敬柔，歷瀛、平、儒、檀、營五州刺史。思同母即劉仁恭之女也，故思同初事仁恭爲帳下軍校。案：歐陽史作銀胡䩮指揮使。（舊五代史考異）會劉守光攻仁恭於大安山，思同以部下兵歸太原，時年十六，武皇命爲飛勝指揮使〔二〕。從莊宗平定山東，累典諸軍。

思同性疏俊，粗有文，性喜爲詩什，與人唱和，自稱薊門戰客。魏王繼岌待之若子。時内養吕知柔侍興聖宫，頗用事，思同不平之。吕爲終南山詩〔三〕，末句有「頭」字，思同和曰：「料伊直擬衝霄漢，賴有青天壓着頭。」其所爲詩句，皆此類也。每從征，必在興聖帳下，然同光朝，位止鄭州刺史。案：歐陽史作以功遷神武十軍都指揮使，累遷鄭州防禦使。（舊五代史考異）明宗在軍時，素知之，即位後，用爲同州節度使，未幾，移鎮隴右。

思同好文士，無賢不肖，必館接賙遺，歲費數十萬。在秦州累年，邊民懷惠，華戎寧息。長興元年，入朝，見於中興殿。明宗問秦州邊事，對曰：「秦州與吐蕃接境，蕃部多違法度。臣設法招懷，沿邊置寨四十餘所，控其要害。每蕃人互市、互市，原本作「五市」，今據册府元龜改正。（影庫本粘籤）飲食之界上，令納器械。」因手指畫秦州山川要害控扼處。明宗曰：「人言思同不管事，豈及此耶！」時兩川叛，欲用之，且留左右，故授右武衛上將軍〔一四〕。八月，授西南面行營馬步都虞候。九月，授京兆尹〔一五〕、西京留守。伐蜀之役，爲先鋒指揮使。石敬瑭入大散關，思同恃勇先入劍關，大軍未相繼援〔一六〕，復被董璋兵逐出之。及敬瑭班師，思同以曾獲劍門之功，移鎮山南西道。三年，兩川交兵，明宗慮併在一人，則朝廷難制，密詔思同相度形勢，即乘間用軍，事未行而董璋敗。八月，復爲京兆尹、兼西京留守。

時潞王鎮鳳翔，與之鄰境，及潞王不稟朝旨，致書於秦、涇、雍、梁、邠諸帥，言：「賊臣亂政，屬先帝疾篤，謀害秦王，迎立嗣君，自擅權柄，以致殘害骨肉，摇動藩垣。懼先人基業忽焉墜地，故誓心入朝以除君側，事濟之後，謝病歸藩。然藩邸素貧，兵力俱困，欲希國士，共濟急難。」乃令小伶安十十以五弦妓見思同〔一七〕，因歡諷動。又令軍校宋審温者〔一八〕，請使於雍，若不從命，即獨圖之。又令推官郝昭〔一九〕、府吏朱延乂以書檄起兵〔二〇〕。會副部署藥彦稠至，方宴，而妓、使適至，乃繫之於獄。彦稠請誅審温，拘送昭赴闕。時思同已遣其子入朝言事，朝廷嘉之，乃以思同爲鳳翔行營都部署，起軍營於扶風。

三月十四日，與張虔釗會於岐下，梯衝大集。十五日，進收東西關城，城中戰備不完，然死力禦扞，外兵傷夷者十二三。十六日，復進攻其城，潞王登陴泣諭於外，聞者悲之。張虔釗性褊，詰旦，西南用軍，與都監皆血刃以督軍士，軍士齊詬，反攻虔釗，虔釗躍馬避之。時羽林指揮使楊思權引軍自西門先入，思同未之知，猶督士登城。俄而嚴衞指揮使尹暉呼曰：「西城軍已入城受賞矣〔二一〕，軍士可解甲！」棄仗之聲，振動天地。日午，亂軍畢集，涇州張從賓、邠州康福、河中安彦威皆遁去。十七日，思同與藥彦稠、萇從簡俱至長安〔二二〕，劉遂雍閉關不內，乃奔潼關。

二十二日，潞王至昭應，前鋒執思同來獻。王謂左右曰：「思同計乖於事，然盡心於所奉，亦可嘉也。」顧謂趙守鈞曰：趙守鈞，原本作「字鈞」，今從通鑑改正。（影庫本粘籤）「思同爾之故人，可行迓之於路，達予撫慰之意。」思同至，潞王讓之曰：「賊臣傾我國家，殘害骨肉，非予弟之過。我起兵岐山，蓋誅一二賊臣耳，爾何首鼠兩端，多方悮我，今日之罪，其可逃乎！」思同曰：「臣起自行間，受先朝爵命，秉旄仗鉞，累歷重藩，終無顯效以答殊遇。

臣非不知攀龍附鳳則福多，扶衰救弱則禍速，但惟瞑目之後，無面見先帝。釁鼓膏原，縲囚之常分也。」潞王爲之改容，徐謂之曰：「且憩歇。」潞王欲用之〔二三〕，而楊思權之徒恥見其面，屢啓劉延朗，言思同不可留，慮失士心。又潞王入長安時，尹暉盡得思同家財及諸妓女，故尤惡思同，與劉延朗亟言之。屬王醉，不待報，殺思同并其子德勝。潞王醒，召思同，左右報已誅之矣。潞王怒延朗，累日嗟惜之。及漢高祖即位，詔贈侍中。永樂大典卷六千八百五十〔二四〕。

索自通，字得之，太原清源人也。父繼昭，以自通貴，授國子監祭酒致仕。自通少能騎射，嘗於山墅射獵，莊宗鎮太原時，遇之於野，訊其姓名，即補右番廳直軍使。後因從獵，射中走鹿，轉指揮使。佐周德威攻燕軍於涿州，擒燕將郭在鈞〔二五〕。從莊宗定魏博，改突騎指揮使。明宗即位，自隨駕左右廂馬軍都指揮授忻州刺史。歲餘召還，復典禁兵，領韶州刺史。出爲大同軍節度使，累歲移鎮忠武，改京兆尹、西京留守。楊彥温據河中作亂，自通率師討平之，授河中節度使，尋自鄜州入爲右龍武統軍。初，自通既平楊彥温，楊彥温，原本作「湯彥温」，考通鑑、歐陽史俱作楊彥温，今改正。（影庫本粘籤）代末帝鎮河中，臨事失於周旋，末帝深銜之。案通鑑：自通至鎮，承安重誨指，籍軍府甲仗數上之，以爲從珂私造，賴王德妃居中保護，從珂由是得免。（舊五代史考異）及末帝即位，自通憂悸求死。清泰元年七月，因朝退涉洛，自溺而卒。

子萬進，周顯德中，歷任方鎮。永樂大典卷一萬八千一百二十九。

校勘記

〔一〕韓勍選精兵堅奪之　「堅」，原作「先」，據永樂大典卷六八五〇引五代薛史、册府卷三九六改。

〔二〕刺汴軍　「刺」，原作「禦」，據永樂大典卷六八五〇引五代薛史、册府卷三九六改。

〔三〕自寅至午　「午」，册府卷三六九作「未」。

〔四〕即引銀槍效節軍大呼奮擊　「軍」字原闕，據永樂大典卷六八五〇引五代薛史、册府卷三九六補。

〔五〕豈有限一衣帶水　「限」字原闕，據册府卷三六七、卷三九六、卷四一四補。

〔六〕賀瓌解圍而去　「圍」字原闕，據永樂大典卷六八五〇引五代薛史、册府卷四一四補。

〔七〕永樂大典卷一萬八千二十九　檢永樂大典目録，卷一八〇二九爲「將」字韻「列國鄭衛燕楚將」，與本則内容不符，恐有誤記。陳垣舊五代史輯本引書卷數多誤例謂應作卷一八一二九「將」字韻「後唐將」。本卷下文石君立傳、高行珪傳同。

〔八〕石家才　原作「石家財」，據本書卷九梁末帝紀中、册府卷二一七、卷三六九改。

〔九〕龍化園　册府卷三六〇作「龍花園」。

〔一〇〕君立與鎮州大將王釗等隔入賊壘　「等」字原闕，據册府卷四四四補。

〔一一〕永樂大典卷五千三百六十　檢永樂大典目録，卷五三六〇爲「朝」字韻「元朝儀三」，與本則内容不符，恐有誤記。疑出自卷六三五〇「張」字韻「姓氏二十」。

〔一二〕飛勝指揮使　原作「飛騰指揮使」，據册府卷九三九、新五代史卷三三王思同傳改。舊五代史考異卷二：「歐陽史作飛勝指揮使。」影庫本粘籤：「『飛騰指揮使』，疑有舛誤。考册府元龜亦作『飛騰』，今無可復考，姑乃其舊。」

〔一三〕吕爲終南山詩　「終南山」，原作「中南山」，據殿本、劉本、永樂大典卷六八五〇引五代薛史、册府卷九三九、卷九五四改。

〔一四〕故授右武衛上將軍　「上」字原闕，據永樂大典卷六八五〇引五代薛史、通鑑卷二七七補。

〔一五〕授京兆尹　「授」字原闕，據永樂大典卷六八五〇引五代薛史補。

〔一六〕大軍未相繼援　「援」字原闕，據永樂大典卷六八五〇引五代薛史補。

〔一七〕乃令小伶安十十以五弦妓見思同　「安十十」，原作「女十人」，據册府卷三七四、卷六八六、卷八四八改。「妓」，原作「技」，據永樂大典卷六八五〇引五代薛史、册府卷三七四（宋本）、卷六八六改，册府卷三七四（明本）、卷八四八作「謁」。舊五代史考異卷二：「案歐陽史作『遺伶奴安十十以五絃謁思同』。」影庫本粘籤：「歐陽史作『潞王五弦妓見思同』，原本『技』字疑誤，據薛史上文有『小伶女十人』，則下文不應復稱爲『五弦妓』，蓋歐、薛二史語有繁簡，各自成文也，今附識于此。」

〔一八〕又令軍校宋審温者　「令」字原闕，據册府卷三七四補。

〔一九〕郝昭　册府卷三七四（宋本）、卷六八六同，册府卷一七二（宋本）、卷三七四（明本）、新五代史卷三三王思同傳、通鑑卷二七九作「郝詡」。本卷下一處同。舊五代史考異卷二：「案歐陽史作郝詡，通鑑從歐陽史。」

〔二〇〕朱延乂　册府卷三七四、卷六八六同，册府卷一七二、通鑑卷二七九作「朱廷乂」。

〔二一〕西城軍已入城受賞矣　「西城」，永樂大典卷六八五〇引五代薛史同，册府卷三七四、新五代史卷三三王思同傳、通鑑卷二七九作「城西」。

〔二二〕萇從簡　原作「萇從諫」，據殿本、册府（明本）卷三七四改。按本書卷九四有萇從簡傳。

〔二三〕潞王欲用之　「用」，册府卷三七四作「宥」。

〔二四〕永樂大典卷六千八百五十　「六千八百五十」，原作「六千六百七十一」，檢永樂大典目録，卷六六七一爲「江」字韻「鎮江府八」，與本則内容不符。按本則實出永樂大典卷六八五〇，據改。

〔三五〕郭在鈞　册府卷三四七、卷三六〇作「郭在均」。

舊五代史卷六十六　唐書四十二

列傳第十八

安重誨　朱弘昭　朱洪實　康義誠　藥彥稠　宋令詢

安重誨，安重誨傳，永樂大典全篇已佚，今就其散見各韻者共得五條，册府元龜所引薛史共得三條，通鑑注所引薛史一條，排比先後，以存梗概。（影庫本粘籤）其先本北部豪長〔一〕。父福遷，爲河東將〔二〕，救兗、鄆而没。通鑑注引薛史。重誨自明宗龍潛時得給事左右，及鎮邢州，以重誨爲中門使。隨從征討，凡十餘年，委信無間，勤勞亦至，洎鄴城之變，佐命之功，獨居其右。明宗踐祚，領樞密使，俄遷左領軍衛大將軍充職。册府元龜卷三百九。案：以下有闕文。（殿本）明宗遣回鶻侯三馳傳至其國，侯三至醴泉縣，縣素僻，無驛馬，其令劉知章出獵，不時給馬，侯三遽以聞。明宗大怒，械知章至京師，將殺之，賴重誨從容爲言，乃得不死。永樂大典卷一萬一千六百五十四。明宗幸汴州，重誨建議，欲因以伐吳，而明宗難之。其後户部尚書李鏻得吳諜者言：「徐知誥欲奉吳國以稱藩，願得安公一言以爲信。」〔三〕鏻即引諜者見重誨。重誨大喜，以爲然，乃以玉帶與諜者，使遺知誥爲信，其直千緡〔四〕。永樂大典卷一萬五千五百三十。

重誨爲樞密使，四五年間，獨綰大任，臧否自若，環衞、酋長、貴戚、近習，無敢干政者。弟牧鄭州，子鎮懷孟，身爲中令，任過其才，議者謂必有覆餗之禍。無何，有吏人李虔徽弟揚言于衆云：案：歐陽史作樞密承旨李虔徽語其客邊彦温云。所載異詞。（舊五代史考異）「聞相者言其貴不可言〔五〕，今將統軍征淮南。」時有軍將密以是聞，頗駭上聽〔六〕。册府元龜卷九百四十二。明宗謂重誨曰：「聞卿樹心腹，私市兵仗，欲自討淮南，有之否？」重誨惶恐，奏曰：「興師命將，出自宸衷，必是奸人結搆，臣願陛下窮詰所言者。」翌日，帝召侍衞指揮使安從進、藥彦稠等，謂之曰：「有人告安重誨私置兵仗〔七〕，將不利於社稷，其若之何？」從進等奏曰：「此是奸人結搆，離間陛下勳舊。且重誨事陛下三十年，從微至著，無不盡心，今日何苦乃圖不軌！臣等以家屬保明，家屬，原本作「家没」，今據文改正。（影庫本粘籤）必無此事。」帝意乃解。永樂大典卷四百六十一。重誨三上表乞解機務，詔不允。復面奏：「乞與臣一鎮，以息謗議。」明宗不悦，重誨奏不已，明宗怒，謂曰：「放卿出，朕自有人！」即令武德使孟漢瓊至中書，與宰臣商量重誨事。馮道言曰：「諸人苟惜安令公，解樞務爲便。」趙鳳曰：「大臣豈可輕動，公失言也。」道等因附漢瓊奏曰：「此斷自宸旨，然重臣不可輕議移改。」由是兼命范延光爲樞密使，重誨如故。永樂大典卷一萬一百一十三。

時以東川帥董璋恃險難制，乃以武虔裕爲綿州刺史，董璋益懷疑忌，遂縶虔裕以叛。及石敬瑭領王師伐蜀，峽路艱阻，糧運不繼，明宗憂之，而重誨請行〔八〕。翌日，領數騎而出，日馳數百里，西諸侯聞之，莫不惶駭。所在錢帛糧料，星夜輦運〔九〕，人乘斃踣於山路者不可勝紀，百姓苦之。永樂大典卷一萬八千一百二十九。重誨至鳳翔，節度使朱弘昭延于寢室，令妻子奉食器，敬事尤謹。重誨坐中言及：「昨被人讒搆〔一〇〕，幾不保全，賴聖上保鑒，苟獲全族。」因泣下。重誨既辭，弘昭遣人具奏：「重誨怨望出惡言，不可令至行營，恐奪石敬瑭兵柄。」而宣徽使孟漢瓊自西迴，亦奏。重誨已至三泉，復詔歸闕〔一一〕。再過鳳翔，朱弘昭拒而不納，重誨懼，急騎奔程，未至京師，制授河中帥。既至鎮，心不自安，遂請致仕。制初下，其子崇贊、崇緒走歸河中。二子初至，重誨駭然曰：「二渠安得來〔一二〕？」家人欲問故，原本作「家人欲問故里」，今以文義求之，「里」字當係衍文，今刪去。（影庫本粘籤）重誨曰：「吾知之矣，此非渠意，是他人教來。吾但以一死報國家，餘復何言！」翌日，中使至，見重誨，號泣久之。重誨曰：「公但言其故，勿過相愍。」中使曰：「人言令公據城異志矣。」重誨曰：「吾一死未塞責，已負君親，安敢輒懷異志，遽勞朝廷興師，增聖上宵旰，則僕之罪更萬萬矣。」

時遣翟光鄴使河中，如察重誨有異志，則誅之。既至，李從璋自率甲士圍其第，仍拜重誨于其庭，重誨下階迎拜曰：「太傅過禮。」俛首方拜，從璋以檛擊其首，其妻驚走抱之，曰：「令公死亦不遲，太傅何遽如此！」并擊重誨妻首碎，並剥其衣服，夫妻裸形踣于廊下，血流盈庭。翌日，副使判官白從璋願以衣服覆其屍，堅請方許。及從璋疏重誨家財，不及數千緡，議者以重誨有經綸社稷之大功，然志大才短，不能迴避權寵，親禮士大夫，求周身輔國之遠圖，而悉自恣胸襟，果貽顛覆。册府元龜卷九百四十二。案：安重誨傳，永樂大典中全篇已佚，今采册府元龜補之，以存大概。五代史補：初，知祥將據蜀也，且上表乞般家屬。時樞密使安重誨用事，拒其請，知祥曰：「吾知之矣。」因使密以金百兩爲賂，重誨喜而爲敷奏，詔許之。及家屬至，知祥對僚吏笑曰：「天下聞知安樞密〔三〕，將謂天地間未有此，誰知只銷此百金耶，亦不足畏也。」遂守險拒命。五代史闕文：明宗令翟光鄴、李從璋誅重誨於河中私第，從璋奮檛擊重誨於地，重誨曰：「某死無恨，但恨不與官家誅得潞王，他日必爲朝廷之患。」言終而絶。臣謹案：明宗實録是清泰帝朝修撰，潞王即清泰帝也。史臣避諱，不敢直書。嗚呼，重誨之志節泯矣！

朱弘昭，太原人也。祖玫，父叔宗，皆爲本府牙將。弘昭事明宗，在藩方爲典客。天成元年，爲文思使，歷東川副使，二年餘，除左衛大將軍，充内客省使。三年，轉宣徽南院使。明宗親祀南郊，弘昭爲大内留守，加檢校太傅，出鎮鳳翔。會朝廷命石敬瑭帥師伐蜀，久未成功，安重誨自請西行。至鳳翔，弘昭迎謁馬首，請館於府署，妻子羅拜，捧卮爲壽。弘昭密遣人謂敬瑭曰：「安公親來勞軍，觀其舉措孟浪，儻令得至，恐士心迎合，迎合，原本作「逆合」，今據文改正。（影庫本粘籤）則不戰而自潰也。可速拒之，必不敢前，則師徒萬全也。」敬瑭聞其言大懼，即日燒營遁還。重誨聞之，不敢西行，案歐陽史：敬瑭以糧餉不繼，遽燒營還軍，重誨亦以被讒召還。（舊五代史考異）因反旆東還。復過鳳翔，弘昭拒而不納。及重誨得罪，其年弘昭入朝，授左武衛上將軍，充宣徽南院使。

長興三年十二月，代康義誠爲襄州節度使。四年，秦王從榮爲元帥，屢宣惡言，執政大臣皆懼，謀出避之。樞密使范延光、趙延壽日夕更見，涕泣求去，明宗怒而不許。延壽使其妻興平公主入言於中，延光亦因孟漢瓊、王淑妃進說，故皆得免。未幾，趙延壽出鎮汴州，召弘昭於襄陽，代爲樞密使，加同平章事。十月，范延光出鎮常山，以三司使馮贇與弘昭對掌樞務，馮贇，原本作「爲贇」，今從通鑑改正。（影庫本粘籤）與康義誠、孟漢瓊同謀以殺秦王。

閔帝即位，弘昭以爲由己得立，故於庶事高下在心，及赦後覃恩，弘昭首自平章事超加中書令。素猜忌潞王，致其釁隙，以致禍敗。潞王至陝，閔帝懼，欲奔，馳手詔召弘昭圖之。時將軍穆延輝在弘昭第，曰：「急召，罪我也，其如之何？吾兒婦，君之女也，可速迎歸，無令受禍。」中使繼至，弘昭援劍大哭〔四〕，至後庭欲自裁，家人力止之。使促之急，弘昭曰：「窮至此耶！」乃自投於井。安從進既殺馮贇，斷弘昭首，俱傳於陝州。及漢高祖即位，贈尚書令。永樂大典卷二千三十二。

朱洪實，案：歐陽史作朱弘實。（舊五代史考異）不知何許人。以武勇累歷軍校，長興中，爲馬軍都指揮使。秦王爲元帥，以洪實驍果，尤寵待之，歲時曲遺，頗厚於諸將。及朱弘昭爲樞密使，勢燄尤甚，洪實以宗兄事之，意頗相協。弘昭將殺秦王，以謀告之，洪實不以爲辭。時康義誠以其子事於秦府，故恒持兩端。及秦王兵扣端門，洪實爲孟漢瓊所使，率先領騎軍自左掖門出逐秦王，自是義誠陰銜之。陰銜，原本作「陰衞」，今據文改正。（影庫本粘籤）閔帝嗣位，洪實自恃領軍之功，義誠每言，不爲之下。應順元年三月辛酉，義誠將出征〔一五〕，閔帝幸左藏庫，親給軍士錢帛。是時，義誠與洪實同於庫中面論用兵利害，案歐陽史云：洪實見軍士無鬭志，而義誠盡將以西，疑其二心。（舊五代史考異）洪實言：「自出軍討逆〔一六〕，累發兵師，今聞小衂，無一人一騎來者。不如以禁軍據門自固，彼安敢徑來，然後徐圖進取，全策也。」義誠怒曰：「若如此言，洪實反也。」洪實曰：「公自反，誰反！」其聲漸厲。帝聞，召而訊之，洪實猶理前謀，又曰：「義誠言臣圖反，據發兵討，義誠反必矣。」閔帝不能明辨，遂命誅洪實。既而義誠果以禁軍迎降潞王，故洪實之死，後人皆以爲冤。永樂大典卷二千三十二。

康義誠，字信臣，代北三部落人也。少以騎射事武皇，從莊宗入魏博，補突騎軍使〔一七〕，累遷本軍都指揮使。同光末，從明宗討鄴城，軍亂，迫明宗爲主，明宗不然。義誠進曰：「主上不慮社稷阽危，不思戰士勞苦，荒躭禽色，溺於酒樂。今從衆則有歸，守節則將死。」明宗納其言，由是委之心膂。明宗即位，加檢校司空，領富州刺史，總突騎如故。尋轉捧聖都指揮使，領汾州刺史〔一八〕。明宗幸汴，平朱守殷，改侍衞馬軍都指揮使，領江西節度使。車駕歸洛，授侍衞馬步軍都指揮使、河陽節度使。長興末，加同平章事。案玉堂間話云：長興中，侍衛使康義誠，常軍中差人于私宅充院子，亦曾小有笞責。忽一日，憐其老而詢其姓氏，則曰：「姓康。」別詰其鄉土、親族、息嗣，方知是父，遂相持而泣，聞者莫不驚異。（舊五代史考異）

秦王爲天下兵馬元帥，氣焰燻灼，大臣皆懼，求爲外任。義誠以明宗委遇，無以解退，乃令其子以弓馬事秦王以自結〔一九〕。明宗不豫，秦王諷義誠爲助，諷義誠，原本作「捧義誠」，今據册府元龜改正。（影庫本粘籤）義誠曲意承奉，亦非真誠。及朱弘昭、馮贇等懼禍，謀於義誠，義誠但云〔二〇〕：「僕爲將校，不敢預議，但相公所使耳。」及秦王既誅，明宗宴駕，閔帝即位，加檢校太尉、兼侍中，判六軍諸衛事。未幾，鳳翔變起，西軍不利，義誠懼，乃請行，蓋欲盡率駕下諸軍送降於潞王求免也。會與朱洪實議事不叶，洪實因厲聲言義誠苞藏之志，閔帝曖昧，不能明辨，而誅洪實。及義誠率軍至新安，諸軍爭先趨陝，解甲迎降，義誠以部下數十人見潞王請罪，潞王雖罪其奸回，未欲行法。清泰元年四月，斬於興教門外，夷其族。永樂大典卷一萬八千二十九〔二一〕。

藥彥稠，沙陀三部落人。幼以騎射事明宗，累遷至列校。明宗踐阼，領澄州刺史、河陽馬步都將。從王晏球討王都於定州，平之，領壽州節度使、侍衛步軍都虞候。屬河中指揮使楊彥温作亂，彥稠改侍衛步軍都指揮使，充河中副招討使，案：歐陽史作招討使。（舊五代史考異）將兵討平之。無幾，党項劫迴鶻入朝使，詔彥稠屯朔方，就討党項之叛命者，搜索盜賊，盡獲迴鶻所貢駝馬、寶玉，擒首領而還。尋授邠州節度使。遣會兵制置鹽州，蕃戎逃遁，獲陷蕃士庶千餘人，並遣復鄉里〔二〕。受詔與延州節度使進攻夏州〔三〕，案：原本有闕文，歐陽史作靈武康福。累月不克，兵罷歸鎮。閔帝嗣位，與王思同攻鳳翔，爲副招討使。禁軍之潰，彥稠欲沿流而遁，爲軍士所擒而獻之。時末帝已至華州，令拘於獄，誅之。漢高祖即位，與王思同並制贈侍中。永樂大典卷一萬八千一百二十九。

宋令詢，不知何許人也。閔帝在藩時，補爲客將。知書樂善，動皆由禮。長興中，閔帝連殿大藩，遷爲都押衙，都押衙，原本作「挾衙」，考契丹國志云：「宋王舊押衙宋令詢聞變，自經卒。」原本「挾」字係傳寫之訛，今改正。（影庫本粘籤）參輔閫政，甚有時譽，閔帝深委之。及閔帝嗣位，朱、馮用事，不欲閔帝之舊臣在於左右，乃出爲磁州刺史。閔帝蒙塵於衛，令詢日令人奔問。及聞帝遇害，大慟半日，自經而卒。永樂大典卷一萬三千四百四十四。

史臣曰：夫代大匠斲者，猶傷其手，況代天子執賞罰之柄者乎！是以古之賢人，當大任、秉大政者，莫不卑以自牧，推之不有，廓自公之道，絶利己之欲，然後能保其身而脱其禍也。而重誨何人，安所逃死？古語云：「無爲權首，反受其咎。」重誨之謂歟！自弘昭而下，力不能衞社稷，謀不能安國家，相踵而亡，又誰咎也。唯令詢感故君之舊恩，由大慟而自絶，以兹隕命，足以垂名〔二四〕。永樂大典卷一萬三千四十四。

校勘記

〔一〕其先本北部豪長　「豪長」，通鑑卷二六九胡注引薛史作「酋豪」。

〔二〕爲河東將　「爲」，原作「於」，據殿本、劉本、通鑑卷二六九胡注引薛史改。

〔三〕重誨建議……願得安公一言以爲信　殿本作「重誨建議，欲因以伐淮南，明宗難之。後李鏻得淮南諜者，言：『徐知誥欲奉其國稱藩臣，願得安令公一言爲信。』」

〔四〕明宗遣回鶻侯三馳傳至其國……其直千緡　按以上二則文字與新五代史卷二四安重誨傳略同，疑係清人誤輯。

〔五〕聞相者言其貴不可言　册府卷九四二作「相者言之狀」。

〔六〕頗駭上聽　「頗」，册府卷九四二作「深」。

〔七〕有人告安重誨私置兵仗　「兵仗」，册府卷九三三作「兵仗綱紀」。

〔八〕而重誨請行　句下册府卷九四二有「纔許便辭」四字。

〔九〕星夜輦運　句下册府卷九四二有「齊赴利州」四字。

〔一〇〕昨被人讒搆　「被」，原作「有」，據册府卷九四二改。

〔一一〕復詔歸闕　「詔」，原作「令」，據册府（宋本）卷九四二改，明本無此字。

〔一二〕二渠安得來　「二」字原闕，據册府卷九四二、新五代史卷二四安重誨傳補。

〔一三〕天下聞知安樞密　「安」字原闕，據五代史補（四庫本）卷二補。

〔一四〕弘昭援劍大哭　「援」，册府卷九四二、新五代史卷二七朱弘昭傳作「拔」。

〔一五〕義誠將出征　「將」字下册府卷一八一、卷四五六有「議」字。

〔一六〕自出軍討逆　「自」字原闕，據册府卷一八一、卷四五六補。

〔一七〕補突騎軍使　「軍」字原闕，據册府卷三四七補。

〔一八〕領汾州刺史　「領」，原作「鎮」，據邵本校改。「汾州」，原作「邠州」，據本書卷三六唐明宗紀二、新五代史卷二七康義誠傳改。舊五代史考異卷二：「案歐陽史作『汾州』。」

〔一九〕乃令其子以弓馬事秦王以自結　「以自結」，殿本、孔本、册府卷四四六作「冀自保全」。

〔二〇〕義誠但云　「義誠」二字原闕，據册府卷四四六補。

〔二一〕永樂大典卷一萬八千二十九　檢永樂大典目録，卷一八〇二九爲「將」字韻「列國鄭衞燕楚將」，與本則内容不符，恐有誤記。陳垣舊五代史輯本引書卷數多誤例謂應作卷一八一二九「將」字韻「後唐將」。

〔三〕並遣復鄉里　「並」字原闕，據册府卷三九七補。

〔三〕受詔與延州節度使進攻夏州　殿本注：「脱兩字。」郭武雄證補：「據同書明宗紀長興四年三月，時延州節度使蓋安從進也。故脱文當係『安從』兩字，接下一『進』字，合爲安從進。」

〔四〕足以垂名　「足」，原作「定」，據殿本、劉本改。影庫本批校：「足以垂名，『足』訛『定』。」

舊五代史卷六十七　唐書四十三

列傳第十九

豆盧革　韋說　盧程　趙鳳　李愚　任圜

豆盧革，祖籍，同州刺史。父瓚，舒州刺史。宣和書譜云：失其世系。（殿本）革少值亂離，避地鄜、延，轉入中山，王處直禮之，王處直，原本作「處真」，今據新唐書改正。（影庫本粘籤）辟于幕下，有奏記之譽。因牡丹會賦詩，諷處直以桑柘爲意，言甚古雅，漸加器仰，轉節度判官。而理家無法，獨請謁見處直，處直慮布政有缺，有所規諫，斂板出迎，乃爲嬖人祈軍職矣。

天祐末，莊宗將即位，講求輔相，盧質以名家子舉之，徵拜行臺左丞相。同光初，拜平章事。及登廊廟，事多錯亂，至于官階擬議，前後倒置，屢爲省郎蕭希甫駮正，革改之無難色。莊宗初定汴洛，革引薦韋説，冀諳事體，與己同功。説既登庸，復事流品，舉止輕脱，怨歸於革。又革、説之子俱授拾遺[一]，父子同官，爲人所刺，遂改授員外郎。革請説之子濤爲弘文館學士，説請革之子昇爲集賢學士，交易市恩[二]，有同市井，識者醜之。革自作相之後，不以進賢勸能爲務，唯事修鍊，求長生之術，嘗服丹砂，嘔血數日，垂死而愈。

天成初，將葬莊宗，以革爲山陵使。及木主歸廟，不出私第，專候旌鉞，數日無耗，爲親友促令入朝。安重誨對衆辱之曰：「山陵使名銜尚在，不候新命，便履公朝，意謂邊人可欺也？」側目者聞之，思有所中。所中，原本作「所衆」，今據文改正。（影庫本粘籤）初，蕭希甫有正諫之望，革嘗阻之，遂上疏論革與説苟且自容，致君無狀。復誣其縱田客殺人，冒元亨上第。冒元亨上第，疑有舛誤。考册府元龜所引薛史與永樂大典同。今無可復考，姑仍其舊。（影庫本粘籤）遂貶爲辰州刺史，仍令所在馳驛發遣。後鄭珏、任圜等連上三章，請不行後命，乃下制曰：「豆盧革、韋説等，身爲輔相，手握權衡，或端坐稱臣，或半笑奏事，於君無禮，舉世寧容。革則暫委利權，便私俸禄，文武百辟皆從五月起支，父子二人偏自正初給遣。説則自居重位，全紊大綱。敍蔭貪榮，亂兒孫於昭穆；賣官潤屋，換令録之身名。醜行疊彰，羣情共怒，雖居牧守，未塞非尤。革可責授費州司户參軍，説可夷州司户參軍，皆員外置同正員，並所在馳驛發遣。」尋貶陵州長流百姓，委長吏常知所在。天成二年夏，詔令逐處刺史監賜自盡，其骨肉並放逐便〔三〕。

子昇，官至檢校正郎，服金紫，尋亦削奪。永樂大典卷二千二百一十四。案寶真齋法書贊載豆盧革田園帖云〔四〕：大德欲要一居處，畿甸間舊無田園，鄜州雖有三兩處莊子，緣百姓租佃多年，累有令公大王書，請却給還人户，蓋不欲侵奪疲民，兼慮無知之輩妄有影庇色役云云〔五〕。岳珂曰：此帖乃與僧往還書，其畏强藩、避罪罟，蓋慄慄淵冰，然其後卒以故縱田客貶夜郎，正坐所畏，信乎亂邦之不可居也。是時據鄜乃高萬興，官檢校太師、中書令，封北平王，即革所謂「令公大王」者。官故梁授，唐命維新，而顯面正朝者，不能致褫鞶之誅，而反竊貢秉旄之佞，唐之不競，有自來矣。（舊五代史考異）

韋說，福建觀察使岫之子也。案：以下疑有闕文。莊宗定汴洛，說與趙光胤同制拜平章事。說性謹重，奉職官常〔六〕，不造事端。時郭崇韜秉政，說等承順而已，政事得失，無所措言。

初，或有言于崇韜，銓選踰濫，選人或取他人出身名銜〔七〕，或取父兄資緒，與令史囊槖罔冒，崇韜乃條奏其事。其後郊天，行事官數千人，多有告敕僞濫，因定去留，塗毁告身者甚衆，選人號哭都門之外。議者亦以爲積弊累年，一旦澄汰太細，懼失維新含垢之意。時説與郭崇韜同列，不能執而止之，頗遭物議。説之親黨告之，説曰：「此郭漢子之意也。」及崇韜得罪，説懼流言所鍾，乃令門人左拾遺王松、吏部員外郎李慎儀等上疏〔八〕，云：「崇韜往日專權，不閑故實，塞仕進之門，非奬善之道。」疏下中書，説等覆奏，深詆崇韜，識者非之。又有王修者，能以多岐取事，納賂於説，説以其名犯祖諱，遂改之爲「操」，擬官于近甸。及明宗即位，説常慮身危，每求庇于任圜，常保護之。説居有井，昔與鄰家共之，因嫌鄙雜，築垣于外。鄰人訟之，爲希甫疏論，以爲井有貨財，及案之本人，惟稱有破釜一所，反招虛妄。初貶敍州刺史，尋責授夷州司户參軍。

初，説在江陵，與高季興相知，及入中書，亦常通信幣。自討西蜀，季興請攻峽内，莊宗許之：「如能得三州，俾爲屬郡。」西川既定〔九〕，季興無尺寸之功。洎明宗纘承，季興頻請三郡，朝廷不得已而與之。革、説方在中書，亦預其議，及季興占據，獨歸其罪，流于合州。合州，原本作「白州」，今據五代春秋改正。（影庫本粘籤）明年夏，詔曰：「陵州、合州長流百姓豆盧革、韋説，頃在先朝，擢居重任，欺公害物，黷貨賣官。靜惟肇亂之端，更有難容之事，且夔、忠、萬三州，地連巴蜀，路扼荆蠻，藉皇都弭難之初〔一〇〕，徇逆帥僭求之勢，罔予視聽，率意割移。將千里之土疆，開通狡穴；動兩川之兵賦，禦捍經年。致朕莫遂偃戈，猶煩運策。近者西方鄴雖復要害，高季興尚固窠巢，增吾旰食之憂，職爾朋姦之計。而又自居貶所，繼出流言。苟刑戮之稽時，處忠良于何地？宜令逐處刺史監賜自盡。」永樂大典卷一萬七千九百一十。歐陽史：說子濤，晉天福初，爲尚書膳部員外郎，卒。（殿本）

盧程，唐朝右族。祖懿，父蘊，案：歐陽史作不知其世家何人也，似誤。（舊五代史考異）歷仕通顯。程，天復末登進士第，崔魏公領鹽鐵，署爲巡官。昭宗遷洛陽，柳璨陷右族，程避地河朔，客遊燕趙，或衣道士服，干謁藩伯，人未知之。豆盧革客遊中山，依王處直，盧汝弼來太原。程與革、弼皆朝族知舊〔一一〕，因往來依革，處直禮遇未優，故投于太原，汝弼因爲延譽，莊宗署爲推官，尋改支使。程褊淺無他才，惟矜恃門地〔一二〕，口多是非，篤厚君子尤薄之。

初，判官王緘從軍掌文翰，胡柳之役，緘没於軍〔一三〕。莊宗歸寧太原，置酒公宴，舉酒謂張承業曰：「予今於此會取一書記〔一四〕，先以巵酒辟之。」即舉酒屬巡官馮道，道以所舉非次，抗酒辭避，莊宗曰：「勿謙挹，無踰於卿也。」時以職列序遷，則程當爲書記，汝弼亦左右之。程既失職，私懷憤惋，謂人曰：「主上不重人物，使田里兒居余上。」先是，莊宗嘗於帳中召程草奏，程曰：「叨忝成名，不閑筆硯。」由是文翰之選，不及於程。時張承業專制河東留守事，人皆敬憚。舊例，支使監諸廩出納，程訴于承業曰：「此事非僕所長，請擇能者。」承業叱之曰：「公稱文士，即合飛文染翰，染翰，原本作「築翰」，今據文改正。（影庫本粘籤）以濟霸圖〔一五〕，嘗命草辭，自陳短拙，及留職務，又以爲辭，公所能者何也？」程垂泣謝之。後歷觀察判官。

莊宗將即位，求四鎮判官可爲宰輔者。時盧汝弼、蘇循相次淪没，當用判官盧質。質性疏放，不願重位，求留太原，乃舉定州判官豆盧革，次舉程，即詔徵之，並命爲平章事。平章，原本作「平張」，今據文改正。（影庫本粘籤）程本非重器，驟歷顯位，舉止不恒。時朝廷草創，庶物未備，班列蕭然，寺署多缺。程、革受命之日，即乘肩輿，騶導喧沸。莊宗聞訶導之聲，詢於左右，曰：「宰相擔子入門。」莊宗駭異，登樓視之，笑曰：「所謂似是而非者也。」頃之，遣程使晉陽宫册皇太后，山路險阻，往復綿邈，程安坐肩輿，所至州縣，驅率丁夫，長吏迎謁，拜伏輿前，少有忤意，因加笞辱。

及汴將王彦章陷德勝南城，急攻楊劉，莊宗御軍苦戰，臣下憂之，咸白宰臣，欲連章規諫，請不躬御士伍。豆盧革言及漢高臨廣武事〔一六〕，矢及於胸，紿云中足。程曰：「此劉季失策。」衆皆縮頸。嘗論近世士族，或曰：「員外郎孔明龜〔一七〕，善和宰相之令緒，宣聖之系孫，得非盛歟！」程曰：「止於孔子之後，盛則吾不知也〔一八〕。」親黨有假驢夫於程者，程帖府給之，府吏訴云無例，程怒鞭吏背。時任圜爲興唐少尹〔一九〕，莊宗從姊壻也，案：歐陽史誤作莊宗姊婿也。（舊五代史考異）憑其寵戚，因詣程。程方衣鶴氅、華陽巾，憑几決事，見圜怒詈曰：「是何蟲豸，恃婦力耶！」宰相取給於府縣，得不識舊體！」圜不言而退，是夜，馳至博平，面訴於莊宗。莊宗怒，謂郭崇韜曰：「朕誤相此癡物，敢辱予九卿！」促令自盡，崇韜亦怒，事幾不測，賴盧質橫身解之，遂降爲右庶子。莊宗既定河南，程隨百官從幸洛陽，沿路墜馬，因病風而卒。贈禮部尚書。永樂大典卷二千二百一十二。

趙鳳，幽州人也。少爲儒，唐天祐中，燕帥劉守光盡率部内丁夫爲軍伍，而黥其面，爲儒者患之，多爲僧以避之，鳳亦落髮至太原。頃之，從劉守奇奔梁，梁用守奇爲博州刺史，表鳳爲判官。永樂大典卷一萬六千四百六十五。案：下有闕文。（殿本）案歐陽史云：守奇卒，鳳去，爲鄆州節度判官。爲鄆州節度判官。

唐莊宗聞鳳名，得之甚喜，以爲護鑾學士。後莊宗即位，拜鳳中書舍人。永樂大典卷一萬三千四百二十四。案：五代會要作護鑾書制學士。歐陽史云：莊宗即位，拜中書舍人、翰林學士。時皇后及羣小用事，鳳言皆不見納。及入汴，改授禮部員外郎。莊宗及劉皇后幸張全義第，后奏曰：「妾五六歲失父母，每見老者，思念尊親泣下，以全義年德，妾欲父事之，以慰孤女之心。」莊宗許之，命鳳作牋上全義，定往來儀注。鳳上書極諫，不納〔一〇〕。天成初，置端明殿學士，鳳與馮道俱任其職。時任圜爲宰相，爲安重誨所傾，以至罷相歸磁州。及朱守殷以汴州叛，馳驛賜圜自盡。既而鳳哭謂安重誨曰：「任圜義士也，肯造逆謀以讎君父乎？如此濫刑，何以安國！」重誨笑而不責。是冬，權知貢舉。

明年春，有僧自西國取經回，得佛牙大如拳，褐漬皴裂，進於明宗。鳳揚言曰：「曾聞佛牙鎚鍛不壞，請試之。」隨斧而碎。時宮中所施已逾數千緡，聞毀乃止。及車駕還洛，留知汴州事，尋授中書侍郎〔一一〕、平章事。案李之儀姑溪居士集云：鳳爲莊宗實録，將何挺論劉昫疏不載，昫既相，遂引鳳共政事。（舊五代史考異）長興中，安重誨出鎮河中，人無敢言者，惟鳳極言於上前曰：「重誨是陛下家臣，其心終不背主，五年秉權，賢豪俯伏，但不周防，自貽浸潤。」明宗以爲朋黨，不悅其奏。重誨獲罪，乃出爲邢州節度使。及閔帝蒙塵于衞州，鳳集賓佐軍校，垂涕曰：「主上播遷，渡河而北，吾輩安坐不赴奔問，于禮可乎？」軍校曰：「唯公所使。」將行，聞閔帝遇弒而止〔一二〕。清泰初，召還，授太子太保〔一三〕。既而病足，不能朝謁。疾篤，自爲蓍筮，卦成，投蓍而嘆曰：「吾家世無五十者，而復窮賤，吾年已五十，又爲將相，豈有遐壽哉！」清泰二年三月卒。

鳳性豁達，輕財重義，凡士友以窮厄告者，必傾其資而餉之，人士以此多之也。永樂大典卷一萬七千九百一十。趙鳳傳，永樂大典闕全篇，其散見各韻者尚得三條，今次第編排，以存大概。（影庫本粘籤）

李愚，字子晦。自稱趙郡平棘西祖之後，家世爲儒。父瞻業，應進士不第，遇亂，徙家渤海之無棣，以詩書訓子孫。愚童齔時，謹重有異常兒，年長方志學，偏閱經史。慕晏嬰之爲人，初名晏平。晏平，原本作「晏來」，今據册府元龜改正。（影庫本粘籤）爲文尚氣格，有韓柳體。厲志端莊，風神峻整，非禮不言，行不苟且。愚初以艱貧，求爲假官，滄州盧彦威署安陵簿。丁憂服闋，隨計之長安，屬關輔亂離，頻年罷舉，客於蒲華之間。

光化中，軍容劉季述、王奉先廢昭宗〔一四〕，立德王裕〔一五〕，月餘〔一六〕，諸侯無奔問者。愚時在華陰，致書於華帥韓建，其略曰：「僕關東一布衣爾，幸讀書爲文，每見君臣父子之際，有傷教害義之事，常痛心切齒，恨不得抽腸蹀血，肆之市朝。明公居近關重鎮，君父幽辱月餘，坐視凶逆，而忘勤王之舉，僕所未諭也。僕竊計中朝輔弼，雖有志而無權；外鎮諸侯，外鎮，原本作「外鈔」，今從通鑑改正。（影庫本粘籤）雖有權而無志。惟明公忠義，社稷是依。往年車輅播遷，號泣奉迎，累歲供饋，再復朝廟，義感人心，至今歌詠。此時事勢，尤異於前，明公地處要衝，位兼將相，自宮闈變故，已涉旬時，若不號令率先，以圖反正，遲疑未決，一朝山東侯伯唱義連衡，鼓行而西，明公求欲自安，如何決策！此必然之勢也。不如馳檄四方，諭以逆順，軍聲一振，則元兇破膽，浹旬之間，二豎之首傳於天下，計無便於此者。」建深禮遇之，堅辭還山。天復初〔二七〕，駕在鳳翔，汴軍攻蒲、華，愚避難東歸洛陽。時衞公李德裕孫道古在平泉舊墅〔二八〕，愚往依焉。子弟親採梠負薪以給朝夕，未嘗干人。故少師薛廷珪掌貢籍之歲，登進士第，又登宏詞科，授河南府參軍，遂卜居洛表白沙之別墅。

梁有禪代之謀，柳璨希旨教害朝士，愚以衣冠自相殘害，乃避地河朔，與宗人李延光客於山東。梁末帝嗣位，雅好儒士，延光素相款奉，得侍講禁中，屢言愚之行高學贍，有史魚、蘧瑗之風。召見，嗟賞久之，擢爲左拾遺，俄充崇政院直學士，或預咨謀，而儼然正色，不畏强禦。衡王入朝，衡王，原本作「衞王」，今據歐陽史家人傳改正。（影庫本粘籤）重臣李振輩皆致拜，惟愚長揖。末帝讓之曰：「衡王朕之兄，朕猶致拜，崇政使李振等皆拜，爾何傲耶！」對曰：「陛下以家人禮兄，振等私臣也。臣居朝列，與王無素，安敢諂事。」其剛毅如此。晉州節度使華温琪在任違法，籍民家財〔二九〕，其家訟於朝，制使劾之，伏罪。梁末帝以先朝草昧之臣，不忍加法，愚堅按其罪。梁末帝詔曰：「朕若不與鞫窮，謂予不念赤子；若或遂行典憲，謂余不念功臣。爲爾君者，不亦難乎！其華温琪所受贓，宜官給代還所訟之家。」貞明中，通事舍人李霄傭夫毆僦舍人致死，法司按律，罪在李霄。愚白：「李霄手不鬬毆，傭夫毆之致死〔三〇〕，安得坐其主耶！」以是忤旨。愚自拾遺再遷膳部員外郎、賜緋，改司勳員外郎、賜紫，至是罷職，歷許、鄧觀察判官。案：歐陽史作罷爲鄧州觀察判官。（舊五代史考異）

初在内職，磁州舉子張礪依焉〔三一〕。貞明中，礪自河陽北歸莊宗，補授太原府掾，出入崇闥之間，揄揚愚之節概，及言愚之所爲文仲尼遇、顔回壽、顔回壽，原本作「顔回儔」，今據夏文莊集所引薛史改正。（影庫本粘籤）夷齊非餓人等篇，北人望風稱之。洎莊宗都洛陽，鄧帥俾奏章入朝，諸貴見之，禮接如舊。尋爲主客郎中，數月，召爲翰林學士。三年，魏王繼岌征蜀，請爲都統判官，仍帶本職從軍。時物議以蜀險阻，未可長驅，郭崇韜問計於愚，愚曰：「如聞蜀人厭其主荒恣，倉卒必不爲用。宜乘其人情二三〔三二〕，風馳電擊，彼必破膽，安能守險。」及前軍至固鎮，收軍食十五萬斛，崇韜喜，謂愚曰：「公能料事，吾軍濟矣。」招討判官陳乂至寶雞，寶鷄，原本作「實鷄」，今據通鑑改正。（影庫本粘籤）稱疾乞留在後，愚厲聲曰：「陳乂見利則進，懼難則止。今大軍涉險，人心易惑，正可斬之以徇。」由是軍人無遲留者。是時，軍書羽檄，皆出其手。蜀平，就拜中書舍人。師還，明宗即位，時西征副招討使任圜爲宰相，雅相欽重，屢言於安重誨，請引爲同列，屬孔循用事，援引崔協以塞其請。俄以本職權知貢舉，改兵部侍郎，充翰林承旨。長興初，除太常卿，屬趙鳳出鎮邢臺，乃拜中書侍郎、平章事，案：歐陽史作任圜罷相，乃拜愚中書侍郎、同平章事，吳縝嘗辨其誤。據薛史，愚代趙鳳爲相，非繼任圜也。（舊五代史考異）案歐陽史：任圜罷相，乃拜愚中書侍郎、同平章事。吳縝纂誤云：明宗紀天成二年六月，任圜罷，長興二年，李愚爲平章事。自任圜罷至此已五年矣，與愚入相年月太遠。蓋史之所書，本謂趙鳳而誤爲任圜也。（殿本）轉集賢殿大學士。

長興季年，秦王恣橫，權要之臣，避禍不暇，邦之存亡，無敢言者。愚性剛介，往往形於言，然人無唱和者。後轉門下侍郎、監修國史、兼吏部尚書，與諸儒修成創業功臣傳三十卷。愚初不治第，既命爲相，官借延賓館居之。嘗有疾，詔近臣宣諭，延之中堂，設席惟筦秸，使人言之，明宗特賜帷帳茵褥[三]。案職官分紀云：長興四年，愚病，明宗遣中使宣問。愚所居寢室，蕭然四壁，病榻弊氈而已。中使具言其事，帝曰：「宰相月俸幾何，而委頓如此？」詔賜絹百匹、錢百千、帷帳什物一十二事。所載較薛史爲詳，今録以備參考。

閔帝嗣位，志修德政，易月之制纔除，便延訪學士讀貞觀政要、太宗實録，有意於致理。愚私謂同列曰：「吾君延訪，少及吾輩，位高責重，事亦堪憂，奈宗社何。」皆惕息而不敢言。以恩例進位左僕射。清泰初，徽陵禮畢，馮道出鎮同州，愚加特進、太微宮使、弘文館大學士。宰相劉昫與馮道爲婚家〔三四〕，道既出鎮，兩人在中書，或舊事不便要釐革者，對論不定。愚性太峻，因曰：「此事賢親家翁所爲〔三五〕，更之不亦便乎。」昫憾其言切，於是每言必相折難，或至喧呼。無幾，兩人俱罷相守本官。案錦繡萬花谷云：愚爲相迂闊，廢帝謂愚等無所事，常目爲「粥飯僧」，以爲飲食終日，無所用心。清泰二年秋，愚已嬰疾，率多請告，累表乞骸，不允，尋卒於位〔三六〕。永樂大典卷一萬三百八十九。

任圜，京兆三原人。祖清，成都少尹。父茂弘，避地太原，奏授西河令，有子五人，曰圖、回、圜、團、囧〔三七〕，風彩俱異，武皇愛之，以宗女妻團〔三八〕。歷代、憲二郡刺史〔三九〕。李嗣昭典兵於晉陽，與圜遊處甚洽，及鎮澤潞，請爲觀察支使，解褐，賜朱紱。圜美姿容，有口辯，嗣昭爲人間搆於莊宗，方有微隙，圜奉使往來，常申理之，克成友于之道，圜之力也。及丁母憂，莊宗承制起復潞州觀察判官，賜紫。常山之役，嗣昭爲帥，卒於軍〔四〇〕，圜代總其事，案：歐陽史作嗣昭戰歿，圜代將其事。（舊五代史考異）號令如一，敵人不知。莊宗聞之，倍加獎賞。是秋，復以上黨之師攻常山，城中萬人突出，大將孫文進死之，賊逼我軍，圜麾騎士擊之，頗有殺獲。嘗以禍福諭其城中，鎮人信之，使人乞降〔四一〕。及城潰，誅元惡之外，官吏咸保其家屬，亦圜所庇護焉。莊宗改鎮州爲北京，以圜爲工部尚書兼真定尹、（真定，原本作「真寶」，今據歐陽史改正。（影庫本粘籤））北京副留守、知留守事。明年，郭崇韜兼鎮，改行軍司馬，充北面水陸轉運使，仍知府事。同光三年，歸朝，守工部尚書。

崇韜伐蜀，奏令從征，西蜀平，署圜黔南節度使，懇辭遂止。魏王班師，行及利州，康延孝叛，以勁兵八千迴劫西川。繼岌聞之，夜半命中使李廷安召圜，圜方寢，廷安登其床以告之，圜衣不及帶，遽見繼岌。繼岌泣而言曰：「紹琛負恩，（紹琛，原本作「昭深」，考歐陽史雜傳，康延孝賜名紹琛，今改正。（影庫本粘籤））非尚書不能制。」即署圜爲招討副使，與都指揮使梁漢顒等率兵攻延孝於漢州，擒之以旋〔四二〕。至渭南，繼岌遇害，圜代總全師，朝於洛陽。明宗嘉其功，拜平章事、判三司。

圜揀拔賢俊，杜絶倖門。百官俸入爲孔謙減折〔四三〕，圜以廷臣爲國家羽儀，故優假班行，禁其虚估，期月之內，府庫充贍，朝廷修葺，軍民咸足。雖憂國如家，而切於功名，故爲安重誨所忌。嘗與重誨會於私第，有妓善歌，重誨求之不得，嫌隙自兹而深矣。先是，使人食券案：通鑑作館券。（舊五代史考異）皆出於户部，重誨止之，俾須内出，爭於御前，往復數四，竟爲所沮，案通鑑：安重誨與圜爭于上前，往復數四，聲色俱厲。上退朝，宫人問上：「適與重誨論事爲誰？」上曰：「宰相。」宫人曰：「妾在長安宫中，未嘗見宰相、樞密奏事敢如是者，蓋輕大家耳！」上愈不悦。（舊五代史考異）因求罷三司。天成二年，除太子少保致仕，出居磁州。及朱守殷叛，重誨乘間誣其結搆，立遣人稱制就害之，乃下詔曰：「太子少保致仕任圜，早推勳舊，曾委重難，既退免於劇權，俾優閑於外地，而乃不遵禮分，潛附守殷，緘題罔避於嫌疑，情旨頗彰於怨望。自收汴壘，備見蹤由，若務含弘，是孤典憲，尚全大體，止罪一身。宜令本州於私第賜自盡。」圜受命之日，聚族酣飲，神情不撓。清泰中，制贈太傅。案：歐陽史作愍帝即位，贈圜太傅，薛史作廢帝清泰中，未知孰是。（舊五代史考異）

子徹，仕皇朝，位至度支郎中，卒。永樂大典卷九千三百五十二。

史臣曰：革、説承舊族之冑，佐新造之邦，業雖謝于財成，罪未聞于昭著，而乃爲權臣之所忌，顧後命以無逃，靜而言之，亦可憫也。盧程器狹如是，形渥攸宜。趙鳳、李愚，咸以文學之名，俱踐巖廊之位，校其貞節，愚復優焉。任圜有縱横濟物之才，無明哲保身之道，退猶不免，歔可悲哉！永樂大典卷一萬七千九百一十。

校勘記

〔一〕又革說之子俱授拾遺　「革」字原闕，據册府卷三三七補。新五代史卷二八豆盧革傳敍其事作「二人各以其子爲拾遺」。

〔二〕交易市恩　殿本、册府卷三三七作「交致阿私」，孔本作「交致阿思」。

〔三〕其骨肉並放逐便　「逐」，原作「遂」，據殿本、劉本、孔本校、本書卷三八唐明宗紀四改。影庫本批校：「『放逐便』，『逐』訛『遂』。」

〔四〕寶真齋法書贊　「真」，原作「晉」，據寶真齋法書贊改。

〔五〕兼慮無知之輩妄有影庇色役云云　「色役」，原作「包役」，據寶真齋法書贊卷八改。

〔六〕奉職官常　「官」字原闕，據册府卷三三六補。

〔七〕選人或取他人出身名銜　「名」字原闕，據册府卷三三五補。

〔八〕李慎儀　原作「李慎義」，據殿本、本書卷一四八選舉志、册府卷六三二改。

〔九〕西川既定　「西川」，册府卷三三七作「兩川」，通鑑卷二七五考異引明宗實録及薛史韋說傳、册府卷三三八作「三川」。

〔一〇〕藉皇都弭難之初　「藉」，原作「接」，據殿本、劉本改。「初」，殿本、劉本、孔本作「功」。

〔一一〕程與革弼皆朝族知舊　「革弼」，殿本、劉本作「汝弼」。

〔一二〕惟矜恃門地　「矜」，原作「務」，據册府卷九一七改。

〔三〕緘没於軍　「没」，原作「役」，據殿本、孔本、邵本校、彭校改。影庫本批校：「緘没於軍，『没』訛『役』。」

〔四〕予今於此會取一書記　「予」，原作「子」，據殿本、劉本、孔本、邵本校、册府卷七二九改。影庫本批校：「予於此會，『予』訛『子』。」

〔五〕以濟霸圖　「圖」，原作「國」，據册府卷七三〇、卷九五四改。

〔六〕豆盧革言及漢高臨廣武事　「臨」字原闕，據殿本、孔本、册府卷三三六、卷九四四補。

〔七〕孔明龜　册府卷三三六、卷九四四作「孔龜明」。

〔八〕盛則吾不知也　「吾不」，原作「不吾」，據殿本、册府卷三三六、卷九四四乙正。

〔九〕任圜　册府卷三三六同，通鑑卷二七二作「任團」。按本卷下文任圜傳記武皇以宗女妻任圜弟團。本傳下文同。

〔一〇〕及入汴……不納　以上八十字原闕，據殿本、劉本補。

〔一一〕尋授中書侍郎　「中書侍郎」，本書卷四〇唐明宗紀六、新五代史卷六唐本紀、卷二八趙鳳傳、通鑑卷二七六作「門下侍郎」。

〔一二〕及閔帝蒙塵于衞州……聞閔帝遇弑而止　以上五十三字原闕，據殿本補。

〔一三〕授太子太保　「太子」二字原闕，據本書卷四六唐末帝紀上、册府卷八〇四、卷八九五、新五代史卷二八趙鳳傳補。

〔一四〕王奉先　舊唐書卷一八四楊復恭傳、册府卷七六二同，本書卷二梁太祖紀二、舊唐書卷二〇上昭宗紀、新唐書卷一〇昭宗紀、册府卷一八七作「王仲先」。

〔一五〕立德王裕　「德王裕」，原作「裕王」，據本書卷二梁太祖紀二、册府卷一八七改。舊唐書卷一七五有德王裕傳。

〔一六〕月餘　原作「五月餘」，據册府卷七六二改。按通鑑卷二六二，昭宗被廢在光化三年十一月，次年正月初復位，其間僅三月，通鑑繫李愚上韓建書事於十一月。

〔一七〕天復初　「天復」，原作「天福」，據劉本、册府卷九〇二改。按天復爲昭宗年號。

〔一八〕時衛公李德裕孫道古在平泉舊墅　「道古」，册府卷六五〇、卷七八五、卷九〇二、卷九四九同，本書卷六〇李敬義傳、舊唐書卷一七四李德裕傳、新五代史卷四五張全義傳記居平泉者爲延古，新唐書卷七二上宰相世系表二上記李德裕孫殷衡、延古。

〔一九〕籍民家財　句下册府卷二〇九、卷六一七有「入己」二字。

〔二〇〕傭夫毆之致死　「毆之」二字原闕，據册府卷六一六補。

〔二一〕磁州舉子張礪依焉　「磁州」，原作「慈州」，據劉本、册府卷八四一改。按本書卷九八張礪傳：「張礪，字夢臣，磁州滏陽人。」

〔二二〕宜乘其人情二三　「情」字原闕，據册府卷七二一補。

〔二三〕明宗特賜帷帳茵褥　「特」，原作「時」，據殿本、劉本、孔本校、彭校、文莊集卷三一奉和御製讀五代史後唐史注改。

〔三四〕宰相劉昫與馮道爲婚家　「爲」字原闕，據殿本、册府卷三三七補。新五代史卷五五劉昫傳敍其事作「爲姻家」。「家」，原作「嫁」，據殿本、彭校、册府卷三三三、卷三三七改。

〔三五〕此事賢親家翁所爲　「親」字原闕，據邵本校、彭校、册府卷三三三、新五代史卷五五劉昫傳補。影庫本粘籤：「『賢家翁』，通鑑作『賢親家』，疑原本有誤。然册府元龜所引薛史亦作『賢家翁』，今仍其舊。」

〔三六〕尋卒於位　「尋」字原闕，據册府卷三三一補。

〔三七〕曰圖回圜團囧　「囧」，原作「冏」，據册府卷三〇〇、卷七八三、卷八五三（宋本）改。

〔三八〕以宗女妻團　句下册府卷八五三有「因」字，疑爲「囧」之譌。

〔三九〕歷代憲二郡刺史　册府（宋本）卷八五三敍其事作「任圖代、憲二郡守，回交城令」。

〔四〇〕卒於軍　「卒」字原闕，據册府卷七一七補。

〔四一〕使人乞降　「人」字原闕，據册府卷七二四補。

〔四二〕擒之以旋　「以」字原闕，據册府卷三六〇補。

〔四三〕百官俸入爲孔謙減折　「爲」，册府卷三二九作「久爲」。

舊五代史卷六十八

唐書四十四

列傳第二十

薛廷珪　崔沂　劉岳　封舜卿　竇夢徵　李保殷　歸藹　孔邈　張文寶　陳乂　劉贊

薛廷珪，其先河東人也。父逢，咸通中爲祕書監，以才名著于時。廷珪，中和年在西川登進士第，累歷臺省。案舊唐書：大順初，累遷司勳員外郎、知制誥。（舊五代史考異）乾寧中，爲中書舍人。駕在華州，改散騎常侍，尋請致仕，客遊蜀川。昭宗遷洛陽，徵爲禮部侍郎。案舊唐書：光化中，復爲中書舍人，遷刑部、吏部二侍郎，權知禮部貢舉，拜尚書左丞。（舊五代史考異）時柳璨屠害朝士，衣冠畢罹其毒，廷珪以居常退讓獲全。案新唐書：朱全忠兼四鎮，廷珪以官告使至汴，客將先見，諷其拜。廷珪佯不曉，曰：「吾何德，敢受令公拜乎！」及見，卒不肯加禮。

（舊五代史考異）入梁爲禮部尚書。莊宗平定河南，以廷珪年老，除太子少師致仕。案通鑑：廷珪與李琪嘗爲太祖册禮使。（舊五代史考異）同光三年九月卒。贈右僕射。所著鳳閣書詞十卷〔一〕、克家志五卷，並行于世。初，廷珪父逢，著鑿混沌、真珠簾等賦，珠簾，原本作「殊廉」，今從文苑英華改正。（影庫本粘籤）大爲時人所稱。廷珪既壯，亦著賦數十篇，同爲一集，故目曰克家志。永樂大典卷二萬一千三百六十七。

崔沂，案新唐書宰相世系表：沂，字德潤。（舊五代史考異）大中時宰相魏公鉉之幼子也。兄沆，廣明初亦爲宰輔。沂舉進士第，歷監察、補闕。昭宗時，累遷至員外郎〔二〕、知制誥。性抗厲守道，而文藻非優，嘗與同舍顔蕘、錢珝俱秉筆，同舍，原本作「周舍」，今據文改正。（影庫本粘籤）見蕘、珝贍速，草制數十，無妨譚笑，而沂自愧。翌日，謁國相訴曰：「沂疏淺，不足以供詞翰之職。」相輔然之，移爲諫議大夫。入梁，爲御史司憲，糾繆繩違，不避豪右。

開平中，金吾街使寇彦卿入朝，過天津橋，市民梁現者不時迴避，梁現，册府元龜作梁覩，考通鑑注亦作現，今仍其舊。（影庫本粘籤）前導伍伯捽之，投石欄以致斃。彦卿自前白於梁祖〔三〕，梁祖命通事舍人趙可封宣諭，令出私財與死者之家，以贖其罪。沂奏劾曰：「彦卿位是人臣，無專殺之理。況天津橋御路之要，正對端門，當車駕出入之途，非街使震怒之所。況梁現不時迴避，其過止於鞭笞，捽首投軀，深乖朝憲，請論之以法。」梁祖惜彦卿，令沂以過失論。沂引鬬競律，以怙勢力爲罪首，下手者減一等；又「鬬毆」條，不鬬，故毆傷人者，加傷罪一等。沂表入，責授彦卿游擊將軍、左衛中郎將。沂剛正守法，人士多之。遷左司侍郎，改太常卿，轉禮部尚書。

貞明中，帶本官充西京副留守。時張全義爲留守〔四〕、天下兵馬副元帥、河南尹、判六軍諸衛事、守太尉、中書令、魏王，名位之重，冠絶中外。沂至府，客將白以副留守合行廷禮，沂曰：「張公官位至重，然尚帶府尹之名，不知副留守見尹之儀何如？」全義知之，遽引見沂，勞曰：「彼此有禮，俱老矣，勿相勞煩。」莊宗興復唐室，復用爲左丞、判吏部尚書銓選司〔五〕，坐累謫石州司馬。明宗即位，召還，復爲左丞。以衰疾告老，授太子少保致仕。卒於龍門之別墅，時年七十餘。贈太子少傅。永樂大典卷二千七百四十。

劉岳，字昭輔。其先遼東襄平人，元魏平定遼東，徙家于代，隨孝文遷洛，遂爲洛陽人。八代祖民部尚書渝國公政會，渝國公，原本作「諭國公」，今據新唐書劉政會傳改正。（影庫本粘籤）武德時功臣。祖符，蔡州刺史。父珪，洪洞縣令。符有子八人，皆登進士第，珪之母弟瓌、玗〔六〕，異母弟崇夷、崇龜、崇望、崇望，原本作「崇梁」，考新、舊唐書及北夢瑣言俱作「崇望」，知原本「梁」字係傳寫之誤，今改正。（影庫本粘籤）崇魯、崇謩。崇龜，乾寧中廣南節度使；崇望，乾寧中宰相；崇魯、崇謩、崇夷並歷朝省。

岳少孤，亦進士擢第，歷户部巡官，鄭縣簿、直史館，轉左拾遺、侍御史。梁貞明初，召入翰林爲學士。岳爲文敏速，尤善談諧，在職累遷户部侍郎，在翰林十二年。莊宗入汴，隨例貶均州司馬，尋丁母憂，許自貶所奔喪，服闋，授太子詹事。明宗即位，歷兵部吏部侍郎、祕書監、太常卿。卒，年五十六。贈吏部尚書。

岳文學之外，通於典禮。天成中，奉詔撰新書儀一部，文約而理當，案：歐陽史謂其事出鄙俚，兩史褒貶，微有異同。（舊五代史考異）今行於世。

子温叟，仕至御史中丞。永樂大典卷九千九十八。案東都事略：温叟以父名岳，終身不聽樂。宋史云：晉少帝時，温叟充翰林學士。初，岳仕後唐，嘗居内署，至是温叟復居斯任，時人榮之。温叟既受命，歸爲母壽，候立堂下，須臾，聞樂聲，兩青衣舉箱出庭，奉紫袍兼衣。母命捲簾，見温叟曰：「此即爾父在禁中日内庫所賜者。」温叟拜受泣下。案：岳仕梁已爲翰林學士，宋史作仕後唐，歷内署，微異。（舊五代史考異）案國老談苑云：劉温叟方正守道，以名教爲己任。幼孤，事母以孝聞。其母甚賢。初爲翰林學士，私庭拜母，母即命二婢箱擎公服、金帶，置于階下，謂溫叟曰：「此汝父長興中入翰林時所賜也。自先君子薨背以來，常懼家門替墜，今汝能自致青雲，繼父之職，可服之無愧矣。」因欷歔掩泣。溫叟伏地號慟，退就别寢，素衣蔬食，追慕數日，然後服之，士大夫以爲得禮。考劉岳在梁貞明中已爲翰林學士，至唐長興中復爲學士，薛史未及詳載。（孔本）

封舜卿，案：原本有闕文。據新唐書宰相世系表，封氏世居渤海蓨縣。舜卿，字贊聖。父敖，字碩夫，户部尚書〔七〕、渤海縣男。唐書有傳。（舊五代史考異）仕梁，爲禮部侍郎、知貢舉。案太平廣記引王氏見聞録云：封舜卿文詞特異，才地兼優。梁使聘於蜀，時岐、梁眦睚，關路不通，遂泝漢江而上。考薛史本紀及通鑑俱不載封舜卿使蜀事。（孔本）開平三年，奉使幽州，以門生鄭致雍從行，復命之日，又與致雍同受命入翰林爲學士。致雍有俊才，舜卿雖有文辭，才思拙澀，及試五題，不勝困弊，因託致雍秉筆，當時譏者以爲座主辱門生。册府元龜卷九百三十九。

案：以下有闕文。（殿本）莊宗同光已來，累歷清顯。封氏自大和以來，世居兩制，以文筆稱于時。舜卿從子渭，案世系表：渭，字希叟。（舊五代史考異）昭宗遷洛時，爲翰林學士，舜卿爲中書舍人，叔姪對掌内外制。

從子翹，於梁貞明中亦爲翰林學士。冊府元龜卷七百七十一。天成中，爲給事中，因轉對上言，以星辰合度，風雨應時，請以御前香一合〔八〕，帝親爇一炷，餘令於塔廟中焚之，貴表精至。議者以翹時推名族，出翰苑〔九〕，登瑣闈，甚有巖廊之望，而忽有此請，乃近諸妖佞耳，物望由是減之。永樂大典卷六千三十四〔一〇〕。案：封舜卿傳，永樂大典中僅存一條，今採冊府元龜以存梗概。

竇夢徵，同州人。案：通鑑作棣州人。（舊五代史考異）少苦心爲文，登進士第，歷校書郎，自拾遺召入翰林，充學士。梁貞明中，加兩浙錢鏐元帥之命，夢徵以鏐無功於中原，兵柄不宜虛授，其言切直。梁末帝以觸時忌，左授外任。案玉堂閒話：夢徵抱麻哭於朝，翌日，謫掾于東州。通鑑采用之。據梁末帝紀，夢徵貶蓬萊尉。（舊五代史考異）玉堂閒話：竇以錢公無功于本朝，僻在一方，坐邀恩澤，不稱是命，乃抱麻哭于朝。翌日，竇謫掾于東州。（殿本）有頃，復召爲學士。及莊宗入汴，夢徵以例貶沂州。沂州，原本作「忻州」，今據莊宗本紀改正。（影庫本粘籤）居嘗感梁末帝舊恩，因爲祭故君文云：「嗚呼！四海九州，天迴眷命，一女二夫，人之不幸。當革故以鼎新，若金鎖而火盛，必然之理，夫何足競」云。秉筆者皆許之，尋量移宿州。天成初，遷中書舍人，復入爲翰林學士、工部侍郎。卒，贈禮部尚書。案玉堂閒話云：竇失意被謫，嘗鬱鬱不樂，曾夢有人謂曰：「君無自苦，不久當復故職。然將來慎勿爲丞相〔一〕，苟有是命，當萬計避之。」其後竇復居禁職。有頃，遷工部侍郎。竇忽憶夢中所言，深惡其事，然已受命，不能遜避，未幾果卒。（舊五代史考異）

夢徵隨計之秋，文稱甚高，尤長於牋啓，編爲十卷，目曰東堂集，行於世。永樂大典卷一萬九千三百五十四。

李保殷，河南洛陽人也。昭宗朝，自處士除太子正字，改錢塘縣尉，浙東帥董昌辟爲推官。調補河府兵曹參軍，歷長水令、毛詩博士，累官至太常少卿、端王傅。入爲大理卿，撰刑律總要十二卷。與兵部侍郎郗殷象論刑法事，左降房州司馬。同光初，授殿中監。以其素有明閑法律之譽〔二〕，拜大理卿，未滿秩，屢爲人所制〔三〕。保殷曰：「人之多辟，無自立辟。」乃謝病以歸，卒於洛陽。永樂大典卷一萬三百八十九。

歸藹，字文彦，吴郡人也。曾祖登，祖融，父仁澤，位皆至列曹尚書、觀察使。藹登進士第，及升朝，遍歷三署。案：以下疑有闕文。據舊唐書昭宗紀：天祐元年七月，宴于文思殿。朱全忠入，百官或坐于廊下，全忠怒，笞通引官何凝。丙寅，制金紫光禄大夫、行御史中丞、上柱國韓儀責授棣州司馬，侍御史歸藹責授登州司户，坐百官傲全忠也。此事應見薛史，今無可考。同光初，爲尚書右丞〔一四〕，遷刑、户二部侍郎，以太子賓客致仕。卒，年七十六。永樂大典卷二千七百二〔一五〕。

孔邈〔一六〕，文宣王四十一代孫。身長七尺餘，神氣温厚〔一七〕。登進士第，歷校書郎、萬年尉充集賢校理，永樂大典卷二千九百二十五。爲諫議大夫，以年老致仕。册府元龜卷八百九十九。案：孔邈傳，永樂大典中僅存一條。考册府元龜云：乾寧五年，登進士第，除校書郎。崔遠在中書，奏萬年尉、充集賢校理，以親舅獨孤損方在廊廟，避嫌不赴職。蓋册府元龜兼采後唐實録之文，與薛史異。孔邈在後唐不應一無表見，今無可復考，謹録原本如右。

張文寶，昭宗朝諫議大夫顗之子也。文寶初依河中朱友謙爲從事，莊宗即位於魏州，以文寶知制誥，歷中書舍人、刑部侍郎、左散騎常侍〔一八〕、知貢舉，遷吏部侍郎。文寶性雅淡稽古。長興初，奉使浙中，泛海船壞，水工以小舟救，文寶與副使吏部郎中張絢信風至淮南界，案：通鑑作風飄至天長，胡三省注疑天長地不通海。薛史作淮南界爲得其實。（舊五代史考異）案：通鑑作風飄至天長，從者二百人〔一九〕，所存者五人。胡三省云：天長縣在揚州西一百一十里，其地北不至淮，東不至海，豈小舟隨風所能至。通州海門縣崇明鎮東海中有大洲，謂之天賜鹽場，舟人揚帆遇順，東南可以徑至明州定海〔二〇〕，西南可以至許浦、達蘇州，恐是此處。（孔本）僞吳楊溥禮待甚至，兼厚遺錢幣、食物。文寶受其食物，反其錢幣，吳人善之，送文寶等復至杭州宣國命，還青州，卒。

子吉，嗣位邑宰。永樂大典卷六千三百九十。

陳乂，薊門人也。薊門，原本作「蓟門」，今據文改正。（影庫本粘籤）少好學，善屬文。因避亂，客於浮陽，轉徙於大梁，梁將張漢傑延於私邸，表授太子舍人。莊宗平梁，郭崇韜遥領常山，召居賓榻，崇韜從魏王繼岌伐蜀，署爲招討判官。崇韜死，明宗即位，隨任圜歸闕，闔薦之於朝，除膳部員外郎、知制誥，累遷中書舍人。案：通鑑作閏月，以膳部郎中、知制誥陳乂爲給事中，充樞密直學士，與此傳互有詳略。（舊五代史考異）乂性陰僻，寡與人合，不爲當路所與，尋移左散騎常侍，由是忿以成疾，踰月而卒。

乂微有才術，嘗自恃其能。爲判官日，人有造者，垂帷深處，罕見其面。及居西掖，而姿態愈倨，位竟不至公卿，蓋器度促狹者也。然乂性孤執，尤廉於財。長興中，嘗自舍人銜命册晉國公主石氏於太原，晉高祖善待之，但訝其高岸。人或有獻可於乂，宜陳一謳頌以稱晉高祖之美，可邀其厚賄耳〔二〕。乂曰：「人生貧富，咸有定分，未有持天子命違禮以求利，既損國綱，且虧士行，乂今生所不爲也。」聞者嘉之。晉高祖即位，贈禮部尚書。永樂大典卷三千一百三十五。

劉贊

劉贊，案：通鑑作劉瓚。（舊五代史考異）魏州人也。幼有文性。父玭，爲令録，誨以詩書，夏月令服青襦單衫。玭每肉食，別置蔬食以飯贊，謂之曰：「肉食，君之禄也。爾欲食肉，當苦心文藝，自可致之，吾禄不可分也。」繇是贊及冠有文辭，年三十餘登進士第。

魏州節度使羅紹威署巡官，罷歸京師，依開封尹劉鄩，久之，租庸使趙巖表爲巡官，累遷至金部員外郎〔三二〕，職如故。莊宗入汴，租庸副使孔謙以贊里人，表爲鹽鐵判官。天成中，歷知制誥、中書舍人。與學士竇夢徵同年登第，鄰居友善。夢徵卒〔三三〕，贊與同年楊凝式緦麻爲位而哭，其家無嫡長，與視喪事，卹其孀稚，人士稱之。改御史中丞、刑部侍郎。案：通鑑作兵部侍郎。（舊五代史考異）

贊性雍和，與物無忤，居官畏慎，人若以私干之，雖權豪不能移其操。未幾，改秘書監、兼秦王傅。案册府元龜：秦王爲元帥，秦王府判官、太子詹事王居敏與贊鄉曲之舊，以秦王盛年自恣，須朝中選端士納誨，冀其稟畏，乃奏薦贊焉。（舊五代史考異）贊節概貞素，忽聞其命，掩泣固辭，竟不能止。案通鑑：瓚自以左遷，泣訴，不得免。胡三省注云：唐制，六部侍郎除吏部之外，餘皆從四品下；王傅從三品。然六部侍郎爲嚮用，王傅爲左遷，以職事有閒劇之不同也。當是時，從榮地居儲副，則秦王傅不可以閒官言。蓋以從榮輕佻峻急，恐豫其禍，故求脱耳。（舊五代史考異）時秦王參佐，皆新進小生，動多輕脱，每稱頌秦王功德，阿意順旨，祗奉談笑，惟贊從容諷議，必獻嘉言。秦王常接見賓僚及遊客，於酒筵之中，悉令秉筆賦詩。案册府元龜：時從榮溺于篇章，凡門客及通謁遊士，必坐于客次，自出題目，令賦一章，然後接見。（舊五代史考異）贊爲師傅，亦與諸客混，然容狀不悦。秦王知其意，自是戒典客，贊至勿通，令每月一度至衙。案言行龜鑑載：劉贊諫秦王曰：「殿下宜以孝敬爲職，浮華非所尚也。」秦王不悦，戒閽者後弗引進。（舊五代史考異）贊既官係王府，不敢朝參，不通慶弔，但閉關暗嗚而已。及秦王得罪，或言贊止於朝降，「朝降」二字疑有舛誤，考册府元龜所引薛史亦作「朝降」，詳其文義，當爲降爲京朝官不至外謫也，今仍其舊。（影庫本粘籤）而贊已服麻衣備驢乘在門矣〔二四〕。聞其言曰：「豈有國君之嗣，一旦舉室塗地，而賓佐朝降？得免死，幸也。」俄而臺史示敕，長流嵐州，即時赴貶所。在嵐州踰年，清泰二年春，詔歸田里。妻紇干氏塗中卒，贊比羸瘠，慟哭殆絶，因之亦病，行及石會關而卒，時年六十餘。永樂大典卷九千九十九。

史臣曰：自唐祚橫流，衣冠掃地，苟無端士，孰恢素風。如廷珪之文學，崔沂之剛正，劉岳之典禮，舜卿之掌誥，洎夢徵而下，皆蔚有貞規，無虧懿範，固可以爲搢紳之圭表，聳朝廷之羽儀，以之垂名，夫何不韙。永樂大典卷二千七百四十。

校勘記

〔一〕鳳閣書詞　原作「鳳閣詞書」，據册府卷八四一、新唐書卷六〇藝文志四、宋史卷二〇八藝文志七改。按通鑑卷二六一考異嘗引薛廷珪鳳閣書詞。

〔二〕累遷至員外郎　「郎」字原闕，據册府卷五五三、卷八六七補。

〔三〕彦卿自前白於梁祖　「自前白」，册府卷五二〇下、通鑑卷二六七作「自首」。

〔四〕時張全義爲留守　「爲」字原闕，據册府卷六七四補。

〔五〕判吏部尚書銓選司　「銓選司」，本書卷三〇唐莊宗紀四、卷三二唐莊宗紀六作「銓事」。

〔六〕珪之母弟瓌玕　「玕」，册府卷八六六作「瑋」，新唐書卷七一上宰相世系表一上作「玗」。

〔七〕舜卿字贊聖父敖字碩夫户部尚書　「聖父敖字碩夫户部」八字原闕，據殿本、劉本、新唐書卷七一下宰相世系表一下補。

〔八〕請以御前香一合　「以」字原闕，據册府卷四八二補。

〔九〕出翰苑　「翰」，原作「朝」，據册府卷四八二改。

〔一〇〕永樂大典卷六千三十四　檢永樂大典目録，卷六〇三四爲「陽」字韻，與本則内容不符，恐有誤記。陳垣舊五代史輯本引書卷數多誤例謂應作卷六六三四「香」字韻。

〔一一〕然將來慎勿爲丞相　「丞相」，太平廣記會校引玉堂閒話作「丞郎」。

〔一二〕以其素有明閑法律之譽　「閑」字原闕，據册府卷八一三補。

〔一三〕屢爲人所制　「屢」，原作「屬」，據邵本校、册府卷八〇五、卷八一三改。

〔一四〕爲尚書右丞　「右」，册府卷八六六同，本書卷三三唐莊宗紀七作「左」。

〔一五〕永樂大典卷二千七百二　檢永樂大典目録，卷二七〇二爲「歸」字韻「事韻六　詩文一」，與本則内容不符，恐有誤記。疑出自卷二七〇三「歸」字韻「姓氏」。

〔一六〕孔邈　句下册府卷七二九、卷八〇八、卷八八三有「兗州曲阜人」五字。

〔一七〕神氣温厚　「温厚」，册府卷八八三作「温克」，又句下有「綽有素風」四字。

〔一八〕左散騎常侍　「左」，本書卷四〇唐明宗紀六、卷四二唐明宗紀八作「右」。按新五代史卷五五李懌傳：「時右散騎常侍張文寶知貢舉。」

〔一九〕從者二百人　「二百」，原作「五百」，據通鑑卷二七八改。

〔二〇〕東南可以徑至明州定海　「東南可以」，原作「東寄」，據通鑑卷二七八胡注改。

〔二一〕可邀其厚賄耳　「厚賄」，册府卷六五四同，御覽卷二三二引五代史晉史、册府卷六六一作「異待」。

〔二二〕累遷至金部員外郎　「金部」，殿本作「户部」。

〔二三〕夢徵卒　御覽卷二二二引五代史後唐書、册府卷八八二作「夢徵早卒」。

〔二四〕而贇已服麻衣備驢乘在門矣　「贇」字原闕，據册府卷七一九、卷七三〇補。

舊五代史卷六十九　唐書四十五

列傳第二十一

張憲　王正言　胡裝　崔貽孫　孟鵠　孫岳　張延朗　劉延皓　劉延朗

張憲，字允中，晉陽人，世以軍功爲牙校。憲始童丱，喜儒學，勵志橫經，不捨晝夜。太原地雄邊服，人多尚武，恥于學業，惟憲與里人藥縱之精力遊學，弱冠盡通諸經，尤精左傳。嘗袖行所業，謁判官李襲吉，一見欣歎。既辭，謂憲曰：「子勉之，將來必成佳器。」石州刺史楊守業喜聚書，以家書示之，聞見日博。

莊宗爲行軍司馬，廣延髦俊，素知憲名，令朱守殷齎書幣延之，歲餘，釋褐交城令，交城，原本作「友城」，今據歐陽史改正。（影庫本粘籤）秩滿，莊宗嗣世，補太原府司錄參軍。時霸府初開，幕客馬郁、王緘，燕中名士，盡與之遊。十二年，莊宗平河朔，念藩邸之舊，徵赴行臺。十三年，授監察，賜緋，署魏博推官，自是恒簪筆扈從。十五年，王師戰胡柳，周德威軍不利，憲與同列奔馬北渡，梁軍急追，殆將不濟。至晚渡河，人皆陷水而没〔一〕，憲與從子朗履冰而行，將及岸，冰陷，朗號泣〔二〕，以馬箠引之，憲曰：「吾兒去矣，勿使俱陷。」朗曰：「忍覩季父如此〔三〕，俱死無恨。」朗偃伏引箠，憲躍身而出。是夜，莊宗令于軍中求憲，或曰：「與王緘俱歿矣。」莊宗垂涕求尸，數日，聞其免也，遣使慰勞。尋改掌書記、水部郎中，賜金紫，歷魏博觀察判官。從討張文禮，鎮州平，授魏博、鎮冀十郡觀察判官，改考功郎中、兼御史中丞、權鎮州留事。莊宗即位，詔還魏都，授尚書工部侍郎，充租庸使。八月，改刑部侍郎、判吏部銓、兼太清宮副使。莊宗遷洛陽，以憲檢校吏部尚書、興唐尹、東京副留守、知留守事。憲學識優深，尤精吏道，剖析聽斷，人不敢欺。

三年春，車駕幸鄴，時易定王都來朝，宴于行宮，將擊鞠。初，莊宗行即位之禮，卜鞠場吉，因築壇于其間，至是詔毁之。通鑑作莊宗議毁即位壇，張憲請拓其旁地，仍留壇基。與薛史微異，今附識于此。（影庫本粘籤）憲奏曰：「即位壇是陛下祭接天神受命之所〔四〕，自風燥雨濡之外，不可輒毁，亦不可修。魏繁陽之壇，漢汜水之墠〔五〕，到今猶有兆象。存而不毁，古之道也。」即命治之于宮西。數日，未成。會憲以公事獲譴，閤門待罪，上怒，戒有司速治行宮之庭，礙事者畢去，竟毀即位壇。案：歐陽史作場未成，莊宗怒，命兩虞候亟毀壇以爲場。與薛史異，通鑑從歐陽史。（舊五代史考異）憲私謂郭崇韜曰：「不祥之甚，忽其本也。」

秋，崇韜將兵征蜀，以手書告憲曰：「允中避事久矣，余受命西征，已奏還公黃閣。」憲報曰：「庖人之代尸祝，所謂非吾事也。」時樞密承旨樞密承旨，原本脱「密」字，今據文增入。（影庫本粘籤）段佪當權任事，以憲從龍舊望，不欲憲在朝廷。會孟知祥鎮蜀川，選北京留守，佪揚言曰：「北門，國家根本，非重德不可輕授，今之取才，非憲不可。」趨時者因附佪勢，巧中傷之。又曰：「憲有相業，然國祚中興，宰相在天子面前，得失可以改作，一方之事，制在一人，惟北面事重。」十一月〔六〕，授憲銀青光祿大夫、檢校吏部尚書、太原尹、北京副留守〔七〕、知府事。

四年二月，趙在禮入魏州，時憲家屬在魏，關東俶擾，在禮善待其家，遣人齎書至太原誘憲。憲斬其使，書不發函而奏。既而明宗爲兵衆所劫，諸軍離散，地遠不知事實，或謂憲曰：「蜀軍未至，洛陽窘急，總管又失兵權，制在諸軍之手，又聞河朔推戴，事若實然，或可濟否？」憲曰：「治亂之機，間不容髮，以愚所斷，事未可知。愚聞藥縱之言，總管德量仁厚，素得士心，餘勿多言，志此而已。」四月五日，李存沼自洛陽至〔八〕，口傳莊宗命，並無書詔，惟云天子授以隻箭，傳之爲信。衆心惑之，時事莫測。左右獻畫曰：「存沼所乘馬，已戢其飾，復召人謀事，必行陰禍，因欲據城。寧我負人，宜早爲之所，但戮呂、鄭二宦，呂、鄭二宦，原文似有脱誤。據通鑑注云：「莊宗先遣宦者呂、鄭二人使於晉陽，及存渥逃至，呂、鄭欲與之謀變，後爲符彦超所殺。」較薛史爲明晰，今附識于此。（影庫本粘籤）且繫存沼，徐觀其變，事萬全矣。」憲良久曰：「吾本書生，無軍功而致身及此，一旦自布衣而紆金紫，向來仕宦非出他門，此畫非吾心也。事苟不濟，以身徇義。」案東都事略張昭傳：昭勸憲奉表明宗以勸進，憲曰：「吾書生也，天子委以保釐之任，吾豈苟生者乎！」昭曰：「此古之大節，公能行之，忠臣也。」憲既死，論者以昭能成憲之節〔九〕。（舊五代史考異）翌日，符彦超誅呂、鄭，軍城大亂，燔剽達曙。憲初聞有變，出奔忻州〔一〇〕。既而有司糾其委城之罪，四月二十四日，賜死于晉陽之千佛院。東都事略張昭傳云：張憲聞莊宗之變，昭勸其盡節，憲遂自經。薛史作賜死于晉陽。與東都事略互異，今附識于此。（影庫本粘籤）幼子凝隨父走，亦爲收者加害。明宗郊禮大赦，有司請昭雪，從之。憲沈靜寡欲，喜聚圖書，家書五千卷，視事之餘，手自刊校。善彈琴，不飲酒，賓僚宴語，但論文嘯詠而已，士友重之。

憲長子守素，仕晉，位至尚書郎。永樂大典卷六千三百五十。

王正言，鄆州人。父志，濟陰令。正言早孤貧，爲沙門〔一一〕，學工詩，密州刺史賀德倫令歸俗，署郡職。德倫鎮青州，表爲推官，移鎮魏州，改觀察判官。莊宗平定魏博，正言仍舊職任，小心端慎，與物無競。嘗爲同職司空頲所凌，正言降心下之，頲誅，代爲節度判官。同光初，守户部尚書、興唐尹。

時孔謙爲租庸副使，常畏張憲挺特，不欲其領使，乃白郭崇韜留憲于魏州，請宰相豆盧革判租庸。未幾，復以盧質代之。孔謙白云：「錢穀重務，宰相事多，簿籍留滯。」又云：「盧質判二日，便借官錢，皆不可任。」意謂崇韜必令己代其任，時物議未允而止，謙沮喪久之。李紹宏曰：「邦計國本，時號怨府，非張憲不稱職。」即日徵之。孔謙、段佪白崇韜曰：「邦計雖重，在侍中眼前，但得一人爲使即可。魏博六州户口，天下之半，王正言操守有餘，智力不足，若朝廷任使，庶幾與人共事，若專制方隅，未見其可。張憲才器兼濟，宜以委之。」崇韜即奏憲留守魏州，徵王正言爲租庸使。正言在職，主諾而已，權柄出于孔謙。正言不耐繁浩，簿領縱橫，觸事遺忘，物論以爲不可，即以孔謙代之，正言守禮部尚書。

三年冬，代張憲爲興唐尹，留守鄴都。時武德使史彥瓊監守鄴都，武德，原本作「務德」，今從通鑑改正。（影庫本粘籤）廩帑出納，兵馬制置，皆出彥瓊，將佐官吏，頤指氣使，正言不能以道御之，但趑趄聽命。至是，貝州戍兵亂，入魏州，彥瓊望風敗走，亂兵剽劫坊市。正言促召書吏寫奏章，家人曰：「賊已殺人縱火，都城已陷，何奏之有。」是日，正言引諸僚佐謁趙在禮，案通鑑：正言索馬，不能得，乃帥僚佐步出府門謁在禮。（舊五代史考異）望塵再拜請罪。在禮曰：「尚書重德，勿自卑屈，余受國恩，與尚書共事，但思歸之衆，倉卒見迫耳。」因拜正言，厚加慰撫。明宗即位，正言求爲平盧軍行軍司馬，因以授之，竟卒于任。永樂大典卷六千八百五十。

胡裝，禮部尚書曾之孫〔三〕。汴將楊師厚之鎮魏州，裝與副使李嗣業有舊，因往依之，薦授貴鄉令。及張彥之亂，嗣業遇害，裝罷秩，客于魏州。莊宗初至，裝謁見，求假官，司空頲以其居官貪濁，不得調者久之。

十三年，莊宗還太原，裝候于離亭，謁者不内，乃排闥而入，曰：「臣本朝公卿子孫，從兵至此。殿下比興唐祚，勤求英俊，以壯霸圖。臣雖不才，比于進九九，納豎刁、豎刁，原本作「竪刀」，今據文改正。（影庫本粘籤）頭須，亦所庶幾，而羈旅累年，執事者不垂顧録，臣不能赴海觸樹，走胡適越，今日歸死于殿下也。」莊宗愕然曰：「孤未之知，何至如是！」賜酒食慰遣之，謂郭崇韜曰：「便與擬議。」是歲，署館驛巡官，未幾，授監察御史裏行，遷節度巡官，賜緋魚袋，尋歷推官、檢校員外郎。裴學書無師法，工詩非作者，僻于題壁，所至宮亭寺觀，必書爵里，人或譏之，不以爲愧。時四鎮幕賓皆金紫，裴獨恥銀艾。十七年，莊宗自魏州之德勝，與賓僚城樓餞別，既而羣僚離席，裴獨留，獻詩三篇，意在章服。莊宗舉大鍾屬裴曰：「員外能釂此乎？」裴飲酒素少，略無難色，爲之一舉而釂，莊宗即解紫袍賜之。

同光初，以裴爲給事中，從幸洛陽。時連年大水，百官多窘，裴求爲襄州副使。四年，洛陽變擾，節度使劉訓以私忿族裴，誣奏云裴欲謀亂，人士冤之。永樂大典卷二千二百四十二。

崔貽孫，案：新唐書宰相世系表：貽孫，字伯垂。（舊五代史考異）祖玄亮，案世系表：玄亮，字晦叔〔一三〕，虢州刺史。（舊五代史考異）左散騎常侍。父咼言，潞州判官。貽孫以門族登進士第，以監察升朝，歷清資美職。及爲省郎，使于江南迴〔一四〕，以橐裝營别墅于漢上之穀城〔一五〕，退居自奉。清江之上，緑竹遍野，狹徑深密，維舟曲岸，人莫造焉，時人甚高之。及李振貶均州，均州，原本作「珣州」，今從歐陽史改正。（影庫本粘籤）貽孫曲奉之。振入朝，貽孫累遷丞郎。同光初，除吏部侍郎，銓選疎謬，貶官塞地。馳驛至潞州，致書于府帥孔勍曰：「十五年穀城山裏，自謂逸人；二千里沙塞途中，今爲逐客。」勍以其年八十，奏留府下。明年，量移澤州司馬，遇赦還京。宰相鄭珏以姻戚之分，復擬吏部侍郎，天官任重，昏耄罔知，後遷禮部尚書致仕而卒。案北夢瑣言：崔貽孫年過八十，求進不休，囊橐之資，素有貯積，性好干人，喜得小惠。（舊五代史考異）有子三人，自貽孫左降之後，各于舊業爭分其利，甘旨醫藥，莫有奉者。貽孫以書責之云：「生有明君宰相，死有天曹地府，吾雖考終，豈放汝耶！」永樂大典卷二千七百四十。

孟鵠，魏州人。莊宗初定魏博，選幹吏以計兵賦，以鵠爲度支孔目官。明宗時爲邢洺節度使，每曲意承迎，明宗甚德之。及孔謙專典軍賦，徵督苛急，明宗嘗切齒。及即位，鵠自租庸勾官擢爲客省副使、案：北夢瑣言作三司勾押官。（舊五代史考異）樞密承旨，遷三司副使，出爲相州刺史。會范延光再遷樞密，乃徵鵠爲三司使。初，鵠有計畫之能，及專掌邦賦，操剸依違〔一六〕，名譽頓減。期年發疾，求外任，仍授許州節度使。謝恩退，帝目送之，顧謂侍臣曰：「孟鵠掌三司幾年，得至方鎮？」范延光奏曰：「鵠于同光世已爲三司勾官，天成初爲三司副使，出刺相州，入判三司又二年。」帝曰：「鵠以幹事，遽至方鎮，爭不勉旃。」鵠與延光俱魏人，厚相結託，暨延光掌樞務，援引判三司，又致節鉞，明宗知之，故以此言譏之。到任未周歲卒。贈太傅。永樂大典卷一萬三千一百六十。

孫岳，稷州人也〔一七〕。强幹有才用，歷府衞右職。天成中，爲潁、耀二州刺史、閬州團練使，所至稱治，遷鳳州節度使。受代歸京，秦王從榮欲以岳爲元帥府都押衙，事未行，馮贇舉爲三司使，時預密謀。朱、馮患從榮之恣横，岳曾極言其禍福之端〔一八〕，康義誠聞之不悦。及從榮敗，義誠召岳同至河南府檢閲府藏，時紛擾未定，義誠密遣騎士射之，岳走至通利坊，爲騎士所害，識與不識皆痛之。

子璉，歷諸衞將軍、藩閫節度副使。永樂大典卷三千五百九十一〔一九〕。

張延朗，張延朗傳，永樂大典原本有删節，今就散見各韻者得二條，排比前後，以存梗概。（影庫本粘籤）汴州開封人也。事梁，以租庸吏爲鄆州糧料使。明宗克鄆州，得延朗，復以爲糧料使，後徙鎮宣武、成德，以爲元從孔目官。長興元年，始置三司使。拜延朗特進、工部尚書，充諸道鹽鐵轉運等使、兼判户部度支事，詔以延朗充三司使〔一〇〕。永樂大典卷六千三百五十一。

末帝即位，授吏部尚書兼中書侍郎〔一一〕、平章事、判三司。延朗再上表辭曰：

臣濫承雨露，擢處鈞衡，兼叨選部之銜，仍掌計司之重。況中省文章之地，洪鑪陶鑄之門，臣自揣量，何以當處。是以繼陳章表，疊貢情誠，乞寢睿恩〔一二〕，免貽朝論。豈謂御批累降，聖旨不移，決以此官，委臣非器，所以强收涕泗，勉遏怔忪，重思事上之門，細料盡忠之路。竊以位高則危至，寵極則謗生，君臣莫保于初終，分義難防于毁譽。臣若保兹重任，忘彼至公，徇情而以免是非，偷安而以固富貴，則内欺心腑，外負聖朝，何以報君父之大恩，望子孫之延慶。臣若但行王道，唯守國章，任人必取當才，決事須依正理，確違形勢，堅塞倖門，則可以振舉弘綱，彌縫大化，助陛下含容之澤，彰國家至理之風，然而讒邪者必起憾詞，憎嫉者寧無謗議。或慮至尊未悉，羣謗難明，不更拔本尋源，便俟甘瑕受玷。縱臣心可忍〔一三〕，臣恥可消，只恐山林草澤之人，稱量聖制；冠履軒裳之士，輕慢朝廷。

臣又以國計一司，掌其經費，利權二務，職在捃收。將欲養四海之貧民，無過薄賦；贍六軍之勁士，又藉豐儲。利害相隨，取與難酌，若使罄山採木，竭澤求魚，竭澤，原本作「渴懌」，今據册府元龜改正。（影庫本粘籤）則地官之教化不行，國本之傷殘益甚，取怨黔首，是黷皇風。況諸道所徵賦租，雖多數額，時逢水旱，或遇蟲霜，其間則有減無添，所在又申逃係欠。乃至軍儲官俸，常汲汲于供須；夏稅秋租，每懸懸于繼續。況今內外倉庫，多是罄空；遠近生民，或聞饑歉。伏見朝廷尚添軍額，更益師徒，非時之博糴難爲，異日之區分轉大，竊慮年支有闕，國計可憂。望陛下節例外之破除，放諸項以儉省，不添冗食，且止新兵，務急去繁，以寬經費，減奢從儉，漸俟豐盈，則屈者知恩，叛者從化，弭兵有日，富俗可期。

臣又聞治民尚清，爲政務易，易則煩苛並去，清則偏黨無施，若擇其良牧，委在正人，則境內蒸黎，必獲蘇息，官中倉庫，亦絕侵欺。伏望誠見在之處官，無乖撫俗；擇將來之蒞事，更審求賢。儻一一得人，則農無所苦；人人致理，則國復何憂。但奉公善政者，不惜重酬，昧理無功者，勿須厚俸，益彰有道，兼絕徇情。伏望陛下，念臣布露之前言，閔臣驚憂于後患，察臣愚直，杜彼讒邪，臣即但副天心，不防人口，庶幾萬一，仰答聖明。

末帝優詔答之，召于便殿，謂之曰：「卿所論奏，深中時病，形之切言，頗救朕失。國計事重，日得商量，無勞過慮也。」延朗不得已而承命。

延朗有心計，善理繁劇。晉高祖在太原，朝廷猜忌，不欲令有積聚，係官財貨留使之外，延朗悉遣取之，晉高祖深銜其事。及晉陽起兵，末帝議親征，然亦采浮論，不能果決，延朗獨排衆議，請末帝北行，識者韙之。晉高祖入洛，送臺獄以誅之。其後以選求計使，難得其人，甚追悔焉。永樂大典卷一萬七千九百一十。

劉延皓，應州渾元人。祖建立，父茂成，歐陽史作茂威。皆以軍功推爲邊將。延皓即劉后之弟也。案通鑑考異引廢帝實録，延皓，皇后之姪，與薛史異。歐陽史與薛史同。（舊五代史考異）末帝鎮鳳翔，署延皓元隨都校，奏加檢校户部尚書。清泰元年，除宮苑使，宮苑，原本作「宮阮使」，今據五代會要改正。（影庫本粘籤）加檢校司空，俄改宣徽南院使、檢校司徒。二年，遷樞密使、太保，出爲鄴都留守，案：歐陽史作天雄軍節度使。（舊五代史考異）檢校太傅。延皓御軍失政，爲屯將張令昭所逐，出奔相州，尋詔停所任。及晉高祖入洛，延皓逃匿龍門廣化寺，數日，自經而死。延皓始以后戚自藩邸出入左右，甚以温厚見稱，故末帝嗣位之後，委居近密。及出鎮大名，而所執一變，掠人財賄，納人園宅，聚歌僮爲長夜之飲，而三軍所給不時，内外怨之，因爲令昭所逐。時執政以延皓失守，請舉舊章，末帝以劉后内政之故，止從罷免而已，由是清泰之政弊矣。永樂大典卷九千九十九。

劉延朗，宋州虞城人也。末帝鎮河中時，爲軍城馬步都虞候，後納爲腹心。及鎮鳳翔，鳳翔，原本作「鳳翊」，今從通鑑改正。（影庫本粘籤）署爲孔目吏。末帝將圖起義，爲捍禦之備，延朗計公私粟帛，以贍其急。及西師納降，末帝赴洛，皆無所闕焉，末帝甚賞之。清泰初，除宣徽北院使，案歐陽史：廢帝既立，以延朗爲莊宅使。（舊五代史考異）俄以劉延皓守鄴，改副樞密使，累官至檢校太傅。時房暠爲樞密使，但高枕閑眠，啓奏除授，一歸延朗，由是得志。凡藩侯郡牧，自外入者，必先賂延朗，後議進貢，賂厚者先居内地，賂薄者晚出邊藩，故諸將屢有怨讟，末帝不能察之。及晉高祖入洛，延朗將竄于南山，與從者數輩過其私第，指而歎曰：「我有錢三十萬貫聚于此，不知爲何人所得。」其愚暗如此。尋捕而殺之。永樂大典卷九千九十九。

校勘記

〔一〕人皆陷水而没　「皆」，册府卷七五六作「多」。

〔二〕朗號泣　「號」字原闕，據册府卷七五六補。

〔三〕忍覩季父如此　「覩」字原闕，據册府卷七五六補。

〔四〕即位壇是陛下祭接天神受命之所　「祭接」，册府卷五四七作「際接」。

〔五〕漢氾水之墠　「墠」，原作「壇」，據殿本、孔本、册府卷五四七改。

〔六〕十一月　本書卷三三唐莊宗紀七、通鑑卷二七四繫其事於十二月。

〔七〕北京副留守　「副」字原闕，據本書卷三三唐莊宗紀七、册府卷九五二補。

〔八〕李存沼　原作「李存渥」，據邵本校、通鑑卷二七五考異引薛史張憲傳改。本卷下文同。影庫本粘籤：「存渥，原本作『存治』，今據通鑑改正。」舊五代史考異卷二：「案歐陽史作永王存霸。考唐家人傳，存渥與劉皇后同奔至風谷，爲部下所殺，是存渥未至太原，其至太原者，存霸也。是傳作存渥，疑誤。」

〔九〕憲既死論者以昭能成憲之節　以上十二字原闕，據殿本、東都事略卷三〇補。

〔一〇〕出奔忻州　「忻州」，原作「沂州」。據通鑑卷二七五、歐陽文忠公文集卷六九與王深甫論五代張憲帖改。太平寰宇記卷四二：「（忻州）南至太原府一百八十里。」

〔一一〕爲沙門　「爲」，原作「從」，據册府卷七二九改。永樂大典卷六八五〇引五代薛史無「從」字。

按本卷下文：「密州刺史賀德倫令歸俗。」

〔一二〕禮部尚書曾之孫　冊府卷七二九、卷九〇〇同，通鑑卷二七〇：「裝，証之曾孫也。」按舊唐書卷一六三、新唐書卷一六四有胡証傳。

〔一三〕字晦叔　「晦叔」，原作「晦孫」，據新唐書卷七二下宰相世系表二下改。

〔一四〕使于江南迴　「使」字原闕，據冊府卷八一三、卷九一七補。

〔一五〕以橐裝營別墅于漢上之穀城　「橐」，原作「槖」，據殿本、彭校、冊府卷八一三、卷九一七改。

〔一六〕操剸依違　「剸」，原作「剌」，據孔本、冊府卷五一一改。殿本作「割」。

〔一七〕稷州人也　「稷州」，殿本作「冀州」。

〔一八〕岳曾極言其禍福之端　「福」字原闕，據冊府卷九三一、通鑑卷二七八補。

〔一九〕永樂大典卷三千五百九十一　檢永樂大典目録，卷三五九一爲「臻」、「榛」等字韻，與本則內容不符，恐有誤記。陳垣舊五代史輯本引書卷數多誤例謂應作卷三五七二「孫」字韻。

〔二〇〕張延朗……詔以延朗充三司使　按此節文字，自「張延朗」至「以爲元從孔目官」四十九字，「拜延朗特進」至「詔以延朗充三司使」三十三字，與新五代史卷二六張延朗傳全同，唯「長興元年始置三司使」九字係據傳文節寫。疑係誤輯新五代史。

〔二一〕授吏部尚書兼中書侍郎　「吏部」，原作「禮部」，據冊府卷三二九、新五代史卷二六張延朗傳改。按本卷下文云其「兼叨選部之銜」。

〔三〕乞寢睿恩　「寢」，原作「請」，據册府卷三一四改。

〔三〕縱臣心可忍　「縱」字原闕，據册府卷三一四補。

舊五代史卷七十　唐書四十六

列傳第二十二

元行欽　夏魯奇　姚洪　李嚴　李仁矩　康思立　張敬達

元行欽，本幽州劉守光之愛將。守光之奪父位也，令行欽攻大恩山，案：歐陽史作大安山，考通鑑注引薛史亦作大恩。（舊五代史考異）又令殺諸兄弟。天祐九年，周德威攻圍幽州，守光困蹙，令行欽於山北募兵，以應契丹。時明宗爲將，攻行欽於山北，與之接戰，矢及明宗馬鞍，既而以勢迫來降。案通鑑考異引周太祖實録云：燕城危蹙，甲士亡散，劉守光召元行欽。行欽部下諸將以守光必敗，赴召無益，乃請行欽爲燕帥，稱留後，行欽無如之何。據薛史，行欽未嘗自稱留後，實録誤也。（舊五代史考異）明宗憐其有勇，奏隸爲假子，後因從征討，恩禮特隆。常臨敵擒生，必有所獲，名聞軍中。

莊宗東定趙、魏，選驍健置之麾下，因索行欽，明宗不得已而遣之。時有散指揮都頭，名爲散員，命行欽爲都部署，賜姓，名紹榮。莊宗好戰，勇于大敵，或臨陣有急兵，行欽必横身解鬬翼衞之。莊宗嘗於德勝也，與汴軍戰于潘張，王師不利，諸軍奔亂。莊宗得三四騎而旋，中野爲汴軍數百騎攢矟攻之，事將不測，行欽識其幟，急馳一騎至〔一〕，奮劍斷二矛，斬一級，汴軍乃解圍，翼莊宗還宫。莊宗因流涕言曰：「富貴與卿共之。」自是寵冠諸將，官至檢校太傅、忻州刺史。及莊宗平梁，授武寧軍節度使。嘗因内宴羣臣，使相預會，行欽官爲保傅，當地褥下坐。酒酣樂作，莊宗敍生平戰陣之事，因左右顧視，曰：「紹榮安在？」所司奏云：「有敕，使相預會，紹榮散官，殿上無位。」莊宗徹會不懌。翌日，以行欽爲同平章事。由是不宴百官於内殿，但宴武臣而已。

三年，行欽喪婦。莊宗有所愛宫人生皇子者，劉皇后心忌之，會行欽入侍，莊宗勞之曰：「紹榮喪婦復娶耶？吾給爾婚財。」皇后指所忌宫人謂莊宗曰：「皇帝憐紹榮，可使爲婦。」莊宗難違所請，微許之。皇后即命紹榮謝之，未退，肩輿已出。莊宗心不懌，佯不豫者累日，業已遣去，無如之何。

及貝州軍亂，趙在禮入魏州，莊宗方擇將，皇后曰：「小事不勞大將，促紹榮指揮可也。」乃以行欽爲鄴都行營招撫使，招撫，原本作「詔拊」，今從通鑑改正。（影庫本粘籤）領騎二千進討。洎至鄴城，攻之不能下，退保於澶州。未幾，諸道之師稍集，復進軍於鄴城之南。及明宗爲帥，領軍至鄴，行欽來謁於軍中，拜起之際，誤呼萬歲者再，明宗驚駭，遏之方止。既而明宗營於城西，行欽營於城南。三月八日夜，明宗爲亂軍所迫，唯行欽之軍不動，按甲以自固。明宗密令張虔釗至行欽營，戒之曰：「且堅壁勿動，計會同殺亂軍，莫錯疑誤。」行欽不聽，將步騎萬人棄甲而退。自知失策，且保衛州，因誣奏明宗曰：「鎮帥已入賊軍，終不爲國使。」明宗既劫出鄴城，令人走馬上章，申理其事，言：「臣且於近郡聽進止。」莊宗覽奏釋然，曰：「吾知紹榮妄矣。」因令白從訓與明宗子繼璟至軍前，欲令見明宗，行欽縶繼璟於路。明宗凡奏軍機，拘留不達，故旬日之間，音驛斷絶。及莊宗出成皋，知明宗在黎陽，復令繼璟渡河召明宗，行欽即殺之，仍勸班師。

四月一日，莊宗既崩，行欽引皇后、存渥，得七百騎出師子門，將之河中就存霸，存霸，原本脱「存」字，今據通鑑增入。（影庫本粘籤）沿路部下解散，從者數騎而已。四日，至平陸縣界，爲百姓所擒，縣令裴進折其足，案：歐陽史作虢州刺史石潭折其足。（舊五代史考異）檻車以獻。明宗即位，詔削奪行欽在身官爵，斬於洛陽。永樂大典卷一萬八千一百八十九〔二〕。

夏魯奇，字邦傑，青州人也。初事宣武軍爲軍校，與主將不協，遂歸于莊宗，以爲護衛指揮使。從周德威攻幽州，燕將有單廷珪、元行欽，時稱驍勇，魯奇與之鬭，兩不能解，將士皆釋兵縱觀。幽州平，魯奇功居多。梁將劉鄩在洹水，洹水，原本作「桓水」，今從歐陽史改正。（影庫本粘籤）莊宗深入致師，鄩設伏於魏縣西南葭蘆中。莊宗不滿千騎，案：歐陽史作莊宗以百騎覘敵，通鑑作百餘騎。（舊五代史考異）汴人伏兵萬餘，案：通鑑作伏兵五千。（舊五代史考異）大譟而起，圍莊宗數重。魯奇與王門關、烏德兒等奮命決戰，自午至申，俄而李存審兵至方解。魯奇持槍攜劍，獨衛莊宗，手殺百餘人。烏德兒等被擒，魯奇傷痍徧體，自是莊宗尤憐之，歷磁州刺史。中都之戰，汴人大敗，魯奇見王彥章，識之，單馬追及，槍擬其頸，彥章顧曰：「爾非余故人乎？」即擒之以獻。莊宗壯之，賞絹千疋。案九國志趙庭隱傳：王彥章守中都，庭隱在其軍中。及彥章敗，庭隱爲莊宗所獲，將以就戮，大將夏魯奇奏曰：「此矬也，其材可用。」遂釋之。（舊五代史考異）梁平，授鄭州防禦使。四年，授河陽節度使。天成初，移鎮許州，加同平章事。

魯奇性忠義，尤通吏道，撫民有術。及移鎮許田，孟州之民，萬衆遮道，斷鞚臥轍，五日不發。父老詣闕請留，明宗令中使諭之，方得離州。明宗討荆南，魯奇爲副招討使，頃之[三]，移鎮遂州。案九國志李仁罕傳云：夏魯奇稟朝廷之命繕治甲兵，將圖蜀。孟知祥與董璋謀先取魯奇，令仁罕攻遂州。董璋之叛，與孟知祥攻遂州，援路斷絶，兵盡食窮，案九國志李肇傳：蜀師圍夏魯奇于遂州，唐師來援，劍門不守，肇領兵赴普安以拒之，唐師不得進。魯奇自刎而卒，時年四十九。帝聞其死也，慟哭之，厚給其家，贈太師、齊國公。永樂大典卷一萬八千一百二十九。

姚洪，本梁之小校也。在梁時，經事董璋，長興初，率兵千人戍閬州。璋叛，領衆攻閬州，璋密令人誘洪，洪以大義拒之。及璋攻城，洪悉力拒守者三日，禦備既竭，城陷被擒。璋謂洪曰：「爾頃爲健兒，由吾獎拔至此，吾書誘諭，投之於厠〔四〕，何相負耶？」洪大罵曰：「老賊，爾爲天子鎮帥，何苦反耶！爾既辜恩背主，吾與爾何恩，而云相負！爾爲李七郎奴，掃馬糞，得一臠殘炙，感恩無盡。今明天子付與茅土，貴爲諸侯，而驅徒結黨，圖爲反噬。爾本奴才，則無恥，吾忠義之士，不忍爲也。吾可爲天子死，不能與人奴苟生。」璋怒，令軍士十人，持刀刲割其膚，燃鑊於前，自取啗食，洪至死大罵不已。明宗聞之泣下，置洪二子於近衞，給賜甚厚。永樂大典卷一萬八千一百八十九。

李嚴，幽州人，本名讓坤。初仕燕，爲刺史，涉獵書傳，便弓馬，有口辯，多遊藝〔五〕，以功名自許。同光中，爲客省使，奉使於蜀，及與王衍相見，陳使者之禮，因於笏記中具述莊宗興復之功，其警句云：「纔過汶水，汶水，原本作「濟水」，今從册府元龜改正。（影庫本粘籤）縛王彦章於馬前；旋及夷門，斬朱友貞於樓上。」嚴復聲韻清亮，蜀人聽之愕然。

時蜀僞樞密使宋光嗣召嚴曲宴，因以近事訊於嚴。嚴對曰：「吾皇前年四月即位於鄴宮，當月下鄆州，十月四日，親統萬騎破賊中都，乘勝鼓行，遂誅汴孽，僞梁尚有兵三十萬，謀臣猛將，解甲倒戈。西盡甘、涼，東漸海外，南踰閩、浙，北極幽陵。牧伯侯王，稱藩不暇，家財入貢，府實上供。吴國本朝舊臣，岐下先皇元老，遣子入侍，述職稱藩。淮海之君，卑辭厚貢，湖湘、荆楚，杭越、甌閩，異貨奇珍，府無虚月。吾皇以德懷來，以威款附，順則涵之以恩澤，逆則問之以干戈，四海車書，大同非晚。」光嗣曰：「荆、吴即余所未知〔六〕，唯岐下宋公，我之姻好，洞見其心，反覆多端，專謀跋扈，大國不足信也〔七〕。似聞契丹部族，近日稍强，大國可無慮乎？」嚴曰：「子言契丹之强盛，孰若僞梁？」曰：「比梁差劣也。」嚴曰：「吾國視契丹如蚤蝨耳，以其無害，不足爬搔。吾良將勁兵布天下，彼不勞一郡之兵，一校之衆，則懸首槀街，盡爲奴擄。但以天生四夷，當置度外〔八〕，不在九州之本，未欲窮兵黷武故也〔九〕。」光嗣聞嚴辯對〔一〇〕，畏而奇之。時王衍失政，嚴知其可取，使還具奏，故平蜀之謀，始於嚴。

郭崇韜起軍之日，以嚴爲三川招撫使，案：歐陽史作招討使。（舊五代史考異）嚴與先鋒使康延孝將兵五千，先驅閣道，閣道，原本作「闕道」，今從通鑑改正。（影庫本粘籤）或馳以詞説，或威以兵鋒，大軍未及，所在降下。延孝在漢州，王衍與書曰：「可請李司空先來，余即舉城納款。」衆咸以討蜀之謀始於嚴，衍以甘言，將誘而殺之，欲不令往。嚴聞之喜，即馳騎入益州，案：歐陽史仍薛史作益州。吳縝纂誤云：成都，唐初雖嘗有益州之名，尋即改爲蜀郡〔一一〕，後遂升爲府。自唐末歷五代，不復謂之益州，況此正古蜀郡成都之地〔一二〕，而古益州實不在此。（舊五代史考異）衍見嚴於母前，以母妻爲託。即日，引蜀使歐陽彬迎謁魏王繼岌。蜀平班師，會明宗即位，遷泗州防禦使、兼客省使。長興初，安重誨謀欲控制兩川，嚴乃求爲西川兵馬都監，庶効方略。孟知祥覺之，既至，執而害之。案九國志王彥銖傳：李嚴之爲監軍也，密懷異謀，知祥數其過，命彥銖擒斬之，嚴之左右無敢動者。（舊五代史考異）贈太保。

嚴之母，賢明婦人。初，嚴將赴蜀，母曰：「汝前啓破蜀之謀，今又入蜀，將死報蜀人矣！與汝永訣。」既而果如其言。永樂大典卷一萬三百八十九。

李仁矩，本明宗在藩鎮時客將也。明宗即位，録其趨走之勞，擢居内職，復爲安重誨所庇，故數年之間，遷爲客省使、左衛大將軍。天成中，因奉使東川，董璋張筵以召之，仁矩貪於館舍，與倡妓酣飲，日既中而不至，大爲璋所詬辱，自是深銜之。長興初，璋既跋扈於東川，重誨奏以仁矩爲閬州節度使，俾伺璋之反狀，時物議以爲不可〔一三〕。及仁矩至鎮，偵璋所爲，曲形奏報，地里遐僻，朝廷莫知事實，激成璋之逆節，由仁矩也。

長興元年冬十月，璋自率凶黨，以攻其城。案九國志趙季良傳云〔一四〕：朝廷以夏魯奇、李仁矩分鎮遂、閬，季良言於孟知祥曰：「朝廷增兵二鎮，張掎角之勢，將有不測之變也。公處親賢之地，以忠信見疑，儻失先機，則禍不旋踵矣。」知祥曰：「計將安出？」季良曰：「我甲兵雖衆，而勢孤易動，請與東川董璋合從，先平遂、閬，則朝廷兵至，我無内顧之憂矣。」知祥從之。蓋董璋之攻閬州，其謀皆由于知祥也。仁矩召軍校謀守戰利害，皆曰：「璋久圖反計，以賂誘士心，凶氣方盛，未可與戰，宜堅壁以守之。儻旬浹之間，大軍東至，即賊必退。」仁矩曰：「蜀兵懦，安能當我精甲。」即驅之出戰，兵未交，爲賊所敗。既而城陷，仁矩被擒，舉族爲璋所害。永樂大典卷一萬三百八十九。

康思立，晉陽人也。少善騎射，事武皇爲爪牙，署河東親騎軍使。莊宗嗣位，從解圍於上黨，敗梁人於柏鄉，及平薊丘〔一五〕，後戰於河上，皆有功，累承制加檢校户部尚書、右突騎指揮使。莊宗即位，繼改軍帥，賜忠勇拱衛功臣，加檢校尚書右僕射。天成元年，授應州刺史，尋移嵐州，充北面諸蕃部族都監。三年，遷宿州團練使。四年，領昭武軍節度、利巴集等州觀察處置等使，改賜耀忠保節功臣。長興初，朝廷舉兵討東川董璋，詔兼西面行營軍馬都指揮使。二年，移鎮陝州。案通鑑：潞王至靈寶，思立謀固守陝城以俟康義誠。先是，捧聖五百騎戍陝，爲潞王前鋒，至城下，呼城上人曰：「禁軍十萬已奉新帝，爾輩數人奚爲！徒累一城人塗地耳。」于是捧聖卒爭出迎，思立不能禁，不得已亦出迎〔一六〕。（舊五代史考異）清泰初，改授邢臺，累官至檢校太傅，封會稽郡開國侯。二年，入爲右神武統軍。三年，充北面行營馬軍都指揮使。是歲閏十一月，卒於軍，年六十三。

思立本出陰山諸部，性純厚，善撫將士，明宗素重之，故即位之始，首以應州所生之地授焉〔一七〕。其後歷二郡三鎮〔一八〕，皆得百姓之譽。末帝以其年高，徵居環衛。及出幸懷州，以北師不利，乃命思立統駕下騎軍赴團柏谷以益軍勢。俄而楊光遠以大軍降於太原，思立因憤激，疾作而卒焉。晉高祖即位，追其宿舊，爲輟朝一日，贈太子少師。永樂大典卷一

萬八千一百二十九。案：歐陽史作太子少傅。（舊五代史考異）

張敬達，字志通，代州人，小字生鐵。父審，素有勇，事武皇爲列校，歷廳直軍使，同光初，卒於軍。敬達少以騎射著名，莊宗知之，召令繼父職，平河南有功，繼加檢校工部尚書。明宗即位，歷捧聖指揮使、檢校尚書左僕射。長興中，改河東馬步軍都指揮使，超授檢校司徒，領欽州刺史。三年，加檢校太保、應州節度使。四年，遷雲州。時以契丹率族帳自黑榆林捺剌泊移至没越泊〔九〕，云借漢界水草，敬達每聚兵塞下，以遏其衝，契丹竟不敢南牧，邊人賴之。

清泰中，自彭門移鎮平陽，加檢校太傅，從石敬瑭爲北面兵馬副總管，仍屯兵鴈門。未幾，晉高祖建義，末帝詔以敬達爲北面行營都招討使，案：歐陽史作太原四面招討使。（舊五代史考異）仍使悉引部下兵圍太原，以定州節度使楊光遠副焉。尋統兵三萬，營于晉安鄉。末帝自六月繼有詔促令攻取，敬達設長城連柵、雲梯飛礮，使工者運其巧思，窮土木之力。時督事者每有所構〔一〇〕，則暴風大雨，平地水深數尺，而城柵崩墮，竟不能合其圍。九月，契丹至，敬達大敗，尋爲所圍。晉高祖及蕃衆自晉安寨南門外〔一一〕，長百餘里，闊五十里，布以氈帳，用毛索掛鈴〔二二〕，而部伍多犬，以備警急。營中嘗有夜遁者，出則犬吠鈴動，跬步不能行焉。自是敬達與麾下部曲五萬人、馬萬疋，無由四奔，但見穹廬如崗阜相屬，諸軍相顧失色。始則削木篩糞，以飼其馬，日望朝廷救軍，及馬漸羸死〔二三〕，則與將士分食之，馬盡食殫。副將楊光遠、次將安審琦知不濟，勸敬達宜早降以求自安。敬達曰：「吾受恩於明宗，位歷方鎮，主上授我大柄，而失律如此，已有愧於心也。今救軍在近，且暮雪恥有期，諸公何相迫耶。待勢窮，則請殺吾，攜首以降，亦未爲晚。」光遠、審琦知敬達意未決，恐坐成魚肉，遂斬敬達以降。案契丹國志：楊光遠謀害張敬達，諸將高行周陰爲之備，敬達疎于防禦，推遠行周等。清晨，光遠上謁，見敬達左右無人，遂殺之。（舊五代史考異）

末帝聞其歿也，愴慟久之。時戎王告其部曲及漢之降者曰：「爲臣當如此人。」令部人收葬之。晉高祖即位後，所有田宅，咸賜其妻子焉。時議者以敬達嘗事數帝，亟立軍功，及領藩郡，不聞其濫，繼屯守塞垣，復能撫下，而臨難固執，不求苟免，乃近代之忠臣也。晉有天下，不能追懋官封、賞其事蹟，非激忠之道也。永樂大典卷六千六百五十一〔二四〕。

校勘記

〔一〕急馳一騎至　「至」字原闕，據册府卷三九六補。

〔二〕永樂大典卷一萬八千一百八十九　檢永樂大典目録，卷一八一八九爲「將」字韻「元將」，與本則内容不符，恐有誤記。陳垣舊五代史輯本引書卷數多誤例謂應作卷一八一二九「將」字韻「後唐將」。本卷下文姚洪傳同。

〔三〕頃之　原作「領之」，據殿本、劉本、孔本、邵本校改。

〔四〕投之於廁　「廁」，原作「側」，據劉本、彭校、册府卷三七四、卷七六三、通鑑卷二七七、新五代史卷三三姚洪傳改。

〔五〕多遊藝　册府卷七八六作「多曲藝」。

〔六〕荆吴即余所未知　「荆吴即」三字原闕，據册府卷六六〇補。册府（宋本）卷六五二作「荆吴則僕所未知」。

〔七〕大國不足信也　「國」字原闕，據册府卷六五二、卷六六〇補。

〔八〕當置度外　孔本、册府卷六六〇作「終難絶類」。

〔九〕未欲窮兵黷武故也　「故」字原闕，據册府卷六五二、卷六六〇補。

〔一〇〕光嗣聞嚴辯對　「嚴」字原闕，據册府卷六五二、卷六六〇補。

〔一一〕尋即改爲蜀郡　「郡」，原作「都」，據五代史纂誤卷中改。按舊唐書卷四一地理志四：「天寶元年，改益州爲蜀郡。」

〔一二〕况此正古蜀郡成都之地　以上十字原闕，據劉本、五代史纂誤卷中補。

〔一三〕時物議以爲不可　「可」字原闕，據劉本、册府卷四四七補。

〔一四〕趙季良傳　原作「李良傳」，據九國志卷七改。下文「季良言於孟知祥曰」句中「季良」原作「李良」、「季良曰」句中「季良」原作「良」，均據九國志卷七改。

〔一五〕及平蓟丘　「蓟丘」，原作「蓟兵」，據册府卷三六〇、卷三八七改。

〔一六〕不得已亦出迎　「不得已」三字原闕，據殿本、劉本、通鑑卷二七九補。

〔一七〕首以應州所生之地授焉　「首」字原闕，據永樂大典卷一三四五一引五代薛史後唐康思立傳補。

〔一八〕其後歷二郡三鎮　「二郡」，原作「三郡」，據册府卷一四八改。按本傳上文云康思立自應州刺史後又歷嵐州、宿州二郡。

〔一九〕時以契丹率族帳自黑榆林捺剌泊移至没越泊　「捺剌泊」三字原闕，據通鑑卷二七八胡注引薛史補。「移」字原闕，據册府卷四二九補。「没越泊」三字原闕，據通鑑卷二七八胡注引薛史、册府卷四二九補。

〔二〇〕時督事者每有所構　「事」，原作「布」，據殿本、劉本、孔本、册府卷八、卷三七四、卷四四四改。

〔二一〕尋爲所圍晉高祖及蕃衆自晉安寨南門外　册府（宋本）卷四四四作「尋爲晉祖及蕃衆所迫，一夕圍合，蕃衆自晉安寨南門外」，册府（宋本）卷三七四略同。影庫本粘籤：「原本脱『所圍』二字，今據册府元龜增入。」今檢册府，無「所圍」二字。

〔三〕用毛索掛鈴　「掛」字原闕，據殿本、劉本、邵本、彭本補。册府卷三七四、卷四四四作「懸」。

〔三〕及馬漸羸死　「馬」字原闕，據册府卷三七四、卷四四四補。

〔四〕永樂大典卷六千六百五十一　檢永樂大典目録，卷六六五一爲「江」字韻「江名一」，與本則内容不符，恐有誤記。陳垣舊五代史輯本引書卷數多誤例謂應作卷六三五一「張」字韻「姓氏二十一」。

舊五代史卷七十一　唐書四十七

列傳第二十三

馬郁　司空頲　曹廷隱　蕭希甫　藥縱之　賈馥　馬縞

羅貫　淳于晏　張格　許寂　誠惠　周玄豹

馬郁，其先范陽人。案：尹洙河南集韓國華誌銘作燕客馬彧〔一〕，韓琦安陽集重修五代祖塋域記亦作幕吏馬彧〔二〕。考宋人説部載韓定辭唱和詩俱作馬彧，與薛史異。惟雲谷雜記從通鑑作郁，與薛史同。（舊五代史考異）郁少警悟，有俊才智數，言辯縱横，下筆成文。乾寧末，爲幽州府刀筆小吏〔三〕。李匡威爲王鎔所殺，鎔書報其弟匡儔。匡儔遣使於鎔，問謀亂本末，幕客爲書，多不如旨。郁時直記室〔四〕，即起草，爲之條列事狀，云可疑者十，詞理俊贍，以此知名。永樂大典卷三千三百九十四。案太平廣記：匡儔忿其兄之見殺，即舉全師伐趙之東鄙〔五〕，將釋其憤氣，而致十疑之書。趙王遣記室張澤以事實答之，其略曰：「營中將士，或可追呼；天上雷霆，何人計會。」詞多不載。（孔本）嘗使於王鎔〔六〕，鎮州官妓有轉轉者〔七〕，美麗善歌舞，因宴席，郁累挑之。幕客張澤亦以文章名，謂郁曰：「子能座上成賦，座上，原本作「産上」，今據文改正。（影庫本粘籤）可以此妓奉酬。」案：太平廣記作韓定辭請馬郁爲賦，與薛史異。（舊五代史考異）郁抽筆操紙，即時成賦，擁妓而去。永樂大典卷一萬四千八百二十八。

郁在武皇幕，累官至檢校司空、祕書監。武皇與莊宗禮遇俱厚，歲時給賜優異〔八〕。監軍張承業，本朝舊人，權貴任事，人士脅肩低首候之。郁以滑稽侮狎，其往如歸，有時直造卧内。每賓僚宴集，承業出珍果陳列于前，食之必盡。案：太平御覽引後唐書作陳列于前，客無敢先嘗者，當郁前者，食之必盡。（舊五代史考異）承業私戒主膳者曰：「他日馬監至，唯以乾藕子置前而已。」郁至窺之，知其不可啖〔九〕，異日，韡中出一鐵檛，碎而食之，承業大笑曰：「爲公易饌〔一〇〕，勿敗余食案。」其俊率如此。册府元龜卷八百五十五。

郁在莊宗幕，寄寓他土，年老思鄉，每對莊宗欷歔，言家在范陽，乞骸歸國，以葬舊山。莊宗謂之曰：「自卿去國已來，同舍孰在？守光尚不能容父，能容卿乎！孤不惜卿行〔一一〕，惜卿不得死爾〔一二〕。」郁既無歸路，衷懷嗚咽，竟卒于太原。册府元龜卷九百五十三。

案：馬郁傳，永樂大典僅存二條，今采册府元龜以補其闕。

司空頲，貝州人。貝州人，歐陽史作博陽，今附識于此。（影庫本粘籤）唐僖宗時，舉進士不中，屬天子播遷，三輔大亂，乃還鄉里。羅紹威爲節度副大使，頲以所業干之，幕客公乘億爲延譽〔三〕，羅弘信署爲府參軍，辟館驛巡官。張彥之亂，命判官王正言草奏，正言素不能文，不能下筆，彥怒詬曰：「鈍漢乃辱我！」推之下榻。問孰可草奏者，有言頲，羅王時書記，乃馳騎召之。頲揮筆成文，詆斥梁君臣，彥甚喜，以爲判官。及張彥復脅賀德倫降於唐，德倫遣頲先奉狀太原。案：北夢瑣言載其狀詞云：屈原哀郢，本非怨望之人；樂毅歸燕，且異傾邪之行。莊宗仍以頲爲判官，後以頲權軍府事。頲有姪在梁，遣家奴以書召之，都虞候張裕擒其家奴，以謂通于梁，遂見殺。永樂大典卷三千三百九十四。案通鑑：晉王責頲曰：「自吾得魏博，庶事悉以委公，公何得見欺如是，獨不可先相示耶！」揖令歸第，是日族誅于軍門。（舊五代史考異）

曹廷隱，魏州人也，爲本州典謁、虞候。賀德倫使西迎莊宗於晉陽，莊宗既得鄴城，擢爲馬步都虞候，以其稱職，自是遷拜日隆。天成初，除齊州防禦使，下車嚴整，頗有清白之譽。時有孔目吏范弼者，爲人剛愎，視廷隱蔑如也。弼監軍廩，鬻空乏以取貲，鬻空乏以取貲，原本疑有舛誤。册府元龜所引薛史與永樂大典同，今無可復考，姑仍其舊。（影庫本粘籤）又私貨官鹽，廷隱按之，遂奏其事。弼家人訴於執政，並下御史府劾之。弼雖伏法，廷隱以所奏不實，亦流永州，續敕賜自盡，時人冤之。永樂大典卷四千二百十三。

蕭希甫【四】，宋州人也。少舉進士，爲梁開封尹袁象先書記。象先爲青州節度使，以希甫爲巡官，希甫不樂，乃棄其母妻，變姓名，亡之鎮州，自稱青州掌書記，進謁王鎔。鎔以希甫爲參軍，尤不樂，居歲餘，又亡之易州，削髮爲僧，居百丈山。莊宗將建國，置百官，李紹宏薦爲魏州推官。

同光初，有詔定內宴儀，問希甫樞密使得坐否，希甫以爲不可。樞密使張居翰聞之怒，謂希甫曰：「老夫歷事三朝天子，見內宴數百，子本田舍兒，安知宮禁事！」希甫不能對。初，莊宗欲以希甫知制誥，宰相豆盧革等附居翰，共排斥之，以爲駕部郎中，希甫失志，尤怏怏。莊宗滅梁室，遣希甫宣慰青齊，希甫始知其母已死，妻袁氏亦改嫁。希甫乃發哀服喪，居于魏州。人有引漢李陵書以譏之曰：「老母終堂，生妻去室。」

天成初，欲召爲諫議，豆盧革、韋說沮之。明宗卒以希甫爲諫議大夫，復爲匭函使。其後革、説爲安重誨所惡，希甫希旨，誣奏革縱田客殺人，而説與鄰人爭井，井有寶貨。有司推勘，井中惟破釜而已，破釜，原本作「破斧」，今從歐陽史改正。（影庫本粘籤）革、説卒皆貶死。希甫拜左散騎常侍〔一五〕，躁進尤甚，引告變人李筠夜扣內門，通變書云：「修堤兵士，欲取郊天日舉火爲叛。」安重誨不信之，斬告變者，軍人訴屈，請希甫啖之。既而詔曰：「右散騎常侍、集賢殿學士判院事蕭希甫，身處班行，職非警察，輒引凶狂之輩，上陳誣骫之詞，逼近郊禋，扇搖軍衆。李筠既當誅戮，希甫寧免謫遷，可貶嵐州司户參軍，仍馳驛發遣。」長興中，卒于貶所。

子士明，仕周，終于邑宰。永樂大典卷五千二百二十五。

藥縱之，太原人，少爲儒〔一六〕。明宗刺代州，署爲軍事衙推。從明宗鎮邢州，爲掌書記，歷天平、宣武兩鎮節度副使。明宗鎮常山，被病不從，及即位，縱之見于洛邑，安重誨怒其觀望，久無所授。明宗曰：「德勝用兵時，德勝，原本作「得勝」，考薛史梁、唐帝紀皆作德勝，今改正。（影庫本粘籤）縱之饑寒相伴〔七〕，不離我左右。今有天下，何人不富貴，何爲獨棄縱之！」浹旬，授磁州刺史。歲餘，自户部侍郎遷吏部侍郎，銓綜之法，惘然莫知。長興初，爲曹州刺史。清泰元年九月，以疾受代而卒。永樂大典卷二萬一千六百十七。

賈馥，故鎮州節度使王鎔判官也。家聚書三千卷，手自刊校。張文禮殺王鎔，時莊宗未即尊位，文禮遣馥至鄴都勸進，因留鄴下，棲遲郵舍。莊宗即位，授鴻臚少卿。後以鴻臚卿致仕，復歸鎮州，結茅齋於別墅〔八〕，自課兒孫耕牧爲事。馥初累爲鎮冀屬邑令，所莅有能政。性恬澹，與物無競，乃鎮州士人之秀者也。永樂大典卷一萬一千七百十四。

馬縞，少嗜學〔九〕，以明經及第，登拔萃之科。仕梁爲太常修撰，累歷尚書郎，參知禮院事，遷太常少卿。梁代諸王納嬪，公主下嫁，皆於宫殿門庭行揖讓之禮，縞以爲非禮，上疏止之，物議以爲然。永樂大典卷二萬一千六百五。案：以下有闕文。（殿本）長興四年，爲户部侍郎，縞時年已八十。及爲國子祭酒，八十餘矣，案：馬縞傳，原本殘闕。歐陽史云：卒年八十，贈兵部尚書。據薛史，縞爲國子祭酒已八十餘矣，與歐陽史異。又直齋書録解題云：中華古今注，後唐太學博士馬縞撰。考歐陽史雜傳亦不載馬縞爲太學博士。（舊五代史考異）形氣不衰。册府元龜卷七百八十四。于事多遺忘，嘗言元稹不應進士〔二〇〕，以父元魯山名進故也，多如此類。又上疏：「古者無嫂叔服，文皇創意，以兄弟之親，不宜無服，乃議服小功。今令文省服制條爲兄弟之妻大功，不知何人議改，而置於令文。」諸博士駮云：「律令，國之大經。馬縞知禮院時，不曾論定，今遽上疏駮令式，罪人也。」册府元龜卷九百五十四。案：馬縞傳，永樂大典僅存一條，其全篇已佚。今據册府元龜所引二條補綴於後，雖未具顛末，猶略存其大概焉。（影庫本粘籤）

羅貫，不知何許人。進士及第，累歷臺省官，自禮部員外郎爲河南令。貫爲人强直，正身奉法，不避權豪。時宦官伶人用事，凡請託於貫者，其書盈閣，一無所報，皆以示郭崇韜，崇韜因奏其事〔二一〕，由是左右每言貫之失。先是，梁時張全義專制京畿，河南、洛陽僚佐，皆由其門下，事全義如厮僕。及貫授命，持本朝事體，奉全義稍慢，部民爲府司庇護者，必奏正之。全義怒，因令女使告劉皇后從容白於莊宗，宦官又言其短，莊宗深怒之。

會莊宗幸壽安山陵，壽安，原本作「壽奄」，考五代會要，貞簡太后陵名壽安，今改正。（影庫本粘籤）道路泥濘，莊宗訪其主者，宦官曰：「屬河南縣。」促令召貫至，奏曰：「臣初不奉命，請詰稟命者。」帝曰：「卿之所部，反問他人，何也？」命下府獄，府吏榜笞，促令伏款。翌日，傳詔殺之。郭崇韜奏曰：「貫別無贓狀，橋道不修，法未當死。」莊宗怒曰：「母后靈駕將發，天子車輿往來，橋道不修，是誰之過也？」崇韜奏曰：「貫縱有死罪，俟款狀上奏，所司議讞，以朝典行之，死當未晚。今以萬乘之尊，怒一縣令，俾天下人言陛下使法不公矣！」莊宗曰：「既卿所愛，任卿裁決。」因投袂入宮。崇韜從而論列，莊宗自闔殿門，不得入。即令伏法，曝屍於府門，冤痛之聲，聞於遠邇。永樂大典卷五千六百七十八。

淳于晏[三]，案：以下有闕文。以明經登第，自霍彥威爲小校，晏寄食于門下。彥威嘗因兵敗，獨脱其身，左右莫有從者，惟晏杖劍從之，徒步草莽，自是彥威高其義，相得甚歡。及歷數鎮，皆爲從事，軍府之事，至于私門，事無巨細，皆取決于晏，雖爲幕賓，有若家宰。爾後公侯門客，往往效之，時謂之「效淳」。故彥威所至稱治，由晏之力也。

張格，字承之，故宰相濬之子也。濬爲梁祖所忌，潛遣人害於長水，格易姓名，流轉入蜀。案舊唐書張濬傳云：永寧縣吏葉彦者，張氏待之素厚，告格曰：「相公之禍不可免，郎君宜自爲計。」濬曰：「留則併命，去或可免，冀存後嗣。」格拜辭而去，葉彦率義士三十人送渡漢江而旋。格由荆江上峽入蜀。王建僭號，以格爲宰相。格所生母，當濬之遇害，潛匿於民間，落髮爲尼，流浪於函洛。王建聞之，潛使人迎之入蜀，賜紫，加號慈福大師。及建卒，蜀人以格爲山陵使，格有難色，未幾得罪，出爲茂州刺史，僞制責詞云：「送往辭命，不忠也；喪母匿喪，非孝也。」王衍嗣僞位，後數年，復用爲宰相。同光末，蜀平，格至洛陽，案舊唐書云：任圜攜格還洛，格感葉彦之惠，訪之，身已歿，厚卹其家。又考張濬第三子仕吴，改名李儼，見九國志。授太子賓客。任圜愛其才，奏爲三司副使，尋卒於位。格有文章，明吏事，時頗稱之。永樂大典卷六千三百五十。

許寂，字閑閑。祖祕，名聞會稽。寂少有山水之好，汎覽經史，窮三式，三式，疑有舛誤。尤明易象。案太平廣記云：寂學易考册府元龜亦作「三式」，今姑仍其舊，附識於此。（影庫本粘籤）

于晉徵君。（舊五代史考異）久棲四明山，不干時譽。昭宗聞其名，徵赴闕，召對於内殿。會昭宗方與伶人調品篳篥，事訖，方命坐，賜湯果〔二三〕，問易義。既退，寂謂人曰：「君在淫聲〔二四〕，不在政矣。寂聞君人者，將昭德塞違，以臨照百官，百官或象之。今不厭賤事，自求其工，君道替矣。」尋請還山，寓居於江陵，以茹芝絶粒，自適其性。天祐末，節度使趙匡凝昆季深禮遇之，師授保養之道。唐末，除諫官，不起，漢南謂之徵君。梁攻襄陽，匡凝兄弟棄鎮奔蜀，寂偕行。歲餘，蜀主王建待以師禮，位至蜀相。同光末，平蜀，與王衍俱徙于東〔二五〕，授工部尚書致仕，卜居于洛。時寂已年高，精彩猶健，沖漠寡言，時獨語云「可怪可怪」〔二六〕，人莫知其際。清泰三年六月卒，時年八十餘。子孫位至省郎。

同光時，以方術著者，又有僧誠惠。永樂大典卷一萬六百二十五。誠惠，係許寂附傳，永樂大典割截分載，今仍爲連綴，以仍其舊。（影庫本粘籤）誠惠初於五臺山出家，能修戒律，稱通皮、骨、肉三命，人初歸向，聲名漸遠，四方供饋，不遠千里而至者衆矣。自云能役使毒龍，可致風雨，其徒號曰降龍大師。京師旱，莊宗迎至洛下，親拜之，六宮參禮，士庶瞻仰，謂朝夕可致甘澤。禱祝數旬，略無徵應。或謂官以祈雨無驗，將加焚燎，誠惠懼而遁去。及卒，賜號法雨大師，塔曰慈雲之塔。永樂大典卷九百二十五。

周玄豹者，周玄豹，錦繡萬花谷作「崔玄豹」，係傳寫之訛。考歐陽史、通鑑俱作「周」，今仍其舊。（影庫本粘籤）本燕人，世爲從事。玄豹少爲僧，其師有知人之鑒，從遊十年餘，苦辛無憚，師知其可教，遂以袁許之術授之，大略狀人形貌，比諸龜魚禽獸，目視臆斷，咸造其理。及還鄉，遂歸俗。初，盧程寄褐遊燕，與同志二人謁焉。玄豹退謂鄉人張殷衮曰〔二七〕：「適二君子，明年花發，俱爲故人，唯彼道士，佗年甚貴。」至來歲，二子果卒。又二十年，盧程登庸於鄴下。玄豹歸晉陽，張承業信重之，言事數中。承業俾明宗易衣列於諸校之下，以佗人詐之，而玄豹指明宗於末綴言曰：「骨法非內衙太保歟〔二八〕！」案：以上疑有脱誤。北夢瑣言作骨法非常，此爲內衙太保乎！咸伏其異。或問明宗之福壽，惟云末後爲鎮州節度使，時明宗爲內衙都校，纔兼州牧而已。昭懿皇后夏氏方侍巾櫛，偶忤旨，大爲明宗檟楚。玄豹偶見之曰〔二九〕：「此人有藩侯夫人之位，當生貴子。」明宗赫怒因解，後其言果驗。太原判官司馬揆謁玄豹，謂揆曰：「公五日之中，奉使萬里，未見迴期。」揆數日後，因酒酣，爲衣領扼之而卒。莊宗署玄豹北京巡官。明宗即位之明年，一日謂侍臣曰：「方士周玄豹，昔曾言朕諸事有徵，可詔北京津置赴闕。」趙鳳奏曰：「袁許之事，玄豹所長者，以陛下貴不可言，今既驗矣，餘無可問。若詔赴闕下，則奔競之徒，爭問吉凶，恐近於妖惑。」乃止。

令以金帛厚賜之，授光祿卿致仕。尋卒於太原，年八十餘。永樂大典卷八千九百九十七。

校勘記

〔一〕尹洙河南集韓國華誌銘作燕客馬彧　「韓國華」，原作「韓重華」，據河南先生文集卷一六改。按宋史卷二七七有韓國華傳。

〔二〕馬彧　原作「馬郁」，據殿本、安陽集卷四六重修五代祖塋域記改。

〔三〕爲幽州府刀筆小吏　「幽州」二字原闕，據册府卷七一八補。

〔四〕郁時直記室　「時」，原作「將」，據殿本、劉本、册府卷七一八改。

〔五〕即舉全師伐趙之東鄙　「伐」，原作「代」，據太平廣記卷一九二引劉氏耳目記改。

〔六〕嘗使於王鎔　「使」，原作「侍」，據册府卷七三〇改。

〔七〕鎮州官妓有轉轉者　「鎮州」下原有「中」字，據殿本、册府卷七三〇删。

〔八〕歲時給賜優異　「歲時」二字原闕，據殿本、孔本、册府卷七二九、卷八五五補。

〔九〕郁至窺之知其不可啖　「之知」二字原闕，據册府卷八五五、御覽卷九七五引後唐書補。

〔一〇〕爲公易饌　「易」，原作「設異」，據册府（宋本）卷八五五、御覽卷九七五引後唐書改。

〔一一〕孤不惜卿行　「行」字原闕，據殿本、册府卷九五三補。

〔一二〕惜卿不得死爾　「惜」，原作「但」，據册府（宋本）卷九五三改。孔本作「以」。

〔一三〕幕客公乘億爲延譽　「幕客」，原作「慕容」，據殿本、劉本、邵本、册府卷七二九、卷九〇〇改。影庫本粘籤：「『慕容』二字，疑『幕客』之訛。今考册府元龜亦作『慕容』，今姑仍其舊，附識于此。」

〔一四〕蕭希甫　傳首節、次節與新五代史卷二八蕭希甫傳略同，疑係清人雜採改寫成篇。

〔一五〕希甫拜左散騎常侍　「左」，册府卷四八一作「右」。

〔一六〕少爲儒　册府卷七六八作「少學爲儒」。

〔一七〕縱之饑寒相伴　「伴」，原作「半」，據殿本、劉本改。

〔一八〕結茅齋於別墅　「齋」字原闕，據册府卷八九九補。

〔一九〕少嗜學　「學」，原作「學儒」，據殿本、册府卷六五〇改。

〔二〇〕嘗言元稹不應進士　「嘗」字原闕，據册府卷九五四補。

〔二一〕崇韜因奏其事　「崇韜」二字原闕，據册府卷七〇一補。

〔二二〕淳于晏　淳于晏傳原闕，據殿本、劉本補。影庫本批校：「張格傳前尚有淳于晏傳一篇，脱落未寫。」「淳于晏」下册府卷七二五、卷八〇四有「登州人」三字。

〔二三〕賜湯果　「湯」字原闕，據册府卷七九〇、卷七九六、卷八一〇、續世説卷八補。

〔二四〕君在淫聲　「在淫」，原作「淫在」，據彭校、册府卷七九〇、卷七九六、卷八一〇乙正。續世説卷八作「君好淫聲」。

〔三五〕與王衍俱徙于東　「徙」，原作「從」，據冊府卷八三六、續世説卷八改。

〔三六〕時獨語云可怪可怪　「獨」，原作「蜀」，據殿本、劉本、冊府卷七八四、卷八三六、續世説卷八改。

〔三七〕玄豹退謂鄉人張殷衮曰　「退」字原闕，據御覽卷七三一引後周史、冊府卷八六〇、北夢瑣言卷一九補。

〔三八〕骨法非内衙太保歟　冊府卷八六〇作「骨法非常，此爲内衙太保歟」。

〔三九〕玄豹偶見之曰　「偶」字原闕，據冊府卷八六〇補。

舊五代史卷七十二

唐書四十八

列傳第二十四

張承業　張居翰　馬紹宏　孟漢瓊

張承業，字繼元，本姓康，同州人。咸通中，内常侍張泰畜爲假子。光啓中，主郃陽軍事，賜紫，入爲内供奉。武皇之討王行瑜，承業累奉使渭北，因留監武皇軍事。賊平，改酒坊使。三年，昭宗將幸太原，以承業與武皇善，乃除爲河東監軍，密令迎駕。既而昭宗幸華州，就加左監門衛將軍。駕在鳳翔，承業屢請出師晉絳，以爲岐人掎角。崔魏公之誅宦官也，宋初修五代史，避太祖御名，于唐宰相崔胤或稱爲崔裔，此傳又稱爲崔魏公，前後異稱，殊失史家紀實之體。今存其舊，仍附識于此。（影庫本粘籤）武皇僞戮罪人首級以奉詔，匿承業於斛律寺。昭宗遇弑，乃復請爲監軍。

夾城之役，遣承業求援於鳳翔。時河中阻絶，自離石渡河，春冰方泮，凌澌奔蹙，艤舟不得渡，因禱河神，是夜夢神人謂曰：「子但渡，流冰無患。」既寤，津吏報曰：「河冰合矣。」凌晨，躡冰而濟，旋踵冰解。使還，武皇病篤，啓手之夕，召承業屬之曰：「吾兒孤弱，羣庶縱横〔一〕，後事公善籌之。」承業奉遺顧，爰立嗣王，平内難，策略居多。既終易月之制，即請出師救潞，破賊夾城。莊宗深感其意，兄事之，親幸承業私第，升堂拜母，賜遺優厚。時莊宗初行墨制，墨制，原本作「里制」，今從通鑑改正。（影庫本粘籤）凡除拜之命，皆成於盧汝弼之手。汝弼既自爲户部侍郎，乃請與承業改官及開國邑，承業拒而不受，其後但稱本朝舊官而已〔二〕。

天祐中，幽州劉守光敗，其府掾馮道歸太原，承業辟爲本院巡官，承業重其文章履行，甚見待遇。時有周玄豹者，善人倫鑒，與道不合，謂承業曰：「馮生無前程，公不可過用。」管記盧質聞之曰：「我曾見杜黄裳司空寫真圖，道之狀貌酷類焉，將來必副大用，玄豹之言，不足信也。」承業薦爲霸府從事焉。

柏鄉之役，王師既逼汴營，周德威慮其奔衝，堅請退舍〔三〕。莊宗怒其懦，不聽，垂帳而寢，諸將不敢言事，咸詣監軍請白。承業遽至牙門，褰帳而入，撫莊宗曰：「此非王安寢時，周德威老將，洞識兵勢，姑務萬全，言不可忽。」莊宗蹶然而興曰：「予方思之。」其夕，收軍保鄗邑。德威討劉守光，令承業往視賊勢，因請莊宗自行，果成大捷。承業感武皇厚遇，自莊宗在魏州垂十年，太原軍國政事，一委承業，而積聚庾帑，收兵市馬，招懷流散，勸課農桑，成是霸基者，承業之忠力也。

時貞簡太后、韓德妃、伊淑妃〔四〕、諸宅王之貴介弟在晉陽宮〔五〕，或不以其道干於承業，悉不聽，踰法禁者必懲，繇是貴戚斂手，民俗丕變。或有中傷承業於莊宗者，言專弄威柄，廣納賂遺。莊宗歲時還晉陽宮省太后，須錢蒱博、給伶官，嘗置酒於泉府，莊宗酣飲，命興聖宮使李繼岌爲承業起舞，既竟，承業出寶帶、幣馬奉之。莊宗指錢積謂承業曰：「和哥無錢使，七哥與此一積，寶馬非殊惠也。」承業謝曰：「郎君歌舞〔六〕，承業自出己俸錢。此錢是大王庫物，准擬支贍三軍，不敢以公物爲私禮也。」莊宗不悦，使酒侵承業。承業曰：「臣老敕使，非爲子孫之謀，惜錢爲大王基業，惜錢，原本作「借錢」，今從通鑑改正。（影庫本粘籤）王若自要散施，何訪老夫〔七〕，不過財盡兵散，一事無成。」案：通鑑作王自取用之，何問僕爲！（舊五代史考異）莊宗怒，顧元行欽曰：「取劍來！」承業引莊宗衣，泣而言曰：「僕荷先王遺顧，誓爲本朝誅汴賊，爲王惜庫物，斬承業首，死亦無愧於先王，今日請死！」閻寶解承業手，令退。承業詬寶曰：「黨朱温逆賊，未嘗有一言效忠，而敢依阿諂附〔八〕。」揮拳踣之。太后聞莊宗酒失，急召入。莊宗性至孝，聞太后召，叩頭謝承業曰：「吾杯酒之間，忤於七哥，太后必怪吾。七哥爲吾痛飲兩巵分謗，可乎？」莊宗連飲四鍾，勸承業，竟不飲。莊宗歸宮，太后使人謂承業曰：「小兒忤特進，已笞矣，可歸第。」翌日，太后與莊宗俱幸其第，慰勞之。自是私謁幾絶。

十四年，承制授開府儀同三司、左衛上將軍、左衛，原本作「右衛」，今從册府元龜改正。燕國公，固辭不受。是時，盧質在莊宗幕下，嗜酒輕傲，嘗呼莊宗諸弟爲豚犬，莊宗深銜之。承業慮質被禍，因乘間謂莊宗曰：「盧質多行無禮，臣請爲大王殺之，可乎？」莊宗曰：「予方招禮賢士，以開霸業，七哥何言之過也。」承業因聳立而言曰：「大王若能如此，何憂不得天下。」其後，盧質雖或縱誕〔九〕，莊宗終能容之，蓋承業爲之藻藉也。（影庫本粘籤）

十八年，莊宗受諸道勸進，將篡帝位，承業以爲晉王三代有功於國，先人怒朱氏弑逆，將復舊邦，讎既未平，不宜輕受推戴。方疾作，肩輿之鄴宮，見莊宗曰：「王父子血戰三十餘年，蓋言報國仇讎，復唐宗社。今元凶未滅，民賦已殫，而遽先大號，蠹耗財力，臣以爲不可一也。臣自咸通已來，咸通，原本作「成通」，今從唐書改正。（影庫本粘籤）伏事宮掖，每見國家册命大禮，儀仗法物，百司庶務，經年草定，臨事猶有不可。王若化家爲國，新立廟朝，不可乖於制度，制禮作樂，未見其人，臣以爲不可二也。舉事量力而行，不可信於游譚也。」案通鑑考異引秦再思洛中記異云：承業諫帝曰：「大王何不待誅克梁孽，更平吳、蜀，俾天下一家，且先求唐氏子孫立之，後更以天下讓有功者，何人輒敢當之！讓一月即一月牢，讓一年即一年牢。設使高祖再生，太宗復出，又胡爲哉！今大王一旦自立，頓失從前仗義征伐之旨，人情怠矣。老夫是閹官，不愛大王官職富貴，直以受先王付屬之重，欲爲大王立萬年之基爾。」（舊五代史考異）莊宗曰：「奈諸將何！」承業知莊宗不從，因號泣而言之。十九年十一月二日，以疾卒于晉陽之第，案：歐陽史作不食而卒。通鑑作邑邑成疾，不復起。（舊五代史考異）時年七十七。貞簡太后聞喪，遽至其第盡哀，爲之行服，如兒姪禮。同光初，贈左武衛上將軍，謚曰貞憲。永樂大典卷一萬六千四百五十。案：歐陽史作正憲。（舊五代史考異）五代史闕文：莊宗將即位於魏州，承業自太原至，謂莊宗曰：「吾王世奉唐家，最爲忠孝，自貞觀以來，王室有難，未嘗不從。所以老奴三十餘年爲吾王捃拾財賦，召補軍馬者，誓滅逆賊朱温，復本朝宗社耳。今河朔甫定，朱氏尚存，吾王遽即大位，可乎？」云云。莊宗曰：「奈諸將意何！」承業知不可諫止，乃慟哭曰：「諸侯血戰者，本爲李家，今吾王自取之，誤老奴矣！」即歸太原，不食而死。臣謹按：莊宗實録敍承業諫即位事甚詳，惟「吾王自取」之言不書，史官諱之也。

張居翰，字德卿。咸通初，掖廷令張從玫養之爲子，以廕入仕。中和三年，自容管監軍判官入爲學士院判官〔一〇〕，遷樞密承旨、内府令，賜緋。昭宗在華下，華下，原本作「華夏」，今據文改正。（影庫本粘籤）超授内常侍，出監幽州軍事，秩滿詔歸，節度使劉仁恭表留之。天復中，天復，原本誤作「天福」，今從唐書改正。（影庫本粘籤）詔誅宦官，仁恭紿奏殺之，匿於大安山之北谿。

天祐三年，汴人攻滄州，仁恭求援於武皇，乃遣居翰與書記馬郁等率兵助武皇同攻潞州，武皇因留之不遣。李嗣昭節制昭義，以居翰監其軍，監其軍，原本作「其事」，今據文改正。（影庫本粘籤）以燕軍三千爲部下。俄而汴將李思安築夾城以圍潞州，居翰與嗣昭登城保守，以至解圍。自是嗣昭每出征，令居翰知留後事。同光元年夏四月，召爲樞密使，加特進，與郭崇韜對掌機務。十月，莊宗將渡河，留居翰與李紹宏同守魏州。莊宗入汴，加驃騎大將軍、知内侍省事，依前充樞密使。同光時，宦官干政，邦家之務皆出於郭崇韜。居翰自以羈旅乘時，擢居重地，每於宣授，不敢有所是非，承顏免過而已，以此脱季年之禍。四年三月，僞蜀王衍既降，詔遷其族於洛陽，行及秦川，時關東已亂，莊宗慮衍爲變，遣中官向延嗣馳騎齎詔殺之〔一一〕。詔云：「王衍一行，並宜殺戮。」其詔已經印畫，時居翰在密地，覆視其詔，即就殿柱揩去「行」字，改書「家」字。及衍就戮於秦川驛，止族其近屬而已，其僞官及從行者尚千餘人，皆免其枉濫，居翰之力也。

明宗入洛，居翰謁見於至德宫，待罪雪涕，乞歸田里，詔許之，乃辭歸長安。仍以其子延貴爲西京職事，以供侍養。天成三年四月，以疾卒於長安，時年七十一。居翰性和而靜，諳悉舊事。在潞州累年，每春課人育蔬種樹，敦本惠農，有仁者之心焉。永樂大典卷一萬六千四百五十。

馬紹宏，馬紹宏傳，永樂大典疑有删節，今無可復考，姑存其舊。（影庫本粘籤）閹官也。案：莊宗紀作李紹宏〔二〕，蓋嘗賜姓。（舊五代史考異）初與孟知祥同爲中門使，及周德威薨，莊宗兼領幽州，令紹宏權知州事。即位之初，郭崇韜勳望高，舊在紹宏之下，時徵潞州監軍張居翰與崇韜並爲樞密使，紹宏失望，乃爲宣徽使，以己合當樞任，案宋史趙上交傳：南遊洛陽，與中官驃騎大將軍馬紹宏善，紹宏領北面轉運制置大使，表爲判官。考紹宏爲北面轉運制置大使，薛史不載。（舊五代史考異）志常鬱鬱〔三〕，側目於崇韜。崇韜知其慊也，乃置内勾之目，令天下錢穀簿書，悉委裁遣。既而州郡供報，輒滋煩費，議者以爲十羊九牧，深所不可，内勾之目，人以爲是妖言。永樂大典卷一萬九千六百四十四。案：下有闕文。據通鑑，李嗣源爲謡言所屬，危殆者數四，賴宣徽使李紹宏左右營護，以是得全。天成元年二月己丑朔，以宣徽南院使李紹

宏爲樞密使。（舊五代史考異）

孟漢瓊，本鎮州王鎔之小豎也。明宗鎮常山，得侍左右，明宗即位，自諸司使累遷宣徽南院使〔一四〕。漢瓊性通黠，善交構。初見秦王權重，乃挾王淑妃勢〔一五〕，傾心事之，及朱、馮用事，朱、馮用事，原本作「朱憑」，下文又有「朱憑」。考通鑑，明宗，朱弘昭、馮贇並掌財賦，故稱朱、馮，原本「憑」字誤，今改正。（影庫本粘籤）又與之締結。秦王領兵至天津橋，時漢瓊與朱、馮及康義誠方會議於內庭，謀猶未決，漢瓊獨出死力，先入殿門，奏於明宗，語在秦王傳。漢瓊即自介馬以召禁軍。秦王既誅，翌日，令漢瓊馳騎召閔帝於鄴。案通鑑：遣漢瓊徵從厚，且權知天雄軍府事。（舊五代史考異）閔帝嗣位，尤恃恩寵，期月之內，累加開府儀同三司、驃騎大將軍。西軍既叛，閔帝急召漢瓊，欲令先入于鄴，漢瓊藏匿不見。潞王行及陝州，乃悉召諸妓妾訣別，欲手刃之，衆知其心，率皆藏竄。初，潞王失守於河中，勒歸於清化里第，時王淑妃恒令漢瓊傳教旨於潞王，王善待之，故漢瓊自謂潞王於己有恩。至是，乃單騎至澠池謁見潞王，因自慟哭，欲有所陳。潞王曰：「諸事不言可知。」漢瓊即自預從臣之列，尋戮於路左。永樂大典卷一萬三千一百六十。

史臣曰：承業感武皇之大惠，佐莊宗之中興，既義且忠，何以階也。夫如是，則晉之勃貂，秦之景監，去之遠矣。居翰改一字於詔書，救千人之濫死，可不謂之仁人矣乎！如紹宏之爭權，漢瓊之搆禍，乃宦者之常態也，又何足以道哉！永樂大典卷一萬三千一百六十。

校勘記

〔一〕羣庶縱橫　「庶」，原作「臣」，據册府卷六六六、卷六六八改。按時李克用未稱制，不得稱羣下爲臣，羣庶蓋指克用諸弟及義兒。

〔二〕其後但稱本朝舊官而已　「其後」下册府卷六六六有「終身」二字。

〔三〕堅請退舍　「退」，原作「過」，據册府卷六六八、職官分紀卷四六、新編古今事文類聚外集卷六注引五代史改。

〔四〕時貞簡太后韓德妃伊淑妃　「韓德妃」、「伊淑妃」，本書卷四九后妃列傳、新五代史卷一四唐太祖家人傳作「韓淑妃」、「伊德妃」。

〔五〕諸宅王之貴介弟在晉陽宮　「貴」字下原有「洎王之」三字，據册府卷六六六、職官分紀卷四六、新編古今事文類聚外集卷六删。影庫本粘籤：「諸宅王之貴，原本疑有舛誤，今無可復考，姑仍其舊。」

〔六〕郎君歌舞　「歌舞」，原作「哥勞」，據册府卷六六六、職官分紀卷四六、新編古今事文類聚外集卷六改。

〔七〕何訪老夫　「訪」，原作「妨」，據册府卷六六六改。影庫本粘籤：「何妨老夫，原本疑有訛字。考册府元龜所引薛史與永樂大典同，今仍其舊。」

〔八〕而敢依阿諂附　「阿」字原闕，據册府卷六六六補。

〔九〕盧質雖或縱誕　「或」，原作「成」，據册府卷六六六改。

〔一〇〕容管監軍判官　張居翰墓誌（拓片刊西安碑林博物館新藏墓誌彙編）作「容南護軍判官」。

〔一一〕遣中官向延嗣馳騎齎詔殺之　「遣」字原闕，據册府卷六六六、通鑑卷二七四補。

〔一二〕莊宗紀作李紹宏　「紀」字原闕，據殿本考證、劉本考證補。

〔一三〕志常鬱鬱　「志」字原闕，據册府卷六六五補。

〔一四〕自諸司使累遷宣徽南院使　「南」，册府卷六六五、卷九二三作「北」。按本書卷四二唐明宗紀八、通鑑卷二七七記長興二年五月以孟漢瓊充宣徽北院使。

〔一五〕乃挾王淑妃勢　「乃」，原作「及」，據册府卷一五四、卷九二三改。

舊五代史卷七十三

唐書四十九

列傳第二十五

毛璋　聶嶼　温韜　段凝　孔謙　李鄴

毛璋，本滄州小校。梁將戴思遠帥滄州，時莊宗已定魏博，思遠勢蹙，棄州遁去，璋據城歸莊宗。案玉堂閒話云：戴思遠任浮陽日，有部曲毛璋，爲性輕悍。嘗與數十卒追捕盜賊，還宿于逆旅，毛枕劍而寢。夜分，其劍忽大吼，躍出鞘外，從卒聞者愕然驚異，毛亦神之。乃持劍祝曰：「某若異日有此山河，爾當更鳴躍，否則已。」毛復寢，未熟，劍吼躍如初，毛深自負。其後戴離鎮，毛請留，戴從之。未幾，毛以州歸命于唐莊宗，莊宗以毛爲其州刺史，後竟帥滄海。（舊五代史考異）歷貝州、遼州刺史。璋性凶悖，有膽略，從征河上，屢有戰功。梁平，授華州節度使。王師討蜀，以璋爲行營右廂馬軍都指揮使〔一〕，行營，原本脱「行」字，今據莊宗本紀增入。（影庫本粘籤）蜀平，璋功居多。明年，蕭牆禍起，繼岌自西川至渭南，部下散亡，其川貨妓樂，爲璋所掠。明宗嗣位，録平蜀功，授邠州節度使。

璋既家富於財，有蜀之妓樂，驕僭自大，動多不法，招致部下，繕理兵仗。朝廷移授昭義節度使，璋謀欲不奉詔，判官邊蔚密言規責，乃僶俛承命。洎至潞州，狂妄不悛，每擁川妓於山亭院，服赭黄，縱酒，令爲王衍在蜀之戲。事聞於朝，徵爲金吾上將軍。其年秋，東川節度使董璋上言，毛璋男廷贇齎父書往西川，慮有陰事。因追廷贇及同行人趙延祚，與璋俱下御史臺獄。廷贇乃璋之假姪，稱有叔在蜀，欲往省之，亦無私書，詔停任，令歸私第。初，延祚在獄，多言璋陰事，璋許重賂，以塞其口。及免，延祚徵其賂，璋拒而不與，以至延祚詣臺訴璋翻覆，復下御史臺訊鞫。中丞吕夢奇以璋前蒙昭雪，今延祚以責賂之故，復加織羅，故稍佑璋。及款狀上聞，或云夢奇受璋賂，所以獄不盡情，執之，移於軍巡。璋具狀曾許延祚賂未與，又云曾借馬與夢奇，别無行賂之事。朝廷懲其宿惡，長流儒州，賜死於路。永樂大典卷一萬八千一百三十。

聶嶼，聶嶼傳，永樂大典僅存一條，今録册府元龜以補其闕。（影庫本粘籤）鄴中人。少爲僧，漸學吟詠。鄭珏之再主禮闈也，鄭珏之再主禮闈也，刻本作知貢舉。（劉本）嶼與鄉人趙都俱赴鄉薦，都納賄於珏，人報翌日登第，嶼聞不捷，詬來人以嚇之，珏懼，俾俱成名。永樂大典卷二萬一千一百六十一。漸爲拾遺，依郭崇韜爲鎮州書記〔二〕。明宗時，爲起居舍人。雙眸若懸，性氣乖僻，人多忌之。天成初，除鄴都留守判官，與趙敬怡、呂夢奇不足。又改河東節判，及至，常鄙其土風，薄其人士。或達于安重誨，會敬怡入爲樞密使，與夢奇同搆殺之〔三〕。嶼早依郭崇韜門庭，致身朱紫，名登兩史，浙江使迴，生涯巨萬。嶼爲河東節判時，郭氏次子之婦，孀居于家，嶼喪偶未久，復忍而納幣，人皆罪之。明宗在藩邸時，素聞其醜聲，天成中，與温韜等同詔賜死。冊府元龜卷九百四十三。

温韜，華原人。少爲盜，據華原，事李茂貞，名彦韜，後降于梁，更名昭圖。爲耀州節度，唐諸陵在境者悉發之，取所藏金寶，而昭陵最固，悉藏前世圖書，鍾王紙墨，筆迹如新。永樂大典卷一萬一千五百七十六。案：以下有闕文。（殿本）移許州節度使，累遷至檢校太尉、平章事。韜素善趙巖，每依附之。莊宗入汴，巖恃韜與己素厚，遂奔許州，韜延之于第，斬首傳送闕下。冊府元龜卷九百四十三。同光初，韜來朝，郭崇韜曰：「此劫陵賊，罪不可赦。」韜納賂劉后，賜姓，名紹沖，遽遣還鎮。永樂大典卷一萬一千五百七十六。明宗即位，流于德州，俄賜死。

長子延濬，清泰中爲泥水關使；次延沼[四]，爲父牙帳都校；次延衮，鄧州指揮使：咸聚居許下。晉天福初，聞張從賓作亂于河陽，咸往依之。從賓慮其難制，悉斬于帳下。册府元龜卷九百四十二。　案：温韜傳，永樂大典闕全篇，今采册府元龜增補。

段凝，開封人也。本名明遠，少穎悟，多智數。初爲澠池簿，脱荷衣以事梁祖，梁祖漸器之。開平三年十月，自東頭供奉官授右威衛大將軍，威衛，原本作「威軍」，今據五代會要改正。（影庫本粘籤）充左軍巡使兼水北巡檢使。凝妹爲梁祖美人，故稍委心腹。四年五月，授懷州刺史。

乾化元年十二月，梁祖北征迴，過郡，凝貢獻加等，梁祖大悦。梁祖復北征[五]，凝迎奉進貢，有加於前。梁祖次相州，刺史李思安迎奉疏怠，梁祖怒，貶思安。制云：「懷州刺史段明遠，少年治郡，庶事惟公，兩度祇奉行鑾，數程宿食本界，動無遺闕，舉必周豐，蓋能罄竭於家財，務在顯酬夫明獎。觀明遠之忠勤若此，見思安之悖慢何如！」悖慢何如，原本作「悖曼如何」，今從通鑑改正。（影庫本粘籤）其見賞如此。其後遷鄭州刺史，監大軍於河上。案歐陽史：遷凝鄭州刺史，使監兵于河上，李振亟請罷之，太祖曰：「凝未有罪。」振曰：「待其有罪，則社稷亡矣！」然終不罷也。據此，則凝監河上軍爲梁祖時事。通鑑考異云：晉人取魏博，然後與梁以河爲境，故常以大兵守之，太祖時未也。就使當時屯兵河上，亦未繫社稷之安危，此必均王時事也。（舊五代史考異）梁末帝以戴思遠爲北面招討使，行師不利，用王彥章代之，受任之翌日，取德勝之南城，軍聲大振。張漢倫等推功於凝，凝掎摭彥章之失以聞之〔六〕。案通鑑：彥章棄鄩家口，復趨楊劉。遊奕將李紹興敗梁遊兵于清丘驛南〔七〕，段凝以爲唐兵已自上流渡，驚駭失色，面數彥章，尤其深入。（舊五代史考異）梁末帝怒，罷彥章兵權。凝納賂於趙、張二族，求爲招討使，敬翔、李振極言不可，竟不能止。凝以衆五萬營於高陵津，裨將康延孝叛歸莊宗，延孝具陳梁軍虛實，莊宗遂決長驅之計。

未幾，莊宗入汴，凝自滑率兵而南，前鋒杜晏球至封丘，解甲聽命。翌日，凝率大軍乞降於汴郊，莊宗釋之，復以凝爲滑州兵馬留後，賜姓，名紹欽。有頃，正授節度，改兗州節度使。凝初見莊宗，因伶人景進通貨於宮掖。凝天性姦佞，巧言飾智，善候人意。其年，契丹寇幽州，命宣徽使李紹宏監護諸軍，以禦契丹，凝與董璋戍瓦橋關。凝巧事紹宏，紹宏嘗乘間奏凝蓋世奇才〔八〕，可以大任，屢請以兵柄委之。郭崇韜奏曰〔九〕：「段凝亡國敗軍之將，姦諂難狀，不可信也。」凝在藩鎮，私用庫物數萬計，有司促償，中旨貰其負〔一〇〕。同光三年四月，移授鄧州節度使。四年二月，趙在禮據鄴城，李紹宏請用凝爲大將，莊宗許之，令具方略條奏。凝所請偏裨皆取其己黨，莊宗疑之，乃止。明宗至洛陽，霍彥威怒其前事，與温韜同收下獄，詔釋之，放歸田里。明年，竄於遼州，竟與温韜同制賜死。永樂大典卷一萬八千一百三十。

孔謙，案：通鑑作魏州人。（舊五代史考異）莊宗同光初，爲租庸副使。謙本州之幹吏，自天祐十二年帝平定魏博〔一一〕，會計皆委制置。謙能曲事權要，效其才力，帝委以泉貨之務，設法箕斂，七八年間，軍儲獲濟。及帝即位于鄴城，謙謂己當爲租庸使〔一二〕，物議以謙雖有經營濟贍之勞，然人地尚卑，不欲驟總重任。樞密使郭崇韜舉魏博觀察判官張憲爲租庸使，「判官」下，原本有闕文，考歐陽史係「判官張憲」，今增入。（影庫本粘籤）以謙爲副，謙悒然不樂者久之。

帝既平梁汴，謙徑自魏州馳之行在，因謂崇韜曰：「魏都重地，須大臣彈壓，以謙籌之，非張憲不可。」崇韜以爲忠告，即奏憲爲鄴都副留守，乃命宰臣豆盧革專判租庸。謙彌失望，乃尋革過失。時革以手書便省庫錢數十萬，謙密以手書示崇韜〔三〕，微諷聞於革。革懼，上表請崇韜專其事，崇韜亦辭避〔四〕。帝問：「當委何人爲可？」崇韜曰：「孔謙雖久掌貨泉，然物議未當居大任，以臣所見，却委張憲爲便。」帝促徵之。憲性精辨，爲趨時者所忌，人不祐之。謙乘間訴于豆盧革曰：「租庸錢穀，悉在眼前，委一小吏可辦。鄴都本根之地，不可輕付于人。興唐尹王正言無裨益之才，徒有獨行，詔書既徵張憲，復以何人爲代？」豆盧革言于崇韜，崇韜曰：「鄴都分司列職，皆主上舊人，委王正言何慮不辦？」革曰：「俱是失也，設不獲已，以正言掌租庸，取畫于大臣〔五〕，或可辦矣，若付之方面，必敗人事。」謙以正言非德非勳，懦而易制，曰：「此議爲便。」然非己志。尋掎正言之失，泣訴于崇韜，厚賂閹伶，以求進用，人知奸諂，沮之，乃上章請退。帝怒其規避，將置于法，樂人景進于帝前解喻而止。王正言風病恍惚，不能綜三司事，景進屢言于帝，乃以正言守禮部尚書，以謙爲租庸使。冊府元龜卷九百二十四。

謙以國用不足，奏：「諸道判官員數過多，請只置節度觀察判官、書記、支使、推官各一員，留守置判官各一員〔六〕，三京府置判官、推官〔七〕，餘並罷。俸錢〔八〕。」又奏：「百官俸錢雖多，折支非實，請減半數，皆支實錢。」並從之。未幾，半實俸復從虛折〔九〕。案：以下永樂大典卷四千六百七十九。案：孔謙傳，永樂大典僅存一條，今録冊府元龜以存梗概。

原闕。北夢瑣言云：明宗即位，誅租庸使孔謙等。孔謙者，魏州孔目，莊宗圖霸，以供饋兵食，謙有力焉。既爲租庸使，曲事嬖倖，奪宰相權，專以聚斂爲意，剥削爲端。以犯衆怒伏誅。（舊五代史考異）

李鄴，魏州人也。幼事楊師厚，及莊宗入魏，漸轉裨將，歷數郡刺史，後遷亳州。爲政貪穢，有奴爲人持金以賂鄴，奴隱其金，鄴殺之。其家上訴，因訐其陰事，詔貶郴州司户參軍，又貶崖州長流百姓，所在賜自盡。永樂大典卷一萬三百八十九。

史臣曰：易云：「積不善之家，必有餘殃。」又曰：「惡不積不足以滅身。」如毛璋之儔，可謂積惡而滅其身矣，況温韜之發陵寢，段凝之敗國家，罪不容誅，死猶差晚。餘皆瑣瑣，何足議焉。永樂大典卷一萬三百八十九。

校勘記

〔一〕以璋爲行營右廂馬軍都指揮使　「右廂馬軍都指揮使」，册府卷三六〇、卷四五五同，本書卷三三唐莊宗紀七、册府卷一二三、通鑑卷二七三作「左廂馬步都虞候」。

〔二〕漸爲拾遺依郭崇韜爲鎮州書記　以上十三字原闕，據殿本補。

〔三〕雙眸若懸……與夢奇同搆殺之　以上六十九字原闕，據殿本補。影庫本批校：「聶嶼傳較原本稍節刪。」又「節判」，殿本原作「節度」，據册府卷九五二改。「安重誨」，殿本原闕「安」字，據册府卷九五二補。

〔四〕次延沼　「延沼」，原作「延招」，據劉本、册府卷九四二改。

〔五〕梁祖復北征　「征」字原闕，據册府卷六九七補。

〔六〕凝掎摭彦章之失以間之　「間」，册府卷四四〇作「聞」。

〔七〕清丘驛　原作「清丘縣」，據通鑑卷二七二改。胡注：「春秋晉、宋、曹、衞同盟於清丘。杜預注曰：『清丘，今在濮陽縣東南。』此因古地名以名驛也。」

〔八〕紹宏嘗乘間奏凝蓋世奇才　「紹宏」二字原闕，據册府卷九三八補。

〔九〕郭崇韜奏曰　「奏」字原闕，據殿本、孔本、册府卷九三八補。

〔一〇〕中旨貰其負　「旨」字原闕，據册府卷九三八補。舊五代史考異卷二：「案：此句原本疑有脱誤，考册府元龜與薛史同，今仍其舊。」

〔一一〕自天祐十二年帝平定魏博　句上原有「上」字，據册府卷九二四（宋本）、卷九四五删。

〔一二〕謙謂己當爲租庸使　「謂」字原闕，據册府（宋本）卷九二四補。新五代史卷二六孔謙傳敍其事作「謙自謂當爲租庸使」。

〔一三〕謙密以手書示崇韜　「密」字原闕，據册府（宋本）卷九二四補。

〔一四〕微諷聞於革革懼上表請崇韜專其事崇韜　以上十七字原闕，據册府卷九二四補。

〔一五〕取畫于大臣　「畫」，原作「書」，據劉本、册府（宋本）卷九二四改。

〔一六〕留守置判官各一員　五代會要卷二七敍其事作「請置判官、推官一員」。

〔一七〕三京府置判官推官　「三京」，五代會要卷二七敍其事作「四京」。

〔一八〕俸錢　册府卷五〇八作「俸錢自節度判官三十千已降有差」。

〔一九〕半實俸復從虛折　「實」，原作「年」，據册府卷五〇八改。

舊五代史卷七十四　唐書五十

列傳第二十六

康延孝　朱守殷 楊立 竇廷琬　張虔釗　楊彥温

康延孝，塞北部落人也。初隸太原，因得罪，亡命于汴梁。開平、乾化中，自隊長積勞至部校，梁末帝時，頻立軍功。同光元年八月，段凝率衆五萬營於王村，時延孝爲右先鋒指揮使〔一〕，率百騎來奔。莊宗得之喜，解御衣金帶以賜之。翌日，賜田宅於鄴，以爲捧日軍使兼南面招討指揮使、招討，原本作「招收」，今據通鑑改正。（影庫本粘籤）檢校司空〔二〕、守博州刺史。莊宗屏人問梁兵機，延孝備陳利害，語在莊宗紀中。同光元年〔三〕，莊宗平汴，延孝頗有力焉，以功授檢校太保、鄭州防禦使，賜姓，名紹琛。明年，郊禮畢，授保義軍節度使。

三年，討蜀，以延孝爲西南行營馬步軍先鋒、排陣斬斫等使。延孝性驍健，狥利奮不顧身。以前鋒下鳳州，收固鎮，降興州，敗王衍軍於三泉，所俘蜀軍皆諭而釋之，自是晝夜兼行。王衍自利州奔歸成都，斷吉柏津浮梁，以絶諸軍〔四〕，延孝復造浮梁以渡，進收綿州，王衍復斷綿江浮梁而去。水深無舟檝可渡，延孝謂招撫使李嚴曰：「吾懸軍深入，利在急兵。乘王衍破膽之時，人心離沮，但得百騎過鹿頭關，鹿頭，原本作「虎頭」，下文又作「鹿頭」，考通鑑及九國志俱作「鹿」，今改正。（影庫本粘籤）彼即迎降不暇。如俟修繕津梁，便留數日，若王衍堅閉近關，折吾兵勢，儻延旬浹，則勝負莫可知也，宜促騎渡江。」因與李嚴乘馬浮江，於是得濟者僅千人，步軍溺死者亦千餘人。延孝既濟，長驅過鹿頭，進據漢州。居三日，部下後軍方至。僞蜀六軍使王宗弼令人持牛酒幣馬歸款。旬日間〔五〕，兩川平定，延孝止漢州以俟繼岌。平蜀之功，延孝居最。

時邠州節度使董璋爲行營右廂馬步使，華州節度使毛璋爲行營左廂馬步使，以軍禮當事延孝。郭崇韜以私愛董璋，及西川平定之後，崇韜每有兵機，必召璋參決，延孝不平。時延孝軍於城西，毛璋軍於城東，董璋軍於城中。閏十二月〔六〕，延孝因酒酣謂董璋曰：「吾有平蜀之功，公等僕遬相從，反首鼠於侍中之門，謀相傾陷。吾爲都將，公乃裨校，力能斬公〔七〕。」璋惶恐，謝之而退。酒罷，璋訴于郭崇韜，崇韜陰銜之〔八〕，乃署董璋爲東川節度使，落軍職。延孝怒，謂毛璋曰：「吾冒白刃，犯險阻，平定兩川，董璋何功，遽有其地！」二人因謁見崇韜，曰：「東川重地，宜擇良帥，工部任尚書有文武才幹，「工部」下原脫「任」字，今據通鑑增入。（影庫本粘籤）甚洽衆心，請表爲東川帥。」崇韜怒曰：「紹琛反耶？敢違吾節度！」延孝等惶恐而退。未幾，崇韜爲繼岌所害，二人因責董璋曰：「公復首鼠何門？」璋俛首祈哀而已。

四年正月甲申，大軍發成都，繼岌令延孝以一萬二千人爲後軍。二月癸巳，中軍次武連，中使詔至，諭以西平王朱友謙有罪伏誅〔九〕，命繼岌殺其子遂州節度使令德，延孝大驚。俄而董璋率兵之遂州，遇延孝不謁，延孝怒，謂諸校曰：「南平梁汴，西定巴邛，畫策之謀，始於郭公，而汗馬之勞，力摧强敵，即吾也。若以背僞歸國，犄角而成霸業，即西平王之功第一。西平與郭公皆以無罪赤族，歸朝之後，次當及我矣。」丙申，延孝次劍州。時延孝部下皆鄜、延、河中舊將，焦武等知西平王被禍，兼誅令德，號哭軍門，訴於延孝曰：「西平無罪，二百口伏誅，河中舊將，無不從坐，某等必死矣。」時魏王繼岌到泥溪，延孝報繼岌云：「河中兵士號哭，欲爲亂。」丁酉，延孝至劍州，遂擁衆迴，自稱西川節度、三川制置等使〔一〇〕，以檄招諭蜀人〔一一〕，三日間，衆及五萬。

己亥，繼岌至利州。是夜，守吉柏津使案：原本疑有闕文。密告魏王曰：「得紹琛文字，令斷吉柏浮梁。」繼岌懼，乃令梁漢顒以兵控吉柏津。延孝已擁衆急趨西川，繼岌遣人馳書諭之。夜半，令監軍使李廷安召任圜，因署爲副招討使，令圜率兵七千騎，與都指揮使梁漢顒、監軍李廷安討之。辛丑，圜先令都將何建崇擊劍門〔一二〕，下之。甲寅，圜以大軍至漢州，延孝來逆戰，圜令董璋以東川懦卒當其鋒，伏精兵於其後，延孝擊退東川之兵，急追之，遇伏兵起，延孝敗，馳入漢州，閉壁不出。西川孟知祥以兵二萬與圜合勢攻之。案九國志李延厚傳：康延孝入漢州，知祥遣延厚率兵二千會李仁罕討之，將行，誓士卒曰：「今出師不三旬必破賊，乃立功圖賞之日也。士卒忠奮者立東廂〔一三〕，衰疾者立西廂，無自苦也。」得請行者七百人，逐延孝西寨，斬首百餘級，竟拔其城。漢州四面樹竹木爲柵〔一四〕。三月乙丑，圜陣於金鴈橋，即率諸軍鼓譟而進，四面縱火，風焰亘空。延孝危急〔一五〕，引騎出戰，遇陣於金鴈橋，金鴈，原本作「京鴈」，今從通鑑改正。（影庫本粘籤）又敗之，以十數騎奔綿州〔一六〕，何建崇追及，擒之，任圜命載以檻車。時孟知祥與任圜、董璋置酒高會，因引令延孝檻車至會，知祥問曰：「明公頃自梁朝脱身歸命，纔平汴水，節制陝郊，近領前鋒，克平劍外，歸朝之後，授爵册勳，巨鎮尊官，誰與爲競！奈何躁憤，自毁功庸，入此檻車，還爲鄧艾，深可痛惜，誰肯愍之！」知祥因手自注盃以飲之。延孝曰：「自知富貴難消，官職已足。然郭崇韜佐命元勳，輔成大業，不動干戈，收獲兩川，自古殊功，但恐不及，一旦何罪，闔門被誅，延孝之徒，何保首領？以此思慮，不敢歸朝，天道相違，一旦至此，亦其命也，夫復何言！」及圜班師，行次鳳翔，中使向延嗣齎詔至，遂誅之。部下懷其首級，瘞於昭應縣民陳暉地。天成初，其子發之攜去。永樂大典卷一萬八千一百三十。

朱守殷，小字會兒。莊宗就學，以厮養之役給事左右。及莊宗即位，爲長直軍使，雖列戎行，不聞戰攻。每搆人之短長，中於莊宗，漸以心腹受委。河上對壘，稍遷蕃漢馬步都虞候。守殷守德勝寨，爲梁將王彥章所攻，守殷無備，遂陷南寨。莊宗聞之曰：「駑才，大悞予事！」因撤北寨，駑才，原本作「駑木」；北寨，原本作「此塞」，今俱從通鑑改正。（影庫本粘籤）往固楊劉。明宗在鄆州，密請以覆軍之罪罪之，莊宗私於腹心，忍而不問。同光二年，爲振武節度使，不之任，仍兼領蕃漢馬步軍。京城初定，内外警巡，恃憑主恩，蔑視勳舊，與景進互相表裏，又强作宿德之態，言語遲緩，自謂沉厚。案：以下疑有闕文。據歐陽史，莊宗東討，守殷將騎軍。

及郭從謙犯興教門，步軍始亂，中使急召騎士，守殷按甲不進。莊宗獨領宦官斫射，屢退，而騎軍終不至。莊宗既崩，守殷擁衆方在北邙，憩於茂林之下。迨聞凶問，乃入内，選嬪御及珍寶以歸，恣軍士劫掠京都，翌日方定，率諸校迎明宗於東郊。天成初，授河南尹、判六軍諸衞事，加侍中，移汴州節度使。車駕將巡幸，外議諠然，初以爲平吴，又云制置東諸侯。守殷乃生雲夢之疑，遂殺都校馬彥超、副使宋敬殷〔一七〕。案歐陽史云：守殷將叛，召都指揮使馬彥超與計事，彥超不從，守殷殺之。明宗憐彥超之死，以其子承祚爲洺州長史。守殷驅市人閉壁以叛，明宗途次京水，京水，原本作「涼水」，今從通鑑改正。（影庫本粘籤）聞之，親統禁軍，倍程直抵其壘，長圍夾攻，縋城甚衆。守殷力屈，盡殺其族，引頸令左右盡其命。案儒林公議云：朱守殷與霍彥威同立明宗，尋判諸軍事兼河南尹，旋除宣武軍節度使〔一八〕。時樞密使安重誨用事，汴之財利，遣中人筦榷之。守殷軍用不給，累表抗論，重誨既而復奪之，守殷不平，頗出怨言。重誨奏其反狀，明宗親率師討之。車駕至汴〔一九〕，守殷自以本無不臣之意，爲權臣誣奏，登城門望明宗叩頭，號哭稱冤。明宗思其功，許以開門自新，重誨已麾軍登陴，勢不可遏，城陷誅之。考守殷之叛，歐陽史、通鑑與薛史無異辭，而儒林公議以爲守殷本無反心，爲重誨所陷，蓋傳聞之互異也。（舊五代史考異）王師入城，索其黨，盡誅之。詔鞭守殷尸，梟首懸於都市，滿七日，傳送洛陽。永樂大典卷二千三十一。

楊立者，潞州之小校。初事李嗣昭及李繼韜，皆畜養甚厚，繼韜被誅，憤憤失志。同光二年四月，有詔以潞兵三萬人戍涿州，案：通鑑作發安義兵三千戍涿州。（舊五代史考異）將發，其衆謀曰：「我輩事故使二十年，衣食豐足，未嘗邊塞征行，苟於邊上差跌，白骨何歸？不如據城自固，事成則富貴耳。」因聚徒百餘輩，攻子城東門，城中大擾。副使李繼珂及監軍張弘祚出奔〔二〇〕。立自稱留後，率軍民上表請旄節。莊宗怒，命明宗與李紹真攻討，案：通鑑作李紹榮。（舊五代史考異）一月拔之，生擒立及其同惡十餘人，送於闕下，皆磔於市。潞州城峻而隍深，故立輒敢據之，莊宗因茲詔諸道撤防城之備焉。永樂大典卷六千五十二。

竇廷琬者，世爲青州牙將，梁祖擢置左右。同光初，爲復州遊奕使，姦盜屏跡，歷貝州刺史。未幾，請制置慶州鹽池，逐年出絹十萬疋、米十萬斛〔二一〕，遂以廷琬爲慶州防禦使，俾制置之，由是嚴刑峻法，屢撓邊人。課利不集，詔移任於金州，廷琬據慶州叛，詔邠州節度使李敬周率兵討平之，夷其族。永樂大典卷一萬九千三百五十四。

張虔釗，遼州人也。案九國志云：虔釗，遼州榆社人。父簡，唐檢校尚書左僕射。初爲太原牙校，以武勇聞於流輩，武皇、莊宗之世，累補左右突騎軍使。案九國志云：莊宗嘗以偏師取鎮陽，命虔釗率騎爲先鋒，屢挫賊鋭，遂陷其城。明宗素聞虔釗有將帥才，及即位，擢爲護駕親軍都指揮使，領春州刺史。天成中，與諸將圍王都於中山，大敗契丹於嘉山之下，及定州平，以功授滄州節度使。案北夢瑣言云：虔釗鎮滄州日，因亢旱民饑，發廩賑之，方上聞，帝甚嘉獎。他日秋成，倍斗徵斂，朝論鄙之。移鎮徐州。長興中，爲山南西道節度使兼西面馬步軍都部署。及末帝起于鳳翔，閔帝詔令虔釗帥部兵會王師於岐下。洎西師俱變，虔釗憤惋，退歸興元，因與洋州節度使孫漢韶俱送款於蜀。孟知祥待之尤厚，僞授本鎮節度使，俾知祥坐獲山南之地，由虔釗之故也。案北夢瑣言云：入蜀，取人産業，黷貨無厭，蜀民怨之。孟昶嗣僞位，加檢校太師、兼中書令。晉開運末，蜀人聞契丹入洛，令虔釗率衆數萬，將寇秦雍，俄聞漢高祖已定中原，虔釗無功而退。案九國志云：歷左右匡聖馬步軍都指揮使，出爲昭武軍節度使。及漢祖即位，乃移鎮梁州，以覯朝廷之變。會晉昌軍節度使趙匡贊、鳳翔節度使侯益俱謀歸蜀，遂以虔釗爲北面行營招討使，應接經營。俄而趙匡贊、侯益請昶出師，掠定三秦，因命虔釗與韓保貞等總師五萬出散關，雄武軍節度使何重建出隴右，奉鑾肅衛都虞候李廷珪出子午谷，會于雍州。廷珪始出子午谷，聞匡贊爲王景崇所逼，棄城自拔東去，遂先退師。時虔釗、福誠、保貞師次陳倉，謀不相叶，而侯益聞匡贊已去，廷珪班師，亦誠款中變，閉壘不出。司天監趙廷樞累以雲氣不利爲諷，保貞乃與福誠率所部取隴州道，會重建歸蜀。虔釗留寶雞，以勢孤不可深入，遂班師。行至興州，感憤而卒。永樂大典卷六千三百五十。

楊彥温，汴州人，本梁朝之小校也。莊宗朝，累遷裨將。天成中，爲河中副指揮使，及末帝鎮河中，尤善待之，因奏爲衙内都指揮使。長興元年四月，乘末帝閱馬於黄龍莊，據城謀叛。末帝遣人詰之曰：「吾善待汝，何苦爲叛？」彥温報曰：「某非敢負恩，緣奉樞密院宣頭，宣頭，原本作「宜頭」，通鑑作「宣頭」。胡三省注云：中書用劄，樞密院用宣，今改正。（影庫本粘籤）令某拒命，請相公但歸朝廷。」數日，詔末帝歸朝。明宗疑其詐，不欲興兵，授彥温絳州刺史。安重誨堅請出師，即命西京留守索自通、侍衛步軍指揮使藥彥稠等帥兵攻之，五日而拔。自閉門及敗，凡十三日。初，彥稠出師，明宗戒之曰：「與朕生致彥温，吾將自訊之。」及收城，斬首傳送，明宗深怒彥稠等。時議者以當時四海恬然，五兵載戢，蒲非邊郡，近在國門，而彥温安敢狂悖。皆以爲安重誨方弄國權，尤忌末帝之名，故巧作窺圖，究莫能傾陷也。彥温愚昧，爲人所嗾，故滅其族焉。永樂大典卷六千三百五十一（二）。

史臣曰：春秋傳云：「夫不令之臣，天下之所惡也。」故不復較其優劣焉。唯虔釗因避地以偷生，彥温乃爲人之所嗾，比諸叛臣，亦可矜也。永樂大典卷六千三百五十一。

校勘記

〔一〕時延孝爲右先鋒指揮使　「右」，册府卷一六六、通鑑卷二七二同，本書卷二九唐莊宗紀三、册府卷一二六、新五代史卷四四康延孝傳作「左右」。

〔二〕檢校司空　「司空」，册府卷一六六、卷三八七作「司徒」。

〔三〕同光元年　以上四字原闕，據册府卷三六〇補。按下文「明年」、「三年」皆承「同光元年」而言。

〔四〕以絶諸軍　「諸」，武經總要後集卷一〇作「追」。

〔五〕旬日間　「間」字原闕，據册府卷三六七補。

〔六〕閏十二月　本書卷三三唐莊宗紀七、通鑑卷二七四繫董璋爲東川節度使事於十二月。

〔七〕力能斬公　「公」，原作「首」，據册府卷四五六改。通鑑卷二七四、新五代史卷四四康延孝傳敍其事作「獨不能以軍法斬公邪」。

〔八〕崇韜陰銜之　「崇韜」二字原闕，據册府卷四五六補。

〔九〕朱友謙　原作「朱友麟」，據殿本、劉本、孔本改。按本書卷三四唐莊宗紀八，同光四年朱友謙被誅。

〔一〇〕自稱西川節度三川制置等使 「三川」，原作「三州」，據武經總要後集卷一〇、通鑑卷二七四、新五代史卷四四康延孝傳改。

〔一一〕以檄招諭蜀人 「蜀人」，原作「人」，據武經總要後集卷一〇、通鑑卷二七四、新五代史卷四四康延孝傳改。

〔一二〕圜先令都將何建崇擊劍門 「圜」字原闕，據册府卷四二三、通鑑卷二七四補。

〔一三〕士卒忠奮者立東廂 「忠奮者」，原作「有誓忠」，據殿本、劉本、舊五代史考異卷二改。九國志卷七作「士卒有誓報國恩不以家爲慮者立東廂」。

〔一四〕漢州四面樹竹木爲柵 「漢州」下武經總要後集卷一四、通鑑卷二七四有「無城塹」三字。

〔一五〕延孝危急 句上原有「於是」二字，據殿本、孔本、武經總要後集卷一四、册府卷四二三删。

〔一六〕綿州 武經總要後集卷一四、通鑑卷二七四作「綿竹」。

〔一七〕宋敬殷 原作「宋敬」，據册府卷六五、卷一一八改。册府卷九二作「宋景殷」，係避宋諱改。

〔一八〕旋除宣武軍節度使 「除」，原作「敘」，據殿本、劉本、儒林公議改。

〔一九〕車駕至汴 「汴」下原有「京」字，據儒林公議删。

〔二〇〕張弘祚 原作「張機祚」，據通鑑卷二七三改。影庫本粘籤：「『張機祚』，原本作『飢祚』，今從通鑑改正。」

〔二〕米十萬斛　本書卷三八唐明宗紀四作「米萬石」，册府卷四九四作「米五萬石」。

〔三〕永樂大典卷六千三百五十一　檢永樂大典目録，卷六三五一係「張」字韻「姓氏二十一」，與本則内容不符，恐有誤記。陳垣舊五代史輯本引書卷數多誤例謂應作卷六〇五一「楊」字韻「姓氏十一」。本卷下一則同。